锋云——著

孙吴江月

聊出来的三国

U0319587

化学工业出版社

· 北 京 ·

图书在版编目(CIP)数据

聊出来的三国：孙吴江月/锋云著.—北京：化

学工业出版社，2021.10

ISBN 978-7-122-39515-3

Ⅰ.①聊… Ⅱ.①锋… Ⅲ.①中国历史–三国时代–
通俗读物 Ⅳ.①K236.09

中国版本图书馆CIP数据核字（2021）第135896号

责任编辑：王冬军　张　盼　　　　　装帧设计：水玉银文化
责任校对：刘　颖

出版发行：化学工业出版社（北京市东城区青年湖南街13号　邮政编码100011）
印　　装：三河市双峰印刷装订有限公司
710mm×1000mm 1/16　印张 21¼　字数 292千字　2022年5月北京第1版第1次印刷

购书咨询：010-64518888　　售后服务：010-64518899
网　　址：http://www.cip.com.cn
凡购买本书，如有缺损质量问题，本社销售中心负责调换。

定　价：59.80元

聊出来的
那片天

　　聊天，既可以聊过了一天天，也可能聊出了一片天。

　　作为一件比吃饭、睡觉频次还高的小事儿，聊天所能拉开的差距可能比饭菜的好坏、枕头的高矮、房间的敞狭要大得多。很难想象，如果没有两千五百年前孔子与子贡等弟子们的那些聊天，我们今天还能否看到那片儒学的天空；如果没有一千八百年前诸葛亮与刘备、孙权的那些聊天，我们今天还能否看到那片三国的天空；如果没有一千四百年前唐太宗与魏征等大臣们的那些聊天，我们今天还能否看到那片贞观之治的天空。

　　孔子与弟子们的那些聊天记录后来结集成了儒学经典《论语》，唐太宗与大臣们的那些聊天记录后来结集成了政论史书《贞观政要》，而三国的那些聊天记录却如遗珠般散落在史书、小说和人们的口中，虽熠熠发光，但也七零八落，有些甚至人云亦云，面目全非。为此，有

必要从《三国志》《后汉书》《资治通鉴》等正史中进行
一次相对系统的梳理，看看那时的人们是如何聊出一片
天的。

一般而言，三国最著名的聊天是"隆中对"，寥寥数
语就把此后五十年的江山格局给划定了。其次是"榻上
策"，它仿佛"隆中对"的姊妹篇，酒酣耳热之际就谋定
了孙吴政权划江而治的政治蓝图。然而，如果我们将三
国时代有价值的近两百场聊天汇总到一起，就会发现三
国精英们聊出来的那片天空中远不止"隆中对""榻上策"
这两朵云彩。

实际上，在三国的天空中，既有辟地开天的战略规
划，也有义薄云天的忠心赤胆；既有别有洞天的奇计良
谋，也有坐井观天的痴心妄想。而仅仅那些战略规划方
面的聊天，就能带给我们足够的惊喜。围绕着变幻中的
战略态势和时代话题，这些聊天或相辅相成，或相反相
成，展现出了某种神奇的演进规律。

战略 1.0：
未来向何处去 PK 何以向未来

汉末三国的第一个焦点话题便是：未来。

当时，"苍天已死，黄天当立"已是人所共知的谶语，
王纲解纽、雄豪并起也是人所共见的景象，代表"苍天"
的大汉王朝似乎已经无力回天了，但谁是当立的"黄天"
却还要交给"明天"来裁判。昔日，"秦失其鹿，天下共
逐之"，如今，汉失其天，天下又将如何？

实际上，关于未来的第一场聊天是由袁绍发起的，相应地，关于未来的第一张战略蓝图也出自袁绍之口（《三国志·魏书·武帝纪》）。早在公元190年前后，当各路诸侯正随风而起、随波弄潮的时候，盟主袁绍就已经与自己儿时的玩伴曹操讨论起"方面何所可据"这样的根本性问题了。

所谓"方面何所可据"，变成现代语言就是"未来向何处去"，再具体些说就是：根据地在哪里？纷纭之中，袁绍不仅理性地提出问题，而且冷静地给出了问题的答案。袁绍的答案是挺进黄河北岸，先在那里"南据河，北阻燕、代"，立住脚跟，然后再"兼戎狄之众"，"南向以争天下"。最终，随着这一构想的实施，袁绍硬是在遍地狼烟的红海之中开拓出了一片扬帆起航的战略蓝海。

应该说，袁绍的眼光是独到的、长远的，但与聊友曹操相比，他还不够高远。当袁绍将目光聚焦在获得更广大、更优渥的地力资源的时候，他却忽略了自己原本可以拥有的更大资源：智力。结果，这一失误，让后来者曹操捡了个大便宜。

与袁绍关注"方面何所据"不同，曹操更关心的是如何"任天下之智力"的问题，变成现代语言就是"何以向未来"。对此，曹操认为，只要能够对智力资源"以道御之"，就能"无所不可"。同时，对自己为何不把地力放在优先位置，曹操也做出了解释："若以险固为资，则不能应机而变化"，就是说，地是死的，人是活的；地力有限，智力无限；智力可以转化为地力，反之却未必。

后来，秉持"任天下之智力"这一战略理念的曹操，不仅从袁绍那里挖到了荀彧、郭嘉等智力资源，而且把袁绍苦心经营的冀、幽、青、并四个州的地力资源也统统收入囊中。说一千道一万，曹胜袁败的根子还在于战略理念。

战略 2.0：
横大河之北 PK 规大河之南

汉末三国的第二个焦点话题是：黄河。

没错，地是死的，人是活的。但是，人要活着就必须立足于脚下的土地。于是，不管是注重地力的袁绍还是注重智力的曹操，真正开启自己创业的征程时，都要找一块能够生存和发展的根据地。

公元 191 年，作为冀州士族代表人物的沮授，在与袁绍的首次聊天中献上了"河北策"（《后汉书·袁绍传》）。这一计策的核心只有一句话："横大河之北，合四州之地"。就是说，在纷乱的格局中，袁绍首先应该谋求在黄河以北稳住阵脚，然后居高临下，逐鹿中原。对此，沮授在聊天中提出了一套完整的军事解决方案："举军东向，则黄巾可扫；还讨黑山，则张燕可灭；回师北首，则公孙必禽（擒）；震胁戎狄，则匈奴立定"。沮授不仅献计，而且出力。不久，他就和田丰等人跟随袁绍踏上了"合四州"的征途。几年之后，一统河北的袁绍站到了人生的至高点。

同样是公元 191 年，作为曹操好友加追随者的鲍信，在一次聊天中向曹操献上了"河南策"（《三国志·魏书·鲍勋传》注引王沈《魏书》）。这一计策的核心也只有一句话："规大河之南，以待其变"。就是说，在乱世的丛林中，曹操首先应该谋求在黄河以南稳住阵脚，然后静观其变，等待时机。鲍信不仅献计，而且出力。不久，他就和陈宫等人拥立曹操成为兖州的主人。如此，"略不世出"的曹操算是与袁绍站到了同一条起跑线上。

无论是"河南策"还是"河北策"，都绕不开一个关键因素：黄河。为什么要"规大河之南"或"横大河之北"呢？很简单，因为大河是一道天然的屏障，至少能够减少某一个方向上的防守压力。另外，曹操与袁绍还是盟友，彼此心照不宣地划定势力范围，喝着自己的井水，总是要省心得多。

九曲黄河万里沙，浪淘风簸自天涯。大浪淘沙之中，我们看到了黄河南北两大势力的崛起。

战略 3.0：
挟天子以令诸侯 PK 奉天子以令不臣

汉末三国的第三个焦点话题是：天子。

围绕黄河的战略规划，袁绍可谓捷足先登，占尽先机；曹操虽然慢了半拍，但也并未掉队。于是，接下来双方的目光又落在了一个叫作"天子"的"奇货"上面。

当初，沮授献上"河北策"的时候就提出"迎大驾于西京，复宗庙于洛邑"这一可能选项，以此实现"号令天下，以讨未复，以此争锋，谁能敌之"的远景目标。公元196年，看到汉献帝东归洛阳，沮授又主动找袁绍聊天，向他提出了"挟天子策"（《三国志·袁绍传》）。具体来说，就是"宜迎大驾，安宫邺都，挟天子而令诸侯，畜士马以讨不庭，谁能御之"。沮授这次建议的内容与上次大体一致，唯有一处不同：之前是让皇帝回到雒阳旧都，现在是把皇帝弄到邺城（今河北临漳县西南、河南安阳北郊）新都，这样就可以牢牢地把皇帝攥在手中了，同时也使原本偏处北端的河北变成了整个帝国的中心。

这是一个把"河北策"变成"天下策"的大好机会，可惜却偏偏遇到了一个优柔寡断的主公。在袁绍眼中，"迎大驾"这件事情太麻烦，稍有怠慢就会引起皇帝的不满，引发内部的动荡，而且还会给其他诸侯以口实，搞不好就会像董卓那样成为群雄围攻的箭靶。这种内外都不安全的事，干不得！再说，自己现在已经手握重兵，名重天下，再去给自己找个主公，犯不着！于是，天子与河北擦肩而过。

河北不迎，河南迎。

如果说袁绍在河北住的是一所宽敞的高宅大院的话，那么曹操则在河南与吕布、陶谦、刘备、杨奉等各路诸侯窝在逼仄的危房荒院中，大家为了尺寸之地常常争得不可开交，再加上时不时过来踹门的袁术、马腾等人，曹操虽说有了点家底，但始终伸展不开手脚。情急之下，备受煎熬的曹操甚至一度动过依附袁绍的念头，要不是程昱劝他死扛，估计现在已经住到袁府的门房里了。

好在曹操遇到了毛玠。虽说是首次聊天，但一听到毛玠"奉天子以令不臣"的建议（《三国志·魏书·毛玠传》），曹操就眼前一亮。正如董仲舒在《春秋繁露》中所说，"惟天子受命于天，天下受命于天子"，有了天子也就有了天下，这等"奇货"怎能不赶快下手？

曹操与毛玠名为"奉天子策"的那场聊天是明确而具体的："奉天子以令不臣，修耕植，畜军资，如此则霸王之业可成也"，但真正实现起来还需要再加两场聊天。

一次是曹操与荀彧等人的群聊（《三国志·魏书·荀彧传》）。聊天中，荀彧系统规划了天子这一老旧"产品"的全新价值和市场定位："奉主上以从民望，大顺也；秉至公以服雄杰，大略也；扶弘义以致英俊，大德也"。随后，曹操果断出手，迎到了天子，也逐渐赢到了民望、雄杰和英俊。

另一次是曹操与董昭的私聊（《三国志·魏书·董昭传》）。聊天中，董昭认为，天子如果继续待在雒阳，那曹操必然受到诸多掣肘，要想控股朝廷而非参股朝廷，那就"惟有移驾幸许"，把天子弄到许县去。于是，天子就到了许县，许县就变成了许都，"河南策"就变成了"天下策"。

接下来的情况，就不多说了。后悔不迭的袁绍，先是亡羊补牢地劝曹操把皇帝迁到离自己不远的鄄城，计划落空后，又索性亲自率军进攻许都。结果，一场官渡之战使河南、河北都变成了曹操的地盘。

战略 4.0:
荆扬可一 PK 跨有荆益

汉末三国的第四个焦点话题是：长江。

当黄河流域已经没有任何悬念时，所有的想法就集中到了长江流域。

最早打长江主意的是张纮。早在公元 194 年，也就是孙策计划起兵的时候，张纮就在二人的聊天中提出了"荆扬策"(《三国志·吴书·孙策传》注引《吴历》)。这一策略具体包括三个步骤：首先，"收兵吴会"，占据长江下游；然后，"荆、扬可一"，占据长江中游和下游；最后，"据长江，奋威德，诛除群秽，匡辅汉室"，占领整个长江流域，以实现齐桓公、晋文公那样的霸业。沿着"荆扬策"的规划，孙策挥师渡江，首先在江东地区站稳了脚跟。

随后把长江纳入战略视野的是鲁肃。公元 200 年，鲁肃在与孙权的首次密聊中，向孙权提出了"榻上策"(《三国志·吴书·鲁肃传》)。"榻上策"也是分三步走：第一步，"鼎足江东，以观天下之衅"；第二步，"剿除黄祖，进伐刘表，竟长江所极，据而有之"；第三步，"然后建号帝王以图天下，此高帝之业也"。应该说，"榻上策"与"荆扬策"在步骤规划方面有异曲同工之妙，只不过目标更为高远宏阔，一下子将霸业升级成了帝业，而实现帝业的基础和前提就是蚕食荆州。后来，正是有了帝业目标的鼓舞，孙权才毅然决然地打了那场赤壁之战，而围绕荆州的控制权，孙权及其手下将领也没少花工夫。

第三个以长江为基点进行战略设计的就是诸葛亮了。公元207年，诸葛亮在茅庐之中与刘备进行了那场著名的"隆中对"（《三国志·蜀书·诸葛亮传》）。与"荆扬策"和"榻上策"把重点放在长江中下游不同，"隆中对"把战略重心放在了长江中上游，具体而言就是先"跨有荆、益"，然后"保其岩阻，西和诸戎，南抚夷越，外结好孙权，内修政理"，一旦"天下有变，则命一上将将荆州之军以向宛、洛，将军身率益州之众出于秦川"，如果上述政治、军事、内政、外交各项措施顺利达成，"则霸业可成，汉室可兴"。后来，遵循这一对策，刘备变成了汉昭烈皇帝。

第四个提出长江战略的是甘宁。公元208年，在与孙权的初次面聊中，巴郡人甘宁提出了"西进策"（《三国志·吴书·甘宁传》）。聊天中，甘宁不仅劝说孙权进攻黄祖，而且认为"一破祖军，鼓行而西，西据楚关，大势弥广，即可渐规巴、蜀"。与"荆扬策"和"榻上策"不同，"西进策"不仅推动了消灭黄祖的进程，而且第一次明确提出要把长江上游的巴蜀地区纳入未来的势力范围，如此，东吴集团关于长江的完整拼图逐步成型。随后，孙权积极推进这一策略，不仅一鼓作气消灭了黄祖，而且为之后的赤壁争雄赢得了空间。

第五个觊觎长江上下的是周瑜。赤壁之战后的公元210年，周瑜专程从江陵来到京口，向孙权提出了"取蜀策"（《三国志·吴书·周瑜传》）。聊天中，周瑜提出自己与孙奋一起，"俱进取蜀，得蜀而并张鲁，因留奋咸固守其地，好与马超结援。瑜还与将军据襄阳以蹙操，北方可图也"。在周瑜的战略规划中，他既将长江变成了一条延长线，从中游延伸到了上游；也将长江变成了一个扩展面，向北一直拓展到了汉水的上下游。若非周瑜英年早逝，这一计划说不定会部分变成现实。

如此看来，惦记长江上、中、下游的人的确很多。所谓英雄所见略同，"隆中对"并不是石破天惊的创想，只不过是其中系统性和预见性最强的一个。上述这些长江战略设想的提出者有一个共同的特点：他们都是喝着长江水长大的，因而对长江的价值和地位有着更为深入的了解，也更能把长江流域作为一个整体来思考和谋划。

事实上，也正是有了这些人的谋划，才有了长江上游的蜀汉和长江下游的孙吴，才有了"黄河力量"与"长江力量"的赤壁对决，长江才能在三国历史乃至中国历史中第一次展现出"日出江花红胜火，春来江水绿如蓝"的独特光彩。

当然，凡事都有两面，在聊天聊出来的这番大格局之中也并非没有大困局。公元 190 年，当袁绍专注于"横大河之北"的时候，无形之中就画地为牢地把自己锁定在了黄河北岸，十年之后，当一统河北的袁绍准备"南向以争天下"时，却发现黄河以南早已换了天地。公元196 年，当曹操借壳上市、"奉天子以令不臣"的时候，他并没有想到二十多年后要想破壳而出、代汉自立是那么纠结与艰难。公元 208 年，当诸葛亮与刘备倾力于"跨有荆、益""信大义于天下"的时候，他们似乎并没有太多关注荆益与大义本身就存在悖论。建安初年，当孙吴集团摩拳擦掌地要实现"荆、扬可一""竟长江所极"等版图野心的时候，他们似乎并没有想到这些规划与"隆中对"中"跨有荆、益"的现实冲突。没错，这就是历史，让人可心如意又忧心如焚的历史。

看过了以上四组聊天记录，粗略感受了三国时人们聊出来的那片天后，我们似乎可以作以下小结：

一、"聊赖"一词，某种程度上讲，可以理解为以聊为赖，人不能百无聊赖，历史也不能无所聊赖。

二、以聊天为标准，历史可以划分为两类：有聊头的历史和无聊头的历史。

三、世界上没有什么事儿是一场聊天解决不了的，如果有，那就来两场。

四、聊天不是万能的，但没有聊天是万万不能的，因此有事没事多聊聊。

五、如果不知道怎么聊天，或者聊了半天也聊不出一片天，不妨读读这套书，听听高手们都是怎么聊天的。

聊出来的那些事儿

	创业蓝图	战略同盟	无偿兼并	决策决断	职业操守	俊杰奇才	委托代理	出奇制胜
曹魏	入地对（曹操对话袁绍） 河南策（鲍信对话曹操） 奉天子策（毛玠对话曹操）	魏吴联盟（赵咨对话曹丕）	轻取荆州（蒯越对话刘琮） 轻取成都（谯周对话刘禅）	我自西向（曹操对话群雄） 奇耻大辱（曹操对话程昱） 拼死一搏（曹髦对话王经）	忠臣良将（文聘对话曹操） 原则坚守（臧霸对话刘备） 生死气节（陈宫对话吕布）	真主英才（曹操对话郭嘉） 人才济济（曹操对话荀彧）	忍死待君（曹叡托孤司马懿）	逆转张绣（曹操对话荀彧） 奇袭乌巢（曹操对话许攸） 闪击马超（曹操对话诸将）
孙吴	荆扬策（张纮对话孙策） 榻上策（鲁肃对话孙权）	孙刘联盟（诸葛亮对话孙权）	诈取荆州（孙策对话王叡） 诈取零陵（吕蒙对话郝普）	势不两立（周瑜对话孙权）	惺惺相惜（孙策对话太史慈）	刮目相待（吕蒙对话鲁肃）	君便自取（孙策孤托张昭） 诸事相委（孙权托孤诸葛瑾）	奇袭荆州（陆逊对话吕蒙） 破敌夷陵（陆逊对话众将校）
蜀汉	隆中对（诸葛亮对话刘备）	吴蜀联盟（邓芝对话孙权）	借荆州（刘备对话庞统）	以人为本（刘备对话手下）	各为其主（曹操对话关羽） 仁政所在（赵云对话公孙瓒） 断头将军（严颜对话张飞）	伏龙凤雏（刘备对话司马徽） 破格提拔（刘备对话魏延）	君可自取（刘备托孤诸葛亮）	上楼去梯（诸葛亮对话刘琦）
群雄	河北策（沮授对话袁绍） 挟天子策（温恢对话袁绍）	—	智取冀州（荀谌对话韩馥） 智取荆州（蒯越对话刘表）	谁怕谁（袁绍对话董卓）	投刀为天下（臧洪对话袁绍） 只恨太少（审配对话曹操）	—	诸子自贤（刘表托孤刘备）	放手一搏（贾诩对话李傕） 逆向双赢（贾诩对话张绣）

目　录

第 3 章　气涌如山：从英主到昏君

第 4 章　朝不谋夕：从孙亮到孙皓

第二篇 司马食槽

第 5 章 一槽三马：从谋士到谋国

第 6 章 福兮祸兮：从三分到一统

江月之下

这本书之所以叫"孙吴江月",源于一个"霸"字。曹刘孙三家虽然各自称帝,但按照中华大一统的观念,严格来说,他们成就的并非帝业而是霸业,他们也并非帝王而是霸主。而如果要对他们的霸业加以区分的话,那孙吴无疑就是"霸"字中的那个"月"字。

首先,从地理方位来看,按照上北下南的说法,偏霸东南方的孙吴无疑与"霸"字右下方的"月"字相对应。其次,从历史角色来看,在三国鼎立的竞争格局中,孙吴似乎总是扮演着次要的角色,并且总是借助一方来对抗另外一方,配角加借光,恰恰与"月"相类似。最后,从主体性格来看,"月"是阴柔的,而孙权领导下的孙吴似乎也总是以阴暗的手段和柔软的身段来对付魏和蜀,因此当得起这个"月"字。当然,上述种种,必然离不开孙吴政权的创立者孙权以及他的那些聊天。

与曹操喜欢集体议事的群聊不同,孙权真正喜欢的往往是公开场合之外的私聊。建安五年(公元 200 年),在首次接见鲁肃时,虽然孙权在公开宴会上"与语甚悦之",但二人真正交心的谈话还是在"众宾罢退"之后的"合榻对饮"中，正是这样的"密议"才议出了"建号帝王以图天下"的大业。建安七年（公元 202 年），曹操要求孙权遣送儿子到许都，虽然孙权"召群臣会议"，但真正做出不送人质的决定，还是发生在正式会议之后孙权、孙母、周瑜三人召开的小型会议上。建安十三年（公元 208 年），面对曹操"今治水军八十万众，方与将军会猎于吴"的威胁，孙权虽然在公开场合向诸葛亮表示"不能举全吴之地，十万之众，受制于人"，但真正让孙权下定"孤与老贼，势不两立"这一抗曹决心的，还是与鲁肃和周瑜的密聊。建安二十四年（公元 219 年），面对关羽北攻曹魏节节胜利的局面，孙权虽然表面上又是派人求婚，又是派兵相助，私下里与部下吕蒙商议的却是如何背后一击，全取荆州。凡此种种，还有不少。如此看来，孙权可真够阴的。

公聊、私聊严格区分，明聊、暗聊完全两样，通俗地讲，就是表面一套、背后一套。这一点放到内政外交上就让我们看到了一个双面甚至多面的孙权。表面看，孙权乃至整个江东政权是十分柔弱的；而内里，孙权和他的团队却是无比刚强的——刚掌权时，孙权对外写信奉承曹操"明公所居""海内所瞻"，对内则"招延俊秀，聘求名士，……分部诸将，镇抚山越，讨不从命"。刘备借荆州时，孙权虽然一百个不乐意，但最终不仅"以土地业备"，甚至还"进妹固好"，可谓既给江山又送美人。刘备顺江而下时，孙权为了避免两面受敌，不仅向曹丕"使命称藩"，而且持续不断地进贡物品，但对曹丕让自己送儿子做人质的要求，孙权却虚与委蛇，百般推脱。同时，面对群情激愤的文臣武将，孙权异常冷静和坚毅地说"彼所求者，于我瓦石耳"，最终在击败刘备后，"外托事魏而诚心不款"的孙权才不再伪装，实打实地与曹丕进行了一场较量。

外柔内刚，关键不在于外柔，而在于内刚，为此孙权真没少费口舌。

关键的一招是授权。在最后一次西征黄祖前，孙权举杯走到甘宁面前，豪迈地说："这次出征，如同这杯酒，全交给你了！"在周瑜领军奔赴赤壁前，孙权交代："你与鲁肃、程普先去，我给你们做后援。你们能办了曹贼最好，万一办不了就回到这里来，到时我与曹贼决一死战。"此后，对付荆州的关羽、抵御东征的刘备、对抗南下的曹丕，一线重任都交给了手下杰出的将领。

授权的前提是培养。孙权曾经与吕蒙、蒋钦有过一段著名的聊天，内容主要是"宜学问以自开益"，就是劝他们多读书，并且还给他们界定了必读书目。后来，"笃志不倦"的吕蒙不仅成了继周瑜、鲁肃之后的吴军统帅，成功夺取了关羽治下的荆州，而且还留下了"士别三日，当刮目相看"的典故。同样，"折节好学，耽悦书传"的蒋钦后来也成了能文能武的东吴重臣。

除了劝学这种培养方式，还有破格提拔这种压担子式的实践培养。建安十七年（公元212年），孙权出人意料地将周泰提拔成为驻守吴国北大门的濡须督，力压一众军中骁将。为了消解众将的疑惑和不服，孙权专门设了一个饭局，当众让周泰脱下衣服，以询问的方式聊出了周泰的斑斑伤痕和次次功勋，进而动情地说："你为我们兄弟遍体鳞伤，我又怎能不待你如兄弟，委你于重任呢？"你看，这种扶上马送一程的培养，不可谓不用心良苦。

除了授权和培养，还有包容。当有人举报吕范、贺齐奢靡浮华时，孙权不仅认为"无损于治"，而且认为他们武器精良一点、服装华丽一点更能体现军容军貌。当大将朱桓在出征前斗胆提出捋一捋孙权紫胡须的请求时，孙权更是欣然把身体倾向了桌前。

正如孙策临终前所说："举贤任能，各尽其心，以保江东，我不如卿。"正如鲁肃对刘备所说："孙讨虏聪明仁惠，敬贤礼士，江表英豪，咸归附之。"正是孙权的授权、培养和包容，才聚集起了一支让对手心生畏惧的创业团队，才使曹操冒出了"生子当如孙仲谋"的感慨，才令曹丕发出了"魏虽有武骑千群，无所用之，未可图也"的喟叹。

可是，此后关于孙权的聊天记录并未消失，关于孙权的话题并未由此结束。如果孙权的对手只限于曹操这样的"命世之才"和刘备这样的"天下枭雄",那么孙权在历史中将是与孤鹜齐飞的缤纷落霞、共长天一色的婉转秋水。然而,不幸的是长寿的孙权不仅遇到了曹操,还遇到了曹操的儿子曹丕和孙子曹叡。在曹操面前,儿子辈的孙权是不怕虎的初生牛犊;在曹丕面前,平辈的孙权是智斗猛虎的狐狸;而在曹叡面前,老子辈的孙权只能"虎落平阳被犬欺"。事实上,真正的差距不是孙权与曹叡的能力,而是吴魏两国的实力,在无可奈何的实力面前,孙权扭曲的不只是心态,还有语态。面对张昭让自己不要出兵辽东的善意劝谏,孙权一边拔刀相向一边言语相胁;对于联蜀有功的名士张温,孙权斥责其"揆其奸心,无所不为",罢黜回乡已属法外开恩;任职丞相十九年的顾雍被斥责,继任丞相的陆逊更是"愤恚"而死。

孙氏立足江东八十五年,孙权掌权五十二年;孙吴立国五十一年,孙权在位二十三年。孙吴,可谓成也孙权,败也孙权。

好了,不多剧透了,接下来,咱们就一起详聊孙吴的江月吧!

第一篇

孙吴江月

江畔何人初见月，江月何年初照人？

——唐·张若虚

第1章
初生牛犊：从孙策到孙权

纵观古今创业史，孙家堪称接力创业的典范。老子死了，儿子接续；哥哥没了，弟弟接班。在群雄无心关注或无暇顾及的江东，孙家不仅潜滋暗长地把小团体变成了大队伍，甚至把小目标整成了大蓝图。这一切，宛若野火般寂寥，可一旦在赤壁点燃，又是如此奔腾绚烂。

1.1 日出江花红胜火——张纮对话孙策

原本，孙策的小目标是去江东割据一方，没想到与张纮一聊，小目标调整成了大规划。

建安元年（公元196年），就在袁术忙着北上争夺徐州时，他的部属、孙坚的长子孙策却南下占据了江东。建安二年（公元197年），就在袁术忙着建号称帝时，江东的孙策却来了一封劝谏的千言长信。

信中，孙策摆事实，讲道理，明确告诉袁术：当初权势熏天的董卓尚且不敢"废主自与"，世受皇恩的袁家更不应有"自取之志"，而应该"偃武修文"，"以报汉室之恩"。对于已经魔怔了的袁术来说，孙策的这些话当然不可能阻止他称帝的进程。对此，孙策自然心知肚明。

那么，孙策为什么还要江边上卖水——多此一举呢？实际上，孙策真正在意的并不是汉室这坛旧酒，而是自己这只新瓶。借助这封公开信，孙策要在世人面前树立一个深明大义、忠于汉室的形象，以此摆脱袁术的掣肘，成为被朝廷认可的一方诸侯。

因此，与其说这是一封劝谏书，不如说这是一封宣言书，它宣告了孙策与袁术的彻底决裂，也宣告了孙氏家族的再度崛起，从此孙策以独立的姿态登上了汉末群雄逐鹿的舞台。

为了这一天，孙策已经奋斗了很久。

孙策，字伯符。作为孙坚的大儿子，父亲征战疆场时，他和母亲还有弟弟们一直待在后方。初平二年（公元 191 年），孙坚在洛阳城外刚刚取得大败董卓的辉煌战绩，兵器上的血迹还没有拭干，就在襄阳城外追击黄祖时不幸中箭身亡。父亲殒命荆州时，孙策也还是一个十八岁的少年。但从那时以后，他便扛起家族复兴的重担，要为凝聚起新的力量、开辟出新的江山而持续努力了。

孙策明白，不管是重振家业还是复兴国运，他都不可能一个人战斗。于是，孙策经过寻访和结交，凝聚起不少新力量，其中包括庐江舒县（今安徽省庐江县）人周瑜、汝南细阳（今安徽太和县一带）人吕范，当然还包括上面那封书信的起草者：张纮。实际上，张纮不仅为孙策草拟了那封书信，还协助孙策规划了发展蓝图。

料理完父亲的丧事后，孙策就带领全家迁居到了长江以北的江都（今江苏扬州西南），而此时，离江都不远的广陵（今江苏扬州），也有一个人正在家守丧。这个人就是张纮。

张纮，字子纲，广陵人。张纮早年游学于京都雒阳，还曾经被郡里举荐为茂才，但他拒绝了朝廷的各种征辟，保持着优游乡间的从容和自由。实际上，这既是一种观望，也是一种等待。

不久，这种等待有了结果。来到江都后，孙策曾多次前往广陵拜访张纮，与他讨论时势，但张纮每次都是顾左右而言他，对孙策关注的问题始终避而不谈。这一次，孙策又来到了广陵。

见到张纮，孙策直抒胸臆："我孙策虽然愚钝年少，但内心还是藏着一个小目标：我准备先从袁术手中把父亲孙坚留下来的人马要回来，然后带着这支队伍去丹杨（治所在今安徽宣城）与舅舅吴景会合，在那里把力量壮大起来；之后，再东渡长江，拿下吴郡和会稽郡，用这些本钱报仇雪耻，成为朝廷的外藩。阁下认为如何？有没有什么建议？"先盘活存量资产，再拓展增量资产，目标是自立门户、割据一方，孙策的计划听起来环环相扣，没什么毛病。

可是，张纮的回答却一如既往地客套恭谦："我这人素来才疏学浅，现在又正居家守丧，恐怕不能为您提出什么好的建议。"一句话，您给我说这些都没用，还是另找高人吧。

听到这里，孙策激动了，声泪俱下地说："先生高名在外，远近敬仰，谁人不知，何人不晓？今日所求之事，只看您想不想帮忙了。您为什么不能为我指点迷津，以与您高山般的名望相配呢？如果我的小目标能够实现，能够报了血海深仇，这也是您的功劳、我的心愿呀！"

听到孙策这情真意切、壮怀激烈的言辞，张纮不觉有些心动了。隐居乡间的他，不仅是为了保持一种采菊东篱下、悠然见南山的自在，更是为了拥有一种良禽择木而栖、良臣择主而事的从容。如今，经过自己这番苦心孤诣的试探，一位雄心满怀、赤心以对、诚心相邀的英主不就近在眼前吗？

心潮澎湃之下，张纮诚心诚意地抛出了自己的想法。

"从前周朝衰落，齐晋以尊王之名而崛起；结果王室复兴，诸侯以纳贡向齐晋表达尊崇。"一上来，张纮就把孙策的视野从军事扩展到了政治，凡事必须先从政治层面上来认识！

　　"现在您继承先君的遗志，又有骁武的名声，如果前往丹杨招兵买马，占据吴郡、会稽郡，必然可以统一荆州、扬州，实现报仇雪耻的目的。"军事上，张纮对孙策的规划是认可的，只不过在"东据吴会"的基础上做了点加法。

　　"接下来，如果能够依托长江，奋威明德，诛奸除贼，匡扶汉室，那么功业就可以与齐桓公、晋文公并驾齐驱，哪里是单纯成为朝廷外藩那么简单？现在世事纷乱、灾难不断，如果想功成名就，应当与志同道合之人一起南下发展。"军事搭台、政治唱戏，延揽人才、共创伟业，清晰的战略蓝图立刻展现在眼前。

　　很明显，张纮对孙策的小目标进行了延展和放大，先加上了荆州和扬州，再加上了长江，最后加上了天下。于是，小目标变成了大规划。

　　这是一个颇为大胆的设想。要知道，孙策当时还只是一个无职无权无地盘、无兵无钱无粮草的小青年，而在张纮的规划中，他不仅要占据江东，还要吃掉刘表治下的荆州以及袁术治下的扬州，甚至还要把长江变成自家的内河，真有那么点儿蛇吞象的意思。因为这一规划是以"荆、扬可一"为阶段目标的，我们不妨称之为"荆扬策"。

主题：如何复兴孙氏
聊友：孙策＋张纮
时间：约公元192年
成语：报仇雪耻
语录：据长江……功业侔于桓、文，岂徒外藩而已哉？
影响：孙策确立了既军事又政治、先江东后长江的发展路线。
启示：思路是聊出来的。
出处：《三国志·吴书·孙策传》注引《吴历》

　　然而，只有想不到，没有做不到。眼界大开的孙策，随即就把自己的老母幼弟都托付给了张纮，径直到袁术处讨要人马去了。仅仅为了索回父亲孙坚的旧部，他就跑去见了袁术两次。

第一次，孙策跑到寿春，声泪俱下地谈起父亲与袁术"同盟结好"，结果"不幸遇难，勋业不终"，企图以此打动袁术。结果，袁术虽然对这个娃娃"甚贵异之"，但是并未归还人马，只是让他去丹杨自行招募。结果，孙策到了丹杨，好不容易拉起一支几百人的队伍，没想到就遭到当地土匪祖郎的偷袭，队伍立马七零八落，"几至危殆"。

第二次，孙策又跑去见袁术。这次，不仅袁术被孙策那股坚忍的劲头打动，就连朝廷派来的太傅马日磾也对孙策以礼相待，表荐他为怀义校尉，至于袁术手下的大将们更是对他倾心相敬。于是，袁术感叹了一句："使术有子如孙郎，死复何恨！"随后，把孙坚的旧部还给了孙策。

当然，袁术并没有傻到被孙策忽悠的程度，返还人马是有条件和企图的。如果孙策能够像当年的孙坚一样成为自己的一把利刃，何愁帝业不成？可是，对于孙策这样一只初生的小牛犊，袁术又不得不防。为此，袁术开起了空头支票，玩起了忽悠的把戏。最初，袁术承诺让孙策做九江太守，使他成为自己对抗刘表、黄祖的屏障，后来太守一职却给了自己的亲信陈纪；接着，袁术又派孙策去攻打庐江，并以庐江太守一职相许，结果孙策拿下庐江后，太守一职又给了自己的故旧刘勋。

再一再二，不能再三！面对袁术一次又一次的食言，孙策越来越明白，如果还把自己与袁术绑在一起不停地被当枪使，不仅东山再起的梦想将变得遥遥无期，说不定哪一天自己也会像父亲那样意外殒命。于是，孙策加快了独立自主、自力更生的步伐，索性一不做二不休，直接找袁术表明自己要平定江东的想法。

一个饥饿的下仆告诉贪婪的主人，自己要吃下主人嘴边的那块肥肉，这是一件看似不可思议的事情。然而，向来一毛不拔的袁术，这次却慷慨异常，他立刻向朝廷表荐孙策为折冲校尉，同时代理殄寇将军，赋予孙策平定江东的全权。当然，袁术有自己的算盘，江东虽然是一块肥肉，但却是一块刺猬肉，不扒下外表那层硬皮，再好吃也没用。这次孙策东渡，即使能扒开这层硬皮，牙齿也掉得差不多了，哪有能力吃肉？如果不能扒开这层硬皮，好歹也能拔下几根硬刺，等自己下口时，就不会那么麻烦了。哈哈！

的确，江东这块肥肉不好下口，长江是它的保护层，江边的一座座由刘繇、王朗等人占据的城池就是保护层上的硬刺。不过，令人意想不到的是，青年孙策这把快刀，瞅准江防的薄弱点迅速突破，随即风卷残云般扒下了这张刺猬皮，把整个江东变成了自己的狩猎场，正所谓"渡江转斗，所向皆破，莫敢当其锋"。

如今，已在江东站稳脚跟的孙策，面对痴心妄想的袁术，自然要借题发挥，既宣示一下自己的独立自主，也展示一下自己的忠君爱国。"荆扬策"中，张纮告诉自己在政治上要高举"诛除群秽，匡辅汉室"的大旗，现在不正是时候吗？

原文节选：

策数诣纮，咨以世务，曰："……策虽暗稚，窃有微志，欲从袁扬州求先君余兵，就舅氏于丹杨，收合流散，东据吴会，报仇雪耻，为朝廷外藩。君以为何如？"

……

乃答曰："昔周道陵迟，齐、晋并兴；王室已宁，诸侯贡职。今君绍先侯之轨，有骁武之名，若投丹杨，收兵吴会，则荆、扬可一，仇敌可报。据长江，奋威德，诛除群秽，匡辅汉室，功业侔于桓、文，岂徒外藩而已哉？方今世乱多难，若功成事立，当与同好俱南济也。"

——《三国志·吴书·孙策传》注引《吴历》

1.2 直挂云帆济沧海——孙策对话吕范

吕范不仅把孙策的事业比作驶向理想彼岸的大船，而且针对船中可能出现的小漏洞主动当起了检修员。

"荆扬策"中，张纮为孙策设定了一个创立基业的大前提："当与同好俱南济"，就是说，要把同样有创业想法的小伙伴聚集到一起，共同南下发展。对此，孙策不仅了然于胸，甚至早已躬身践行。在江都时，十多岁的孙策就"结交知名"，呼朋唤友。时间长了，便"声誉发闻"，威名远播。一过江东，孙策更是把吸纳人才放到优先位置，千方百计地延揽避乱南渡的士大夫和吴会本地的士族。

孙策最先盯上的是比自己大十九岁的张昭。

张昭，字子布，彭城（今江苏徐州）人。少年时，张昭就因为博学广识、擅长隶书而闻名乡里，甚至得到了同州文士陈琳等人的称许。成年后，张昭先后被举荐为孝廉和茂才，结果他都没有接受。

因为拒不接受茂才这件事，当时的徐州刺史陶谦甚至把他给监禁了起来，要不是好友赵昱全力营救，张昭很难脱身。后来，中原大乱，张昭就来到了相对安定的江东。

凭着自己的才华和个性，张昭在南渡的士人中颇有威望。为此，孙策不失时机地"命昭为长史、抚军中郎将"，使张昭成了自己的座上宾。

为了进一步体现自己的重视和信任，孙策甚至与张昭"升堂拜母，如比肩之旧"，甚至"文武之事，一以委昭"。就是说，孙策创业伊始，不仅委张昭以重任，还把他引入内堂一同拜见了自己的母亲，把他看作同辈旧友，将文武之事都委托给他办理。说白了，张昭享受到了一种"我妈就是你妈"的殊荣。

之后，张昭很快成了孙策集团的核心成员，与更早入伙的张纮"并为参谋，常令一人居守，一人从征讨"。在张昭的影响下，避乱江东的士人乃至仍在北方的士人，都动了投靠孙策的心思，"孔雀东南飞"成为人才流动的一个重要方向。

如果说张纮、张昭是孙策的左膀右臂的话，另一个人则算得上是孙策的"分身"。而孙策"升堂拜母"的最早实践，就用在了这个人身上。

这个人，不是别人，正是周瑜周公瑾。

家住庐江舒县的周瑜，不仅出身好，家中仅太尉就出了好几个，俸禄在两千石以上的高官更多，而且周瑜人也长得帅，史载"壮有姿貌"。

少年时的周瑜，听说寿春（今安徽省淮南市寿县）城中有一个喜欢结交的同龄人，于是便慕名而来。结果，二位少年不仅一见如故，惺惺相惜，甚至好到了形影不离、难舍难分的地步。为了解决分处两地的问题，孙策甚至在周瑜的建议下，带着母亲从寿春搬到了舒县。好友举家前来，身为地主的周瑜更是慷慨备至，不仅把自己家在路南的大宅子让了出来，自己住到了路北稍小的宅子里，而且与孙策一起"升堂拜母"，两家"有无通共"，宛如一家。

日后，周瑜不仅追随孙策一起东渡长江，横扫吴会，而且分工协作，相互呼应。孙策继续南下平定江东时，周瑜谋划夺取丹杨进行策应；孙策准备进攻荆州时，周瑜作为侧翼攻打皖县。孙策被人称为"孙郎"，周瑜则被人称为"周郎"；孙策迎娶了乔公的大女儿大乔，周瑜则迎娶了乔公的小女儿小乔。"升堂拜母"之后，二人真成了一对"孪生兄弟"。

说完周瑜，还要再说说一个叫吕范的人以及他与孙策的一次聊天。

吕范，字子衡，汝南细阳人。据载，吕范"少为县吏，有容观姿貌"，就是说，年轻时的吕范吃过公家饭，长得也很帅。有了这两点优势，吕范无论在择业还是在择偶方面都占了些便宜。当初，他看上了同县的一个刘姓女子，这个女子皮肤白不白不知道，但史书上明确记载"家富女美"，按照如今"白富美"的标准，刘女至少占了两条。一个穷小子向一个富家女求婚，大概率是被女方的家人看不起。然而，这名刘姓女子却说了一句话："观吕子衡宁当久贫者邪？"看他这学识才华、形象气质，难道会一直穷下去吗？于是，吕范得偿所愿，抱得美人归。

择偶如此，择业亦如此。当吕范为了避乱逃到寿春时，孙策一见到他就惊奇不已，加上吕范本人也主动靠拢，带着自己的一百多名私客就入了伙。别看人数少，但对于刚刚创业的孙策来说却难能可贵，凭着这点本钱，吕范成了孙策集团的原始股东。创业伊始，一直陪在孙策身边的主要就是吕范和一个叫孙河的人，他们跟着孙策"跋涉辛苦，危难不避"，孙策对他们也像亲人一样，常常请他们登堂入室，亲密无间地一起在母亲面前推杯换盏、大快朵颐。

后来，随着孙策逐渐平定江东，吕范也当上了独当一面的宛陵（今安徽宣城）令，迎来了苦尽甘来的时刻。然而，借着一次独处的机会，吕范却向孙策提出了新的职务请求。

当时，孙策正兴致颇高地与从宛陵回来的吕范下着围棋。眼见主公心情不错，吕范说出了自己的观察和想法："如今将军您的事业日渐做大，人马也越来越多，我在远方，听说军中的纲纪还很成问题，有不少需要整顿的地方，为此，我希望暂时代理负责军纪的帐下督一职，辅佐将军对军队进行整编整饬。"

听到这句话，孙策着实吃惊不小，随即一半否定一半劝解地问道："子衡啊，你原本是士大夫，现在手下也已经有了不少人马，原本应该想着立功于外，怎么会又回过头来担任这样的小职务，去管那些零七碎八的小事呢？"

"其实不然。"吕范立即回应。

"如今我背井离乡跟随将军，并不是单纯为了妻儿的富贵，而是想与您一起改变天下。"一句话，我是为干大事而来的，而不是为当大官而来。

"如同一条渡海的大船，一件事情没做好，整条船的人都会跟着遭殃。从这个角度讲，我吕范是为自己着想，不单单是为了将军。"细节决定成败，梦想的风帆要想抵达理想的彼岸，就必须从点滴做起，从细节抓起。

听了吕范这番话，孙策开心地笑了。随即，吕范回去脱下了士大夫的袍服，换上军人的戎装，手持执法的鞭子，来到孙策跟前正式提出请求。就这样，吕范又从远方的官重新变回了孙策身边的吏。随后，"军中肃睦，威禁大行"。

最后，再来讲一件吕范秉公办事的小事。据载，吕范不仅管过军纪，还管过资金财务。那时，孙策的弟弟孙权因为一些个人的小需求，经常私下里向吕范要钱花。每当面对这种情况，吕范总是先请示孙策，然后再予以拨付，从来不敢自作主张。据说，因为这事，孙权对吕范还挺有意见。

主题：大家与小家

聊友：孙策+吕范

时间：公元195年

语录：同舟涉海，一事不牢，俱受其败。

影响：军队纪律得到整肃，战斗力明显增强。

启示：抓细才能做大，低就才能高成。

出处：《三国志·吴书·吕范传》注引《江表传》、《资治通鉴》卷六十一

原文节选：

策从容独与范棋，范曰："今将军事业日大，士众日盛，范在远，闻纲纪犹有不整者，范愿暂领都督，佐将军部分之。"

策曰："子衡，卿既士大夫，加手下已有大众，立功于外，岂宜复屈小职，知军中细碎事乎！"

范曰："不然。今舍本土而托将军者，非为妻子也，欲济世务。犹同舟涉海，一事不牢，即俱受其败。此亦范计，非但将军也。"

策笑，无以答。

范出，更释褠，著袴褶，执鞭，诣阁下启事，自称领都督，策
乃授传，委以众事。由是军中肃睦，咸禁大行。

——《三国志·吴书·吕范传》注引《江表传》

1.3 不打不相识——孙策对话太史慈

翻看太史慈闯荡江湖的记录，坑蒙拐骗的事的确不少。然而，孙策却认
定了他，吃定了他，原因无他，唯"信义"二字。

如果说，周瑜、张昭和吕范是孙策升堂拜母"拜"出来的，那么太史慈
则是孙策不打不相识"打"出来的。

话说孙策渡江后，兵锋直指屯驻在曲阿（今江苏丹阳）的刘繇。为了探
知对方虚实，孙策带着一帮亲随前往曲阿侦察，没想到半路却碰上了刘繇手
下的侦察骑兵。当时，孙策一方包括韩当、宋谦、黄盖等将领在内一共十四
人，对方则只有两人，一个名叫太史慈，另一个不知姓名，姑且称为"曲阿
小将"。狭路相逢勇者胜，啥也不说了，开打！

擒贼先擒王，作为弱势的一方，太史慈直奔孙策而去，很快双方就厮打
在了一起。只见孙策一枪就刺中了太史慈的战马，而太史慈则顺势揪住孙策，
二人一起滚落马下，孙策一伸手把太史慈后肩上的手戟抓了过来，太史慈也
一把抓住了孙策的头盔，双方继续激烈搏斗。

正当二人玩命互搏之时，双方救援的步骑兵同时赶到，于是各自散去。
据说，这场小规模的遭遇战发生在一个叫神亭岭的地方，因而后人把二人的
这次博战称为"神亭酣战"。至于那位曲阿小将当时是如何抵挡孙策手下堪称
"太保"级的十三位将校攻击的，则始终是个谜。

如果说太史慈与孙策的初次相遇算是旗鼓相当的话，那么第二次见面太

史慈就偃旗息鼓了。经过一番战斗，刘繇终究没有抵挡住孙策的进攻，一路南下奔向了豫章郡（今江西省大部），不知道是为了掩护主公还是因为被打散了，太史慈向北跑到了芜湖的山里，在那里自称丹杨太守，重整旗鼓，对抗孙策。结果，当两人再次相见时，太史慈已成了阶下囚。

只见孙策走到太史慈面前，亲自为他松了绑，握住他的手问："还记得神亭时候的事吗？如果你当时把我抓住了会怎么处置？"

"这事可不好说。"太史慈倒也实在。

"如今的大事，咱俩一起干得了！"孙策不仅不生气，而且笑着发出了邀约。

就这样，太史慈成了孙策的门下督。

后来，刘繇死在了豫章，手下有一万多人没有归宿，孙策准备让太史慈前去收抚招纳。手下人不无担心地说："太史慈这一去肯定不会回来了！"

然而，孙策却颇为自信地说："子义舍我，当复与谁？"就是说，太史慈除了我，还能再去追随谁呢？

不但颇为放心，孙策还专门为太史慈饯行。临别之时，孙策握着太史慈的胳膊说："你什么时候能回来？"

"不超过六十天。"太史慈回答。

随后，太史慈策马而去。没到六十天，太史慈便如期而归。

主题：**换作是你会怎么办**

聊友：孙策＋太史慈

时间：公元 198 年

语录：今日之事，当与卿共之。

　　　子义舍我，当复与谁？

影响：孙策与太史慈确定了主从关系。

启示：欣赏和信任是共事、谋事、成事的前提。

出处：《三国志·吴书·太史慈传》、《资治通鉴》卷六十二太史慈，字子义，看来他的确没有辜负这个"义"字。想当年，孔融被困都昌时，太史慈便冲出重围请来了刘备这支援军。

其实，太史慈不仅有情有义，而且有勇有谋。举两例为证。

早年，太史慈在家乡东莱郡任奏曹史，类似于负责奏章等公文流转的秘书处处长。这时正好赶上州牧和郡守彼此不对付，双方的是非曲直一时也分不清楚，而谁先让朝廷看到自己的奏章谁就较为有利。当时，州牧的奏章已经在送往京城的路上，郡守一时焦虑得不行，除非选准一个合适的人尽快将奏章送达，否则就被动了。

没错，太史慈就是那个被选中的人。

当太史慈日夜兼程赶到专门呈送奏章的宫阙南门时，青州牧派来的使者正准备把奏章递进去。只见谙熟公文流程的太史慈不慌不忙地走到了那名使者面前，慢条斯理地问道："你是要呈报奏章吗？"使者点头称是。

太史慈进一步问道："奏章在哪里？"

使者回答："在车上。"

太史慈说："奏章的题款不会有什么错漏吧？拿来我帮你看看。"

看到这样一个热心人，也许以为是朝廷负责接收奏章的官吏，也许以为是其他什么人，总之，使者完全没有戒备，取来奏章就交到了太史慈手中。

一接过奏章，太史慈瞬间从怀里掏出一把小刀，三两下就把奏章给裁毁了。这下，使者傻眼了，跳起来就大喊大叫，说有人毁了他的奏章。

看到这般情景，太史慈却并不慌张，反而把使者拉到了车子中间，帮使者支起招来："刚才你如果不把奏章给我，我也不会毁了它，看来不光我有责任，你也脱不了干系。不如咱俩黑不提白不提，一块逃跑算了。"

这时，使者已经了解了太史慈的身份，对他的这项提议更加迷惑不解了："你已经帮郡守毁了我的奏章，本来应该回去领赏才对，怎么还要和我一起逃跑？"

这是使者头脑中绕不过去的弯，可是太史慈偏偏要带着他绕过去。于是，太史慈说:"郡守原本只是让我看看州牧的奏章呈上了没有,我现在却自作聪明地毁了奏章,属于擅自作为,回去之后恐怕也会受到责难,所以还不如咱俩一起逃走,多少也有个照应。"深谙官场规则的太史慈,把自己的所作所为从"有作为"变成了"乱作为",为自己跑路找到了令人信服的理由。

> 主题:拦截奏章
> 聊友:太史慈+青州使者
> 时间:不详
> 语录:吾用意太过,故俱欲去尔。
> 影响:太史慈彻底封锁了州牧的通道。
> 启示:举一反三才能把事情做好。
> 出处:《三国志·吴书·太史慈传》

就这样,使者经太史慈七绕八绕,稀里糊涂地离开了都城雒阳,亡命天涯,一去不返。可是,太史慈却又悄悄地跑了回来。忽悠走了使者,既阻止了州牧递送奏章的通道,又封锁了州牧获取消息的来源,让对方连补救的机会都没有。可是,郡守的奏章还揣在自己的怀里,如今回来就是要把它顺利递出去。

经过这场生死速递,太史慈不仅名声远播,而且因为州牧的憎恨,辗转到了辽东。

过了一段时间,也许是思乡心切,也许是风头已过,也许是州牧调离,太史慈又回到了老家。这时,一件救人急难的事情又不期而至。

事情首先源自北海相孔融对于太史慈的仰慕。听说太史慈的事迹后,孔融多次派人给太史慈的母亲送去礼物,弄得这位老母亲很是过意不去。结果,太史慈从辽东回来时,正赶上孔融被黄巾军围困。正所谓,"吃人家的嘴软,拿人家的手短",于是,太史慈趁着黄巾军包围不严时,义无反顾地冲进了孔融被困的都昌城。

可是，一个人冲进去顶多算是精神鼓励，解决不了现实困难。面临越围越紧、越围越小的包围圈，关键还是要找来救兵。于是，当孔融想向平原相刘备求救时，太史慈又站了出来。

进来容易，出去难。面对里三层外三层的包围，太史慈又抖起了机灵。

某日天刚蒙蒙亮，太史慈早早吃完饭，带着两名骑兵，每人身上背着弓囊箭袋，手里拿着一个靶子，天一亮就冲出了城门。看到这幅情景，城外的黄巾军立刻紧张起来，兵马交错，严阵以待。

这时，只见太史慈打马来到城墙下的堑壕中，立起靶子，跳出壕沟，"嘣""嗖""啪"……当着敌人的面练起了箭法。太史慈三人射了一会儿，打马入城。

第二天一早，打马出城。这次，城外的黄巾军降低了警戒级别，有的起身防备，有的睡卧如故。太史慈三人射了一会儿，又打马入城。

第三天一早，打马出城。这次，城外的黄巾军完全放松了警戒，没有人再起来了。此时，太史慈打马扬鞭，直奔敌人的包围圈而去。等敌人反应过来时，太史慈已经来到包围圈外，"嘣""嗖""啪"……追来的敌军应声而倒，再也没有人敢追赶了。于是，我们听到了太史慈与刘备的那番对话（详见《聊出来的三国：蜀汉兵革》）。因为这些话，为了"救人之急"的"仁义之名"，刘备义无反顾地冲向了"危在旦夕"的北海。

帮孔融解围之后，太史慈又踏上了前往曲阿寻找同乡刘繇的旅程。作为刘繇手下的侦察兵头目，太史慈在神亭遇到了孙策，成就了那段不打不相识的佳话。

像太史慈这样的人才，自然是人见人爱，就连曹操也给他寄来一个信匣。太史慈打开之后，却发现里面除了一味叫"当归"的药材，什么也没有。

对此，老家北方的太史慈自然心领神会，当归，当归，你应当归来啊！

不过，领会归领会，太史慈还是选择留在了江东。孙策主政时，专门在与荆州交界的地方为他划出了一个叫建昌（治所在今江西永修县）的行政区，让他抵御刘表侄子刘磐的进攻。孙权主政后，因为太史慈的威名，把江东南部的军政事务都交给了他。建安十一年（公元206年），太史慈病故。两年之后，赤壁之战爆发。

原文节选：

策即解缚，捉其手曰："宁识神亭时邪？若卿尔时得我云何？"

慈曰："未可量也。"

策大笑曰："今日之事，当与卿共之。"

……

左右皆曰："慈必北去不还。"

策曰："子义舍我，当复与谁？"

饯送昌门，把腕别曰："何时能还？"

答曰："不过六十日。"

果如期而反。

——《三国志·吴书·太史慈传》

慈年二十一，以选行，晨夜取道，到洛阳，诣公车门，见州吏始欲求通。

慈问曰："君欲通章邪？"

吏曰："然。"

问："章安在？"

曰："车上。"

慈曰："章题署得无误邪？取来视之。"

吏殊不知其东莱人也，因为取章。慈已先怀刀，便截败之。

吏踊跃大呼，言"人坏我章"！

慈将至车间，与语曰："向使君不以章相与，吾亦无因得败之，是为吉凶祸福等耳，吾不独受此罪。岂若默然俱出去，可以存易亡，无事俱就刑辟。"

吏言："君为郡败吾章，已得如意，欲复亡为？"

慈答曰："初受郡遣，但来视章通与未耳。吾用意太过，乃相败章。今还，亦恐以此见谴怒，故俱欲去尔。"

吏然慈言，即日俱去。慈既与出城，因遁还通郡章。

——《三国志·吴书·太史慈传》

1.4 胆大心不细——虞翻对话孙策

再一再二，不能再三。尽管虞翻反复提醒孙策，但该发生的事情还是发生了。

有人为孙策出谋划策，有人为孙策开疆拓土，有人为孙策修补漏洞，功曹虞翻最关心的却是孙策的人身安全。

会稽人虞翻原本是会稽太守王朗身边的功曹，孙策进攻会稽时，虞翻曾劝王朗暂避锋芒，然而建议没有被采纳。结果，兵锋之下，辗转之间，虞翻跑回家成了宅男，王朗则在逃走过程中成了俘虏。

然而，会稽的新主人并没有怠慢虞翻，不仅重新让他担任了功曹，而且用朋友的礼节对待他，还亲自去家中拜访。感动之余，虞翻也全心全意地为孙策做好各方面的服务，对于孙策一些不妥帖的做法也常常提出合理化建议。这不，看到孙策常常外出游猎，虞翻就开始发表意见了。

"您率领乌合之众，驱使散兵游勇，都能让他们为您拼尽死力，这一点即使汉高祖也比不上。"欲抑先扬，虞翻首先抛出了一段赞扬的话。

"但您经常随意出行，使随从们连整装跟随的时间都没有，弄得将士们叫苦不迭。"虞翻切入正题，道出了实情。

"为人君主的人，不持重就没有威严，所以白龙化为鱼出来游玩，就会被渔人豫且射中眼睛；白帝之子化为蛇，因此被刘邦杀掉。希望您稍加留意。"虞翻以小见大，给出了自己的建议。归结为一句话，别没事瞎转悠了。

面对忠告，孙策说："您说得很有道理。然而我经常喜欢思考，如果总是坐着就心情郁闷没有思路，所以才有春秋时郑国大夫裨谌到野外思考国家大事的想法，因此我才经常外出。"单听第一句话，似乎孙策采纳了虞翻的建议。接下来再听，发现孙策不仅依然故我，而且为自己的行为找到了一个合理解释，甚至还拉上一位古人为自己背书。不怕老板没文化，就怕老板耍无赖。面对孙策振振有词的狡辩，虞翻也真是没辙。

主题：别没事瞎转悠
聊友：孙策 + 虞翻
时间：公元 196 年
语录：君人者不重则不威。
影响：孙策依旧忽视个人安全。
启示：别拿苦口婆心不当回事。
出处：《三国志·吴书·虞翻传》、《资治通鉴》卷六十二

劝说不起作用，虞翻就付诸行动。一次，孙策征讨会稽境内的山贼。征讨进行得很顺利，孙策斩杀了山贼的首领，打得山贼们四散奔逃。为了扩大战果，孙策命令自己的人马也化整为零，分头追击敌人，最好能多抓几个壮丁回来。结果，这里分一部，那里分一支，越往深处走孙策身边的兵越少，最后就成他一个人骑着马狂奔了。不过，这时却碰巧撞见了虞翻。

大惊之下，虞翻问道："您的部下呢？"

"都去追山贼了。"孙策不以为然。

"这里草木太深，一旦有危险，连马都不好控制，您下来牵着马走，搭上

弓以防不测。我用长矛在前面为您开路。"一边说，虞翻一边扶孙策下马。

就这样，二人一前一后，一矛一弓，一直走到了平缓处。这时，虞翻又让孙策赶快上马，立刻离开。

"您没有马怎么办？"孙策关切地问道。

"我好说，我善于走路，一天最多能走二百里，咱们军中还没有能比过我的。不信您策马试试，看我到底能不能大步跟上。"虞翻回答得相当轻松。

就这样，二人一前一后，一马一步，一直走到了大路上。这时，大小部众也汇集到了一起，虞翻悬着的一颗心终于放了下来。

主题：山中有危险
聊友：孙策+虞翻
时间：公元199年
语录：翻善用矛，请在前行。
　　　明府试跃马，翻能疏步随之。
影响：孙策避过了一次潜在危险。
启示：细节决定的不只是成败，还有生死。
出处：《三国志·吴书·虞翻传》注引《吴书》

然而，该发生的终究还是要发生。对于孙策的游侠性格和游猎喜好，不只虞翻看在眼里，甚至连曹操手下的谋士郭嘉都有所了解。据载，官渡之战前，曹操对孙策即将渡江北上、袭击许都的传闻十分忧虑，而郭嘉则很不以为然。为此，他专门进行了如下分析。

首先，郭嘉分析了孙策成功的原因："策新并江东，所诛皆英豪雄杰，能得人死力者也。"就是说，孙策之所以能够吞并江东，诛杀那么多的英雄豪杰，主要是因为能够让人给他卖命。

随后，郭嘉分析了孙策致命的弱点："然策轻而无备，虽有百万之众，无异于独行中原也。"意思是说，孙策行动轻率而少防备，即使人再多，也和一个人独来独往没什么两样。

最后，郭嘉预测了孙策最终的命运："若刺客伏起，一人之敌耳。以吾观之，必死于匹夫之手。"就是说，如果有刺客伏击他，一个人就够了，孙策必死在一个平常人手里。

两千里外郭嘉能知道的事情，想必只要关心孙策的人就都能知道。于是，在虞翻到会稽周边的富春县担任县长后，喜欢远足的孙策则走向了一个更远的叫"黄泉"的地方。

一次，孙策又出门狩猎，猎到兴起，远远地把随猎者们甩在了后面。不经意间，独自狩猎的孙策发现身边出现了三个陌生人。稍有警觉的他，问这三个人："你们是什么人？"三人回答："我们是韩当的兵，在这里射鹿。"孙策发觉不对，便质问道："韩当的兵我都认识，没见过你们几个。"这时，三个人瞒不下去了，举起弓就要袭击孙策。说时迟，那时快，没等对方动手，孙策举弓就射倒了一人。不过，另外两人这时也发出了箭，其中一箭直接射中了孙策的面颊。随着一声惨叫，孙策从马上跌落下来。紧接着，闻声赶到的随猎者把刺客们都给杀了。

事后调查，这三个人都是孙策的老对手、前吴郡太守许贡手下的"奴客"，许贡被孙策杀死后，他们为了给许贡报仇，才谋划了这次伏击。这次伏击虽然没有让孙策当场毙命，但他最终还是因为伤势过重而一命呜呼，喜欢狩猎的孙策最终成了他人的猎物。

原文节选：

策好驰骋游猎，翻谏曰："明府用乌集之众，驱散附之士，皆得其死力，虽汉高帝不及也。至于轻出微行，从官不暇严，吏卒常苦之。夫君人者不重则不威，故白龙鱼服，困于豫且，白蛇自放，刘季害之，愿少留意。"

策曰："君言是也。然时有所思，端坐悒悒，有裨谐草创之计，是以行耳。"

——《三国志·吴书·虞翻传》

策讨山越，斩其渠帅，悉令左右分行逐贼，独骑与翻相得山中。

翻问左右安在，策曰："悉行逐贼。"

翻曰："危事也！"

令策下马："此草深，卒有惊急，马不及萦策，但牵之，执弓矢以步。翻善用矛，请在前行。"

得平地，劝策乘马。策曰："卿无马奈何？"

答曰："翻能步行，日可二百里，自征讨以来，吏卒无及翻者，明府试跃马，翻能疏步随之。"

行及大道，得一鼓吏，策取角自鸣之，部曲识声，小大皆出，遂从周旋，平定三郡。

——《三国志·吴书·虞翻传》注引《吴书》

1.5 A 计划还是 B 计划——孙策托孤张昭

虽然孙策对自己的性命满不在乎，但对江东的命运却不敢大意，无论人事安排还是政策走向，他都准备了两个剧本。

对于孙策来说，一切似乎都来得太突然了一些。原本准备骑骑马打打猎，好好放松一下，没承想却成了许贡三名奴客的猎物；原本打算趁曹操屯兵官渡之际，北上许都救驾天子，没承想现在却要临终托孤。

建安五年（公元200年）暮春，即将走到生命终点的孙策紧急启动交接班模式，准备把他一手开创的江东基业交给可以托付的人。

交接班分三步进行。

最先来到孙策面前的是张昭等一众心腹重臣，孙策对他们说："中原目前正陷入混乱，凭借着吴越地区的士众和三江的险固，足以坐观天下成败。你们要好好辅佐我弟弟。"孙策的话虽简短，但内容很丰富。一开始，他并没有宣布接班人，而是以天时（中国方乱）、地利（三江之固）、人和（吴越之众）三个方面为论据，充分论证了立足江东静观天下成败的可能性。言外之意，不管接班人是谁，江东都是一个基础好、底子牢的创业平台。有了上面的铺垫，孙策才揭晓了谜底，接班人就是自己的弟弟：孙权。

随后，孙策把孙权叫到了身边，为他佩戴上了印绶，并且说："率领江东士众，在两军阵前作出决断，与天下英雄争衡，你不如我；举拔贤才，任用能人，让他们尽心竭力地来保卫江东，我不如你。"孙策的这番举动，既算是一次正式的权力交接，也算是一次政策定调或者说政策转型。孙策当家时，政策目标是"与天下争衡"，具体手段是"举江东之众，决机于两陈之间"；交班到孙权这里，政策目标就要变成"保江东"，具体手段就要是"举贤任能，各尽其心"。看来，孙策已经帮弟弟做好了发展规划。

有了上述两个动作，接班人指定了，政策走向也确定了，孙策的交接班工作似乎基本完成了。可就在这时，孙策又专门把张昭叫到了身边，单独交代了几句话。

孙策对张昭说："倘若孙权难以担当重任，你就亲自上手，取代他便是。假设在江东发展不顺利，那就慢慢地向西回到中原一带，别有什么顾虑。"

这是要命的两句话。前一刻才交代让孙权接班，全力守护江东，后一刻就扭头告诉张昭你也可以取而代之，甚至可以放弃江东。一前一后，两份完全不同的遗嘱，以哪份为准？

主题：谁是男一号

聊友：孙策 + 孙权 + 张昭

时间：公元 200 年

语录：举贤任能，各尽其心，以保江东，我不如卿。

　　　若仲谋不任事者，君便自取之。

影响：为日后孙权、张昭意见分歧埋下伏笔。

启示：一出好戏，两个剧本。

出处：《三国志·吴书·孙策传》、《三国志·吴书·张昭传》裴松之注引《吴
　　　历》、《资治通鉴》卷六十三

实际上，关于孙策托孤的疑问还远不止于此：在众多弟弟中为什么交班给孙权？托孤时为什么没有周瑜？为什么单独对张昭有所交代？为什么既要"保江东"，又要"缓步西归"？下面，一一破解。

首先来看为什么接班人是孙权。

孙策一共有四个弟弟，从长到幼依次是孙权、孙翊、孙匡、孙朗。孙策遇刺时，孙权十九岁、孙翊十七岁，孙匡、孙朗顶多就是十五岁左右的束发少年，甚至有可能是总角之岁的儿童。因此，从年龄上考虑，接班人的选择基本锁定在年近弱冠的孙权、孙翊之间。

虽然年龄相仿，孙权、孙翊兄弟二人性格上却存在不小的差异。孙翊"骁悍果烈"，很有些孙策的风范；而孙权则"性度弘朗，仁而多断，好侠养士"，就是说，他性格气度都比较旷达开朗，既有仁爱之心又善于评断各类事情，还崇尚侠义，喜欢招纳人才。如此看来，兄弟二人一个崇文、一个尚武，一个与大哥珠联、一个与兄长璧合，算是各有千秋。

当孙策开始考虑接班人问题时，据说张昭等人推荐过孙翊，原因也十分简单：孙翊是孙策的翻版，必然能够延续孙策的政策和策略。

然而，行将就木的孙策却有自己的考虑。

正如曹操手下的谋士郭嘉所分析的那样，"策轻而无备，虽有百万之众，

无异于独行中原也"，孙家人即使统兵百万，真正打起仗来仍像个独行侠一样，孙坚是这样，孙策是这样，孙翊的性格也是这样。因此，别人家办喜事时，老孙家却在张罗办丧事。多年来，从孙坚到孙策，孙家似乎陷入到了一种怪圈，明天和意外永远不知道哪个会先来。

那么，如何走出这一怪圈呢？最直截了当的做法就是：换一种类型的人。于是，孙翊出局了，孙策出人意料地选择了与自己性格互补的孙权。

那么，孙权又行不行呢？实际上，正如孙策所说，孙权虽然在领兵打仗、临机决断方面欠了点火候，但在凝聚人心、聚拢人才方面却是一把好手。同时，孙权在智慧谋略上也不同凡响。据载，孙权有时参与谋划的一些事情，孙策都"甚奇之"，"自以为不及也"。也许正是基于家族前途命运的考虑以及对孙权性格才能的认可，所以孙策常常把孙权带在身边，并且时常在与文臣武将宴饮正酣之时，转头对孙权说："此诸君，汝之将也。"这些人，以后都是你的部下。

以后的事实证明了孙策的眼光。四年之后，二十一岁的孙翊被心怀不轨的部将们集体杀害，延续了与父亲孙坚、哥哥孙策同样的家族宿命。其实，孙权也是个好勇斗狠、任侠放荡的主儿。与孙策一样，孙权也喜欢骑马射猎，还尤其喜欢射虎，建安二十三年（公元 218 年）的一天他在吴郡射虎，不仅坐骑被虎咬伤，甚至自己的人身安全都受到了威胁。而成语典故"气涌如山""得不偿失"也因孙权而来，讲的是他在嘉禾二年（公元 233 年）被辽东的公孙渊欺骗后的一些反常举动。

聊备一览

孙翊之死

建安八年（公元 203 年），因为舅舅吴景突然病故，二十岁的孙翊继任丹杨太守。在丹杨，孙翊广罗人才，甚至把一些老对手的旧部也揽入麾下，其中一个叫妫览的人被任命为大都督督兵，一个叫戴员的人成了郡丞。

妫览、戴员都是前吴郡太守盛宪举荐的孝廉，盛宪算是二人的恩主，而孙权却杀死了盛宪，于是孙家就成了妫览、戴员的报复目标。妫览、戴员有一个死党叫边洪，借着一次宴会的机会，边洪杀死了醉意十足、"空手送客"的孙翊。

随之，妫览、戴员不仅将孙翊的嫔妾据为己有，甚至还要霸占孙翊的夫人徐氏。后来，徐氏假意应允，随后联合孙翊旧部设计杀死了二人，为丈夫报了仇。

不过，任侠归任侠，放荡归放荡，孙权却并不任性和放纵，他听得进别人的劝告，知道任侠放荡的边界。所以，孙权后来不仅成功保住了江东，还向西、向北开疆拓土，建立了吴国，成了吴大帝。更神奇的是，孙权走出了家族的宿命，活到了七十一岁，比父亲孙坚和兄长孙策寿命的总和还长。凭着硬朗的身板，他不仅熬走了长自己一辈的曹操、刘备，而且熬走了与自己同辈的曹丕、诸葛亮、司马懿，甚至还熬走了小自己二十二岁的魏明帝曹叡。如此看来，孙策选对了。

选准了接班人，还要选准能够辅佐接班人的人，这个人就是张昭。按说，孙策当时的选择并不少，既可以选张昭、张纮、周瑜这样兄弟般的知交，也可以选程普、黄盖这帮忠心耿耿的老将，还可以选宗族中的那些叔伯兄弟们。但是，往细里琢磨，选择余地就相当小了。

先说老将们，程普、黄盖这帮人论打仗还行，真正让他们操盘整个江东政权就有些力不从心了。再说宗族，无论孙坚还是孙策，起家都离不开宗族的帮助。以孙坚最小的弟弟孙静为例，孙坚举事时，他"纠合乡曲及宗室五六百人以为保障"；孙策进攻会稽郡时，他率领宗族老小与孙策"会于钱唐"。不过，随着宗族势力的日益壮大，彼此之间的权力争夺若隐若现，如果让宗族中的某位长辈或者年长的同辈来辅政，大权旁落也未可知。

说来说去，就只剩下张昭、张纮和周瑜这三位知交了。

论贡献，这三个人对江东政权建设都作用非凡。团队中，周瑜算是"总工程师"，他不仅参与了孙策关于政权建设的不少谋划，而且承担了防御和进攻荆州等重任；张纮算是"总设计师"，正是他为孙策规划了从"收兵吴会"到"荆、扬可一"再到"据长江，奋威德"的战略蓝图；张昭算是"总经济师"，孙策把日常事务性的"文武之事"，"一以委昭"，全部交给了他。

论交情，这三个人与孙策的关系都非同一般。孙策与周瑜亲近得如一对孪生兄弟，孙策被人称为"孙郎"，周瑜则被人称为"周郎"，孙策迎娶了乔公的大女儿大乔，周瑜则迎娶了乔公的小女儿小乔。孙策与张纮也是莫逆之交，孙策东渡长江之前，不仅把老母幼弟都托付给了张纮，而且留下"与君同符合契，有永固之分"的铮铮誓言，成语"同符合契"也由此而来。对待年长自己19岁的张昭，孙策不仅"待以师友之礼"，而且"升堂拜母，如比肩之旧"，就是说，二人进入内堂共同拜见了孙策的母亲，成了一对"我妈就是咱妈"的好兄弟，就像认识了许多年的旧友一样。

论分工，周瑜担任中护军，领江夏太守，主要任务是对付荆州之敌；张纮担任正议校尉，最初"与张昭并与参谋，常令一人居守，一人从征讨"，后来出使许都，被朝廷任命为侍御史留了下来；张昭担任长史、抚军中郎将，帮助孙策处理各类政务。

如此看来，孙策把辅政的重任交给他们三人中的任何一位都没毛病。但无论从贡献、交情还是分工来看，张昭地位都更重要一些，俨然已经是江东的第二号人物了。另外，由于孙策遇刺纯属意外，事发突然，周瑜还远在荆、吴边界，张纮也滞留在许都，唯一可以托付的就只有张昭了。就这样，张昭在仓促之间成了东吴的托孤重臣。

人事布局安排完了，接下来还有政策走向。

正如前面所说，孙策在指定接班人的同时，也确定了东吴今后的走向。

简而言之，就是从"争"到"保"，转攻为守，化争衡天下为力保江东。在孙策看来，这既是化解眼前危机的应急之策，也是为孙权量身打造的万安之计，而这一政策的执行人除了孙权，还有张昭。

然而，面对权力交接，孙策对新班子能否恪守"保江东"的基本政策是心存疑虑的，所以据《吴录》记载，孙策在给孙权的托付中，最后还说了一句"慎勿北渡！"，千万不要轻易犯险。同时，面对天下纷纭，孙策就算对于力保江东这一基本目标，也是心怀忧虑的。可是，如果连江东都保不住了，又怎么办？

于是，孙策又向张昭交代了"缓步西归"的B计划。如果说，A计划（力保江东）中的主角是孙权，配角是张昭的话；那么，在B计划中，孙策就赋予了张昭成为主角的权力，并且B计划可以没有配角。

对于这样一明一暗、一前一后的两种安排，孙策是如何考虑的呢？

表面看，孙策的托孤似乎有点自我否定，实际上却做好了最坏的打算，保得住就保，保不住就弃，打得过就打，打不过就降，这才是最务实的安排。

事后证明，孙策的B计划并非多余。据载，孙策的堂兄、平南将军孙辅在孙策去世后，就动了活心思，"恐权不能保守江东，因权出行东冶，乃遣人赍书呼曹公"，后来要不是信使告密，说不定孙辅真就与曹操里应外合，把孙权掀翻了呢。同样，庐江太守李术也是一个麻烦制造者。孙策去世后不久，李术不仅不听管束，甚至招降纳叛，公然挖孙吴政权的墙脚。后来，孙权摆出"举兵攻术"的强大攻势，才将其镇压。当然，内部的异动和反叛很大程度上还是源于外部势力的威胁。据说，曹操在得知孙策的死讯后，就曾经动过"因丧伐吴"的念头，要不是当时身在许都的张纮出来劝阻，说不定曹操的心动真就变成南征的行动了。

同时，在对B计划的具体理解上，孙策与张昭的对话也是颇值得玩味的。对此，研究者向来存在不同的解读。易中天先生的解读是，"假如江东内部政治不平稳，那么就慢慢地向西撤退，回到咱们原先起家的淮泗地区，这样就没什么危险了"。黎东方先生的解读是，"假如战事不顺利，那么就慢慢地、从容地归顺曹操所把持的朝廷，也不必有什么顾虑"。

这两种解读哪种更合理一些？易中天的解读更侧重于内部。短期看，孙策去世后，江东的威胁的确主要来自内部。黎东方的解读更侧重于外部。长远看，江东的威胁主要还在外部。所以说，两种解释都有一定的合理性。仔细分析，前者的解读似乎有些偏离实际，其一，孙策的托付不会仅仅着眼于江东内部和短期危机，如果是那样，仅仅 A 计划就足够了，而如果江东都保不住了，还有时间和能力慢慢地向西撤退吗？其二，回到原先起家的淮泗地区并不现实。孙策手下的将领虽然不少都是淮泗人，但是淮泗地区并不是他们的老根据地，并且正如鲁肃所说，"淮、泗间非遗种之地"，经过袁术的祸害和多年的战乱，淮泗地区已经失去了立足的基础。如此看来，似乎后者的解读更符合实际一些。但是，如果把"缓步西归"解读成"从容地归顺曹操所把持的朝廷"似乎也不妥，毕竟天下未定，毕竟官渡之战还没开打，究竟鹿死谁手还未可知，孙策怎么就能断定西归的对象是曹操？实际上，孙策的"西归"只是指明了一个方向，谁是胜者就归顺谁？如此看来，孙策的这番交代不无玄机。

那么，张昭又是否具备达成 A 计划或 B 计划的能力呢？

事后证明，张昭忠实地履行了孙策的重托。

先看 A 计划。

孙策一去世，压力就到了深受托孤之重的张昭身上。看到年纪尚轻的孙权因为悲伤而哭泣不止，张昭对孙权说："现在是哭的时候吗？如今违法作乱的人竞相角逐，豺狼一般的坏人充塞道路，你如果一味地哀伤悲痛，遵守礼制，那就像'开门而揖盗'一般。"成语"开门揖盗"由此而来。

听了张昭这番话，孙权深受触动。于是，张昭亲自替他脱下丧服换上戎装，把他扶上战马，外出巡视各部人马。同时，张昭以长史名义，下令各地必须奉公职守，确保安稳。就此，人心才逐渐稳定下来。

再说 B 计划。

在张昭等人的辅佐下，孙权不仅很快掌控了局势，而且剪除了横亘在长江岸边的心腹大患黄祖，进而将兵锋指向了刘表控制的荆州。然而，正当孙权磨刀霍霍向荆州时，曹操的大军也杀到了那里，甚至兵不血刃就取得了整个荆州。随之，江东君臣"莫不响震失色"，何去何从成为必须回答的问题。此时，张昭的耳边响起了孙策临终时的那句"正复不克捷，缓步西归，亦无所虑"。这次能"克捷"吗？相当难！那怎么办？"缓步西归"，行吗？"亦无所虑"。已故主公不是已经给出答案了吗？随即，张昭无所顾忌地提出"愚谓大计不如迎之"的建议。于是，张昭就此成为主降派的代表人物。

据说，二十一年后，当孙权登基称帝时，张昭举起笏板想要表示祝贺和褒赞。结果，还没说话，孙权的一句话就把他的嘴给堵住了："如张公之计，今已乞食矣。"当年要是听了你的大计，如今我就不是当南帝，而是当北丐了，这恐怕就是你的神通吧！

如此看来，孙策有点多虑了，A 计划似乎已经足够了。

如此看来，孙策又有些欠考虑，如果 A 计划遭遇了 B 计划，你让张昭怎么办？

如此看来，张昭似乎过于守旧了，时隔多年还忠实地执行着前主公的计划，这怎么能行？要知道，新时代必然有新作为，新主公必然有新打算。

原文节选：

创甚，请张昭等谓曰："中国方乱，夫以吴、越之众，三江之固，足以观成败。公等善相吾弟！"

呼权佩以印绶，谓曰："举江东之众，决机于两陈之间，与天下争衡，卿不如我；举贤任能，各尽其心，以保江东，我不如卿。"

——《三国志·吴书·孙策传》

策谓昭曰："若仲谋不任事者，君便自取之。正复不克捷，缓步西归，亦无所虑。"

——《三国志·吴书·张昭传》裴松之注引《吴历》

1.6 初生牛犊不怕虎——周瑜对话孙权

从日隐月落到日新月异，孙吴政权的转折是从孙权开始的，而孙权的成长又是从学会拒绝起步的。

汉末群雄中，最不幸的当属孙氏家族了。

别家创基立业要么日益月滋，冉冉上升，比如老曹家，要么日削月割，慢慢衰落，比如老袁家——成就成，不成就是不成。

老孙家却日来月往，起起落落：正当日新月异之时，常常遭遇不测，日隐月落；正当日月无光之时，又常常挥戈返日，日月重光。孙坚三十七岁时纵横决荡却殒命疆场，孙策二十六岁时如日中天却遇刺身亡——鲁莽、自负、冲动成了孙家人的命门，因此仅办丧事就办了不少。

但是，孙家人每每又都能起死回生，开拓出一片新的天地，简直比打不死的刘备还厉害，也算是创业家族中的奇葩了。

汉末群雄中，最幸运的也当属孙氏家族了。

别的成功者大多青年时代起步创业，中年时初具规模，晚年时雄霸一方，而孙氏家族却是接力创业：孙坚三十岁时以镇压黄巾起家，七年后撒手人寰；孙策二十岁时渡江创业，六年后托孤交棒；孙权执掌江东时年仅十九岁。

所以，孙家的创业者都是青壮年，而且越来越年轻。

不仅老板如此，CEO（首席执行官）们也是如此，周瑜三十六岁时交棒给了三十九岁的鲁肃，鲁肃四十六岁时交棒给了三十九岁的吕蒙，吕蒙四十二岁时交棒给了三十八岁的陆逊。

于是，我们看到了一支始终年轻、锐意进取的创业团队。

不幸与幸运之间，实现关键性转换的人物，就是孙权。

与父兄一样，孙权同样自负、鲁莽、冲动。他同父亲孙坚一样，喜欢亲临阵前；同兄长孙策一样，喜欢四处游猎。不过，与父兄不同，他听得进别人的劝说，知道适可而止，懂得珍惜自己，这样就减少了很多意外风险。同时，面对内外挑战，他既冷静沉稳又果敢坚毅。

就拿对付天下莫敌的曹操来说，他就展现出了一个少年少有的老成。

孙策离世后，孙权很快上表曹操控制的朝廷，获得了对江东的合法统治权；之后，针对庐江太守李术等人的内部叛乱，孙权远交近攻，竭力避免曹操的介入。经过一番外交周旋，孙权总算稳住了江东的阵脚。不过，老谋深算的曹操当然不满足于孙权的表面服从。建安七年（公元 202 年）九月，曹操挟新破袁绍的余威，要求孙权把儿子送到朝廷当人质。

曹操的这一无理要求，既是一种试探，又是一种威胁。对此，孙权自然心也知肚也明，当然是心不甘情不愿。然而，面对莫衷一是、议论纷错的群臣和随时可能南下的兵锋，孙权多少还是有些心中打鼓。为此，他单独把周瑜叫到了自己母亲吴夫人跟前，三个人开了一个形势研判会。

会上，周瑜态度坚决地反对送子入质。为此，他阐述了多方面的理由。

其一，独立自主很重要。当年楚国就是以长江中下游为根基，"广土开境，立基于郢，遂据荆扬"，才能"传业延祚，九百余年"，言外之意，孙氏在江东的发展路径也应该如此。

其二，经济资源很丰富。凭借依山靠海的优势，"铸山为铜，煮海为盐，境内富饶"，拥有足够的战略储备。

其三，军心民心很安稳。经过一段时间的调整，如今"将士用命"，"人不思乱"，可以说"士风劲勇，所向无敌"。

其四，送子后果很严重。一旦送去人质，就要接受曹操的控制，说破大天也就是一个"仆从十余人，车数乘，马数匹"的侯爷，还不如拒绝曹操，静观其变。如果曹操有一统天下的本事，那时再归顺也不晚；如果曹操玩火自焚，咱们就应该对抗他，凭什么送人质！

周瑜的这番话既有对东吴实力和面临形势的客观分析，也有自身的主观判断。比如，"所向无敌"一词，虽然说有客观描述的成分，但更大程度上还是东吴军事自信的体现。换一个角度讲，从孙坚出道时的"所向无前"到孙权治吴的"所向无敌"，孙氏集团锐气不减，斗志高昂。

听完周瑜这番话，没等孙权表态，吴夫人先发话了："公瑾说得对！公瑾与伯符同年出生，月份上晚一个月，我把公瑾也看成自己的儿子，权儿你要像对待兄长那样对待公瑾。"

于是，这次形势研判会产生了三个成果：一是激发了东吴的斗志，二是坚定了不送人质的信念，三是诞生了一个新的成语：所向无敌。

主题：要不要怕曹操

聊友：周瑜＋孙权＋吴夫人

时间：公元202年

成语：所向无敌

语录：将军韬勇抗威，以待天命，何送质之有！

影响：孙权初步坚定了独立自主的信心。

启示：信心是聊出来的。

出处：《三国志·吴书·周瑜传》注引《江表传》、《资治通鉴》卷六十四

原文节选：

曹公新破袁绍，兵威日盛，建安七年，下书责权质任子。

权召群臣会议，张昭、秦松等犹豫不能决，权意不欲遣质，乃独将瑜诣母前定议，瑜曰："昔楚国初封于荆山之侧，不满百里之地，继嗣贤能，广土开境，立基于郢，遂据荆扬，至于南海，传业延祚，九百余年。今将军承父兄余资，兼六郡之众，兵精粮多，将士用命，铸山为铜，煮海为盐，境内富饶，人不思乱，泛舟举帆，朝发夕到，士风劲勇，所向无敌，有何逼迫，而欲送质？质一入，不得不与曹氏相首尾，与相首尾，则命召不得不往，便见制于人也。极不过一侯印，仆从十余人，车数乘，马数匹，岂与南面称孤同哉？不如勿遣，徐观其变。若曹氏能率义以正天下，将军事之未晚。若图为暴乱，兵犹火也，不戢将自焚。将军韬勇抗威，以待天命，何送质之有！"

权母曰："公瑾议是也。公瑾与伯符同年，小一月耳，我视之如子也，汝其兄事之。"

遂不送质。

——《三国志·吴书·周瑜传》注引《江表传》

1.7 把酒言欢话天下——孙权对话鲁肃

原本，孙权只想成就如齐桓公、晋文公那样的霸业，没想到与鲁肃一聊，目标竟调整成了如汉高祖那样的帝业。看来，心有多大，业就有多大。

除了坚定孙权的信心，周瑜还积极为孙权延揽新人。

周瑜延揽的第一个人才是他的好友鲁肃。周瑜对鲁肃的好感由来已久。据载，周瑜刚刚创业时，曾经带着数百人前去拜访鲁肃。说好听点叫拜访，说不好听的叫讨饭，请求鲁肃资助点粮食。当时，鲁肃家里正屯着两大囷粮食，每囷足足三千斛米。知道周瑜的来意后，只见鲁肃手指其中一囷粮食，毫不犹豫地赠给了他。经此一事，周瑜与鲁肃成了一对铁磁。

严格来讲，鲁肃在东吴已经算不上新人了。早在建安三年（公元198元），鲁肃就随周瑜一起投奔了东渡的孙策，也受到了孙策的厚待。只不过由于祖母去世，鲁肃不得不离开江东，回家奔丧。

建安五年（公元200年），处理完家事的鲁肃面临着多种选择，是南下江东辅佐一个他并不熟悉的新主公孙权，还是听从好友刘晔的劝说北上巢湖投奔豪强郑宝，鲁肃似乎有些举棋不定。孙权似乎太嫩，郑宝似乎太弱，投奔谁似乎都有些前途未卜。

看到好友犹豫不决，周瑜来了一招釜底抽薪：直接把鲁肃的母亲接到了吴郡。看到这种情形，鲁肃立刻赶到了江东，把自己的犹疑一股脑告诉了周瑜。

为了把鲁肃留住，周瑜颇费了一番口舌。

首先，周瑜以东汉名将马援的名言来打动鲁肃，"昔马援答光武云'当今之世，非但君择臣，臣亦择君'"。就是说，男怕选错行，女怕嫁错郎，选择投靠谁、辅佐谁很重要。

其次，周瑜说出了孙权广纳人才的迫切心情，"今主人亲贤贵士，纳奇录异"，将各种奇才异士都网罗到身边。

最后，周瑜把自己听到的"先哲秘论"告诉了鲁肃，他听说"承运代刘氏者，必兴于东南"，以此推断，最终成就帝业、应天历运的就是孙权，而现在正是"攀龙附凤驰骛之秋"，千万别错过了好时候。

有了周瑜这番话，鲁肃心里就有底了，相信好友的眼光错不了。于是，鲁肃留了下来；接下来，鲁肃在周瑜的引荐下与孙权进行了一次意义深远的聊天。

周瑜先是在鲁肃面前盛赞孙权"亲贤贵士，纳奇录异"的求才之举。随后，周瑜又跑到孙权面前隆重推荐鲁肃，认为他是一个"才宜佐时"的人才，这样的人"当广求其比，以成功业，不可令去"，千万不能让他跑了。

听到周瑜这番推荐语，孙权立即在朝堂之上、众人面前召见了鲁肃。结果，二人一聊起来，立刻就有种一见如故、相见恨晚的感觉。

公开会面结束后，众人纷纷离席而去，鲁肃也告辞而出。没承想，意犹未尽的孙权特地又把鲁肃召了回去，并且把二人的坐榻合并到一起，共同把酒言欢，一道共论天下。由此，成就了一段"合榻对饮"的佳话和一个著名的"榻上策"。

合榻交谈时，孙权的问话十分恭谦："现在大汉朝廷岌岌可危，四方风起云涌，我继承父亲和兄长创下的基业，想建立齐桓公、晋文公匡扶王室那样的功业。承蒙您看得起我，有什么好办法来帮助我没有？"

有了刚才公开场合的交流，加上周瑜之前的背景介绍，鲁肃的回答直接而大胆。一开始，他就断了孙权成就春秋霸业的念想："当年刘邦也想尊奉楚怀王，结果因为项羽阻挠而没有如愿。现在有曹操这样的人物挟持着汉献帝，你怎么可能当齐桓公、晋文公呢？"没错，成为齐桓公、晋文公的前提是手握天子，如今天子在别人手里，连成就霸业的基础条件都不具备。

接着，鲁肃抛出了自己的观点："在我私下看来，汉朝廷是不可能复兴的，曹操也是不可能一下子除掉的。从将军的角度考虑，只有占据江东与之抗衡，根据天下形势的变化相机行事。"

随后，为了增强孙权的信心，鲁肃阐述了自己的理由："做这样的规划，也不必怀疑自己的力量。为什么这样讲？因为北方要安定下来需要解决的事情太多了。"

进而，鲁肃提出了自己的战略步骤和终极目标："借着北方无暇南顾的时机，先消灭黄祖，再进攻刘表，进而将整个长江流域据为己有，然后建号称帝，统一全国，建立如汉高祖一般的丰功伟业。"

经过一段先否定后鼓励的阐述，鲁肃终于说出了自己的建议。谈话中，鲁肃将对标人物从齐桓公、晋文公变成了汉高祖刘邦，从刘邦尊王受阻起始，以刘邦称帝建国结束，由近及远地为孙权描绘了一幅立足江东、一统河山的壮美画卷，直说得孙权心潮起伏，浮想联翩。

不过，少年老成的孙权依然抑制住了内心的震撼和激荡，只是淡淡地说了一句："我尽力保住这一方疆土，希望能够辅助朝廷，您所说的不是我能达到的。"

然而，孙权虽然表面平静，内心却悄悄播下了一粒"建号帝王"的种子。二十九年后，当这粒种子已经长成参天大树，即将加冕登基的孙权依然对二人的"合榻对饮"念念不忘。吴黄龙元年（公元229年），迈步将要走上登基的祭坛时，孙权回头对坛下的公卿们动情地说："过去鲁肃曾告诉我会有这事儿，他真可以称得上是明于事势啊！"此时，鲁肃已离世十二载。

主题：江东如何发展
聊友：孙权 + 鲁肃
时间：公元 200 年
语录：竟长江所极，据而有之，然后建号帝王以图天下。
影响：孙权眼中看到了长江的壮阔，心中埋下了帝业的种子。
启示：先立乎其大者，则其小者不能夺也。
出处：《三国志·吴书·鲁肃传》、《资治通鉴》卷六十三

原文节选：

权即见肃，与语甚悦之。众宾罢退，肃亦辞出，乃独引肃还，合榻对饮。

因密议曰："今汉室倾危，四方云扰，孤承父兄馀业，思有桓文之功。君既惠顾，何以佐之？"

肃对曰："昔高帝区区欲尊事义帝而不获者，以项羽为害也。今之曹操，犹昔项羽，将军何由得为桓文乎？肃窃料之，汉室不可复兴，曹操不可卒除。为将军计，惟有鼎足江东，以观天下之衅。规模如此，亦自无嫌。何者？北方诚多务也。因其多务，剿除黄祖，进伐刘表，竟长江所极，据而有之，然后建号帝王以图天下，此高

　　帝之业也。"

　　权曰："今尽力一方，冀以辅汉耳，此言非所及也。"

——《三国志·吴书·鲁肃传》

1.8 喝下这杯壮行酒——孙权对话甘宁

　　无论是霸业还是帝业，都需要攻城略地的现实作业，而这一作业的破题者并不是长江下游的本地人，而是长江上游的外来客。

　　如果说张纮推动了孙策梦想的扬帆远航，鲁肃推动了孙权梦想的上档升级，那么，甘宁则在将梦想变成现实的道路上猛推了江东一把，实现了孙吴事业的提速增效。

　　无论是张纮的"据长江"还是鲁肃的"竟长江所极"，江夏的黄祖都是江东孙氏前进道路上的第一块绊脚石，更不用说黄祖还是孙氏兄弟的杀父仇人。为此，不管是孙策还是孙权，都把搬开这块又臭又硬的石头作为自己冲出江东、问鼎荆州的关键一步。

　　建安四年（公元199年）冬，孙策在沙羡（今湖北武汉境内）大破黄祖；建安八年（公元203年）冬，孙权再次进攻沙羡，虽然击垮了黄祖的水军，但是止步于坚固的沙羡城下，孙权手下的干将凌操甚至因为"轻舟独进"，而"中流矢死"。之后的建安十三年（公元208年），孙权又一次发动了对江夏的攻击，虽然"虏其人民而还"，但却依旧没有消灭黄祖。就这样，双方依旧保持着一方胜而难进，一方败而不亡的局面，直到甘宁的到来。

　　对于江东君臣来说，甘宁算是一个具有特殊价值的人物。首先，甘宁是从黄祖阵营投奔过来的，此前还曾效力于刘表，他肯定掌握着一些敌人内部的关键信息；其次，甘宁是一员猛将，据说凌操当时就是被甘宁射杀的；还有，甘宁是最熟悉长江的人。原本，甘宁是巴郡临江（今重庆忠县）人，在当地做了多年县吏、郡丞之后，顺流而下投奔了刘表和黄祖，多年的江畔生活使他对长江中上游的人文地理、风土人情了如指掌。要实现鲁肃所说的"剿除黄祖，进伐刘表，竟长江所极，据而有之"，此人简直是天上掉下来的人物。

因而，当甘宁来到江东时，立刻得到了周瑜、吕蒙的联袂推荐，孙权更是器重有加，对待他就像对待跟随孙家多年的老部下一样。优遇之下，甘宁当然不会尸位素餐，不久他就向孙权提出了自己的建议。

首先，甘宁论述了上游荆州对于下游江东的重要性："现在汉朝国运日衰，曹操越来越骄横，早晚会篡位夺权。荆州地区山川险峻，江河贯通，实在应该成为我们的西部屏障。"

随后，甘宁陈述了西征的急迫性："据我对刘表的观察，他不是一个有远见的人，儿子就更加拙劣了，根本不是能继承基业的人。您应该早做打算，千万不能落在曹操的后面。"

当然，夺取荆州不能越过黄祖，于是甘宁又把焦点放到了黄祖身上："夺取荆州的策略，应该先进攻黄祖。"紧接着，甘宁从多个方面分析了消灭黄祖的可能性：首先，黄祖老迈昏庸，军心不稳。其次，黄祖军备废弛，不堪一击。最后，击破黄祖意义深远，"一破祖军，鼓行而西，西据楚关，大势弥广，即可渐规巴、蜀"，到时候不仅可以吃掉荆州，连益州都在我们的嘴边了。

向西！向西！再向西！鉴于甘宁这一策略的核心是向西进发，我们不妨称之为"西进策"。

对于甘宁的这番陈述，孙权频频点头，深以为然。

可是，身旁的张昭这时却站出来说了自己的顾虑："吴下业业，若军果行，恐必致乱。"就是说，家里的事还忙不过来呢，如果大军外出，保不齐会生出乱子。

对于张昭，甘宁的反击毫不客气："国家以萧何之任付君，君居守而忧乱，奚以希慕古人乎？"主公像刘邦一样把萧何那样的重任交给您，就是让您守好大后方，您现在却担心出乱子，拿什么向古人看齐？

看到二人如此你来我往，孙权知道自己要做最后的裁断了。他随即举起酒杯，走到甘宁面前，果决地说："兴霸，今年行讨，如此酒矣，决以付卿。"这次讨伐，如同这杯酒一样，全交给你了！

> 主题：为什么要打黄祖
> 聊友：甘宁 + 孙权 + 张昭
> 时间：公元 208 年
> 语录：一破祖军，鼓行而西，西据楚关，大势弥广，即可渐规巴、蜀。
> 影响：坚定了孙权消灭黄祖、争夺荆州的决心。
> 启示：关键时刻需要临门一脚的人。
> 出处：《三国志·吴书·甘宁传》、《资治通鉴》卷六十五

随后，孙权以必胜的决心发起了对黄祖的征伐。建安十三年（公元 208 年）春天，还没过国丧之期孙权就大举兴兵，结果大获全胜，一举将黄祖斩杀。好歹，孙权算是在抢在曹操大军南下之前，清除了这块长江边又臭又硬的绊脚石。

此年年底，赤壁之战爆发。

原文节选：

宁陈计曰："今汉祚日微，曹操弥憍，终为篡盗。南荆之地，山陵形便，江川流通，诚是国之西势也。宁已观刘表，虑既不远。儿子又劣，非能承业传基者也。至尊当早规之，不可后操。图之之计，宜先取黄祖。祖今年老，昏耄已甚，财谷并乏，左右欺弄，务于货利，侵求吏士，吏士心怨，舟船战具，顿废不修，怠于耕农，军无法伍。至尊今往，其破可必。一破祖军，鼓行而西，西据楚关，大

势弥广，即可渐规巴、蜀。"

权深纳之。

——《三国志·吴书·甘宁传》

张昭时在坐，难曰："吴下业业，若军果行，恐必致乱。"

宁谓昭曰："国家以萧何之任付君，君居守而忧乱，奚以希慕古人乎？"

权举酒属宁曰："兴霸，今年行讨，如此酒矣，决以付卿。卿但当勉建方略，令必克祖，则卿之功，何嫌张长史之言乎。"

权遂西，果禽祖，尽获其士众。遂授宁兵，屯当口。

——《三国志·吴书·甘宁传》

1.9 你是上天恩赐给我的——孙权对话鲁肃

面对前所未有的威胁，主战派和主降派都敦促孙权早定大计，可大计哪是那么好定的？如果真那么好定，就不会叫大计了。

建安十三年（公元208年）十月，这边孙权刚扫除了进军长江中游的拦路虎，那边就传来了刘表病故、曹军南下的消息。为了及时掌握和因应形势的变化，孙权立即派鲁肃前往荆州。结果，鲁肃不仅与刘备进行了算是初步表达结盟意向的那场聊天，而且将诸葛亮带到江东与孙权进行了那场算是正式结盟的聊天（详见《聊出来的三国：蜀汉兵革》）。

据《三国志·蜀书·诸葛亮传》记载，听了诸葛亮那番有理有据的论述后，孙权没有丝毫的犹豫，"即遣周瑜、程普、鲁肃等水军三万，随亮诣先主，并力拒曹公"。然而，在《三国志·吴书》的孙权、鲁肃、周瑜、张昭诸传中，孙权就远没有那么痛快了，其间又经历了颇多踌躇和曲折。实际上，孙权决计抗曹的话音未落，快如闪电的曹操就来了一封骇人的书信。

曹操的来信相当简单，简单到只有寥寥三十个字：

"近者奉辞伐罪，旌麾南指，刘琮束手。今治水军八十万众，方与将军会猎于吴。"

但这三十个字不啻为三十万兵马，字字踩踏着孙权正在升腾的斗志。首先，曹操南征是奉朝廷之命而讨伐有罪之人，一切顺理成章；其次，曹操军旗一动就把刘琮吓坏了，一切顺风顺水；再次，曹操拥有绝对的军事实力，一切全看心情；最后，曹操要在自己的地盘上和自己打打猎，一切岌岌可危。

之前，虽然总说"狼来了！狼来了！"，但那只是说说；现在，已经能听到家门口的嗷嗷声了，狼真的要来了！之前，随口说几句豪言壮语也没人管，现在每一句硬话都需要兑现，不能放空炮了。豪言壮语自己可以脱口而出，兑现硬话孙权却要左顾右盼，听一下文臣武将们的意见了。

没承想征求群臣的意见后，得到的意见只有一个字："迎"，就是说应该迎接、欢迎、恭迎、迎纳曹操。其实，这不过是一种好听的说法，更贴近事实而又难以启齿的一个字是"降"，向曹操投降、乞降、屈降、迎降。

而大伙迎降的理由也言之凿凿。其一，如豺似虎的曹操挟天子以令诸侯，具有政治正当性，名正言顺，难以抗拒，"曹公豺虎也，然托名汉相，挟天子以征四方，动以朝廷为辞，今日拒之，事更不顺"。其二，长江，这一东吴最大的地理优势，如今已被严重削弱，"将军大势可以拒操者，长江也。今操得荆州，奄有其地。刘表治水军，蒙冲斗舰，乃以千数，操悉浮以沿江，兼有步兵，水陆俱下。此为长江之险，已与我共之矣"。其三，实力悬殊太大，"势力众寡，又不可论"。总之，一句话，"大计不如迎之"。

对此，原本在诸葛亮面前信誓旦旦、表态决不"举全吴之地，十万之众，受制于人"的孙权，如今却哑了火，哪怕胸中烈火滚滚也只能任凭群臣一边倒地阐发迎降"大计"。大计！大计？缴械投降还算得上大计？可恼！更令人恼火的是，原本力主抗曹的鲁肃，现在也默不作声（独不言），毫无意见。看到这种局面，孙权只能用如厕的方式来排解和宣泄心中的这团烈火。

火急火燎的孙权刚走到廊下，就被急追出来的鲁肃拦住了。一看到鲁肃，孙权多少有几分欣慰和意会，拉着他的手说："你有什么要说的吗？"

原本在朝堂之上话语权处于绝对劣势的鲁肃，现在没有了任何对手，如果不抓住这片刻的时机，"大计"恐怕就只有迎降了。于是，鲁肃竹筒倒豆子般说出了自己的心里话。

首先，鲁肃不仅要全盘否定主降派那帮人的观点，而且要把他们推到孙权的对立面，一棒子打死："刚才听到大家的议论，都是些耽误将军大事的主张，根本不足以与他们谋划什么大事。"

随后，鲁肃以自己为例，一分为二地阐述了君臣降操的不同命运："如今我鲁肃可以去归附曹操，但将军您却不可以。为什么这样讲呢？如今我归附曹操，曹操可能会把我交给家乡的父老们去评议，然后确定我的名位。一通评议下来，最起码我也能当个郡里的功曹、从事什么的，出门有牛车坐，身边有吏卒陪，一样可以与士大夫交往，慢慢熬也能做到州郡的长官。可是，将军您归附曹操，又准备在什么位置上安身呢？"言下之意，我降操还能接着当官，您降操性命能不能保得住都要打个问号！

最后，鲁肃又把球抛给了孙权："愿早定大计，莫用众人之议也。"这既是对孙权决策权的尊重，又是一种催促。

面对鲁肃的催促，孙权少了面对诸葛亮时那样的决绝与坚定，叹了口气说："此诸人持议，甚失孤望；今卿廓开大计，正与孤同，此天以卿赐我也。"这帮人的议论太让我失望了，今天你阐发的"大计"才是我的心意，你简直是上天对我的恩赐啊！

君臣一交心，鲁肃明白了，不是孙权不愿意"早定大计"，而是孙权孤掌难鸣，没法"早定大计"，这与自己沉默不语是同样的情况，现在即使加上自己这只巴掌，拍起来也不够响，还得再找援手。于是，远在鄱阳（今江西省鄱阳县附近）的周瑜也被召了回来。

主题：战还是降

聊友：鲁肃 + 孙权

时间：公元 208 年

语录：今肃可迎操耳，如将军，不可也。

影响：孙权进一步坚定了抗曹的决心。

启示：聊天要讲究场合。

出处：《三国志·吴书·鲁肃传》、《资治通鉴》卷六十五

原文节选：

会权得曹公欲东之问，与诸将议，皆劝权迎之，而肃独不言。

权起更衣，肃追于宇下，权知其意，执肃手曰："卿欲何言？"

肃对曰："向察众人之议，专欲误将军，不足与图大事。今肃可迎操耳，如将军，不可也。何以言之？今肃迎操，操当以肃还付乡党，品其名位，犹不失下曹从事，乘犊车，从吏卒，交游士林，累官故不失州郡也。将军迎操，欲安所归？愿早定大计，莫用众人之议也。"

权叹息曰："此诸人持议，甚失孤望；今卿廓开大计，正与孤同，此天以卿赐我也。"

——《三国志·吴书·鲁肃传》

1.10 孤与老贼势不两立——孙权对话周瑜

一旦心中的那块大石头移走了，搬开眼前的那块也就不那么费劲了。

在孙权和群臣面前，周瑜的态度明确而坚定：坚决抗曹！

首先，周瑜一句话揭穿了曹操的本质："操虽托名汉相，其实汉贼也。"

换句话说，曹操完全不具有政治上的合法性。

随后，周瑜讲了很多赞扬孙权的话："将军以神武雄才，兼仗父兄之烈，割据江东，地方数千里，兵精足用，英雄乐业，尚当横行天下，为汉家除残去秽。"意思是说，不管从个人才智、家族传统、地盘大小、军事实力、士气民心哪个角度看，孙权都应该横行天下，为汉家除去残暴和污秽。

接着，周瑜又补了一句话："况操自送死，而可迎之耶？"况且是曹操自己来送死，难道还要向他投降吗？

正所谓，有一利必有一弊。接下来，周瑜向孙权详细分析了曹军的弊患。其一，曹操后方不宁："今北土既未平安，加马超、韩遂尚在关西，为操后患"；其二，避长就短："舍鞍马，仗舟楫，与吴越争衡，本非中国所长"；其三，时节不利："又今盛寒，马无藁草"；其四，水土不服："驱中国士众远涉江湖之间，不习水土，必生疾病"。总而言之，"将军禽（擒）操，宜在今日"，拿下曹操不在话下。

听到周瑜的这几句话，孙权之前险些被击穿的心理防线，如今又变得坚如磐石，随之，一句豪言脱口而出："老贼欲废汉自立久矣，徒忌二袁、吕布、刘表与孤耳。今数雄已灭，惟孤尚存，孤与老贼，势不两立。"

紧接着，孙权又用前几日夸鲁肃的话夸了一遍周瑜："君言当击，甚与孤合，此天以君授孤也。"看来，天上未必可以掉馅饼，但却可以掉下鲁肃和周瑜。

最后，为了表示抗曹决心，孙权拔刀猛地砍去桌案的一角，毅然决然地说："诸将吏敢复有言当迎操者，与此案同！"一句话，谁再提投降，我先要他的命。于是，在主降派的迎操大计和主战派的擒操大计之间，孙权义无反顾地选择了后者。

接下来，就看"廓开大计"的主战派们如何扭转乾坤了。

主题：战还是降

聊友：周瑜 + 孙权

> 时间：公元 208 年
>
> 成语：势不两立
>
> 语录：将军禽操，宜在今日。
>
> 影响：周瑜揭露了曹操的汉贼本质，孙权最终作出了抗曹的决定。
>
> 启示：一个篱笆三个桩。
>
> 出处：《三国志·吴书·周瑜传》、《资治通鉴》卷六十五

据载，在孙权面前，周瑜还信誓旦旦地夸下海口："瑜请得精兵三万人，进住夏口，保为将军破之。"对于周瑜的这一请求，孙权不仅毫不含糊地如数照给，并且"船粮战具俱办"，组成了一支以周瑜、程普为左右都督，以鲁肃为赞军校尉的抗曹大军。为了给周瑜一众壮胆打气，孙权还开出了一张支票，你们先走着，后续我再多发些人马和物资过去，给你们做好后援，你们能搞定就搞定，搞不定就回到我这里来，"孤当与孟德决之"！

表面上看，这是给周瑜吃下一颗定心丸，可潜台词却是：鸡蛋不能放在一个篮子里，你周瑜会同刘备在前攻杀、我孙权拖家带口在后坚守，咱们留下点家底，搞一个有进有退、有攻有守的作战布局。这种作战部署看似正常，回到汉末三国那个群雄争霸的时代，却是一个反常的例外。

无论是袁绍与公孙瓒对决的界桥之战，还是曹操与袁绍对决的官渡之战，别说事关生死的大战，就是不那么重要的战役，也基本上都是主帅亲自统领精锐部队参加搏杀。别家不说，光看孙坚、孙策父子，也基本如此；别说别人，光看孙权自己，三次征讨黄祖也都是亲自挂帅。事实上，主帅亲征有几个好处：其一，自己放心。在降叛不定、聚散无常的乱世，把精锐部队交到别人手上，心里多少有些不踏实，把枪杆子握在自己手里，无论胜败心里都更踏实些。其二，便于调度。老大都出马在前了，后方还能不全力保障？各方资源必定会源源不断地向前方汇集，肯定不会在后勤保障方面掉链子。然而，在抵御曹操这个超级强敌的关键时刻，孙权却把指挥权交给了周瑜、程普和鲁肃，自己则坐镇后方，当起了"后勤司令"。

孙权之所以如此，也有自己的考虑：前方要是失败了怎么办？总得留下点种子，留下条后路。后方要是反了怎么办？那么多投降派，自己不在家里待着，恐怕镇不住。于是，孙权有保留地派出了精锐之师，有选择地设定了进退之局。对于主公孙权的这一安排，信心满满的周瑜自然不以为意，反正兵多兵少都要打。没什么可说的了，干仗吧！

于是，在赤壁这个地方，顺江而下的曹操大军与逆流而上的孙刘联军迎面相遇。一开战，曹军就吃了亏。吃亏的原因，据说是因为瘟疫的蔓延，也可能是因为曹军不习水战，更可能是因为曹操过于轻敌，反正当头挨了一闷棍。

既然顺江不顺，那就只能隔江对峙了。于是，曹操在江北的乌林扎下营寨，与驻扎在赤壁的孙刘联军遥遥相望。

此时，天气已经转入隆冬，凛冽的寒风，摇晃的船板，再加上势头不减的瘟疫，无一不考验着曹军的体质和意志。对此，南下望过梅、北上走过泥的曹操并不在意，既然船板晃悠那就用铁锁把船连在一起，既然时节不利那就等待春天，反正主动权在我手里。困难并没有打倒曹操，反而激发了曹操。

只是有一点曹操比较纳闷：官渡之战时，自己的手下纷纷向袁绍输诚卖好；南下荆州时，多少文臣武将请降投诚。如今，自己势如洪水，难道江东就没有几个阵前倒戈的？

有纳闷的，就有解闷的。曹操正盘算着，黄盖的使者就到了。

黄盖的降书可谓情也真、意也切。什么"受孙氏厚恩"，什么"天下事有大势"，什么"众寡不敌""知其不可"，一句话，自己请降虽然有些不道德，但也是顺应时势，所以，"今日归命，是其实计"，这是我实实在在的想法。

不仅如此，黄盖还积极表态，"交锋之日，盖为前部，当因事变化，效命在近"。就是说，真正打起来的时候，我给你当急先锋，当场表现给你看。你就瞧好吧！

对于黄盖的这番表白，曹操自然将信将疑。于是，便把送信的使者叫来盘问。如果说黄盖的信是一个剧本，那么这名使者无疑就是一名好演员，他不仅把剧本演得严丝合缝，而且进行了不少现场发挥。结果，他不仅为曹操解了闷，而且还令曹操深信不疑。

接下来的事情，就长话短说了。

建安十三年（公元208年）十二月的一个傍晚，东南风骤起，黄盖带上十艘蒙冲战船，船上装满干荻和枯柴，里面浇上油，外面裹上帷幕，上边插上旌旗，船尾系上快船，直奔江北而去。

事先得到消息的曹军，乐观其成。随着黄盖的倒戈，河山一统的日子更近了，回家的日子也不远了。快点吧，黄盖！

于是，在曹军毫无防备的情况下，十条火龙冲了过来。顷刻间，"火烈风猛，船往如箭，烧尽北船延及岸上营落"。接下来，随着周瑜的进攻，"北军大坏"，曹操只有逃跑的份儿了。

曹操是从华容道撤退的，这里虽然没有小说中描绘的多路伏兵，却有着泥泞不堪的道路和如影随形的大风，快速通过看来不是件容易事。后来，曹操动用所有老弱残兵背草铺路，骑兵才勉强通过。而铺路的老弱残兵们要么因被人马所践踏而陷死泥中，要么成了俘虏。

很明显，黄盖和周瑜先前定下的计谋成功了。

之前，当黄盖看到曹军做出铁锁连船的愚蠢之举时，他就提出建议："今寇众我寡，难与持久。然观操军船舰首尾相接，可烧而走也。"就是说，现在敌强我弱，咱们跟他们耗不起，不如一把火烧了他们。

结果，一如预期。唯一的小意外，出在黄盖自己身上。

据说，黄盖刚刚放完火，就不小心被流矢击中，堕入水中。当他被救起时，竟然面目全非，连自己人都认不出他是谁了。吴军只知道他是自己人，没人认出他就是黄盖，所以看到船舱的茅厕中有个空位置，索性就把他扔在了那儿。

此时的黄盖，除了扯破嗓子大喊韩当的名字，剩下的就是孤独和落寞了。那胜利的烟火原本由他燃起，如今却无缘一睹，换谁不落寞？

好在这一声声呼喊发挥了作用，韩当赶来了！

流着眼泪的韩当，帮黄盖揭开了衣甲，立即安排救治，这才保住了他的性命。

后来，虽然没有看成烟火，虽然没有指挥作战，但因为放火之功，黄盖还是被迁升为武锋中郎将。

原文节选：

其年九月，曹公入荆州，刘琮举众降，曹公得其水军，船步兵数十万，将士闻之皆恐。权延见群下，问以计策。

议者咸曰："曹公豺虎也，然托名汉相，挟天子以征四方，动以朝廷为辞，今日拒之，事更不顺。且将军大势，可以拒操者，长江也。今操得荆州，奄有其地，刘表治水军，蒙冲斗舰，乃以千数，操悉浮以沿江，兼有步兵，水陆俱下，此为长江之险，已与我共之矣。而势力众寡，又不可论。愚谓大计不如迎之。"

瑜曰："不然。操虽托名汉相，其实汉贼也。将军以神武雄才，兼仗父兄之烈，割据江东，地方数千里，兵精足用，英雄乐业，尚当横行天下，为汉家除残去秽。况操自送死，而可迎之邪？请为将军筹之：今使北土已安，操无内忧，能旷日持久，来争疆场，又能与我校胜负于船楫间乎？今北土既未平安，加马超、韩遂尚在关西，为操后患。且舍鞍马，仗舟楫，与吴越争衡，本非中国所长。又今盛寒，马无藁草，驱中国士众远涉江湖之间，不习水土，必生疾病。此数四者，用兵之患也，而操皆冒行之。将军禽操，宜在今日。瑜请得精兵三万人，进住夏口，保为将军破之。"

权曰："老贼欲废汉自立久矣，徒忌二袁、吕布、刘表与孤耳。今数雄已灭，惟孤尚存，孤与老贼，势不两立。君言当击，甚与孤合，此天以君授孤也。"

——《三国志·吴书·周瑜传》

权拔刀斫前奏案曰："诸将吏敢复有言当迎操者，与此案同！"及会罢之夜，瑜请见曰："诸人徒见操书，言水步八十万，而各恐慑，不复料其虚实，便开此议，甚无谓也。今以实校之，彼所将中国人，不过十五六万，且军已久疲，所得表众，亦极七八万耳，尚怀狐疑。夫以疲病之卒，御狐疑之众，众数虽多，甚未足畏。得精兵五万，自足制之，愿将军勿虑。"

权抚背曰："公瑾，卿言至此，甚合孤心。子布、文表诸人，各顾妻子，挟持私虑，深失所望，独卿与子敬与孤同耳，此天以卿二人赞孤也。五万兵难卒合，已选三万人，船粮战具俱办，卿与子敬、程公便在前发，孤当续发人众，多载资粮，为卿后援。卿能办之者诚决，邂逅不如意，便还就孤，孤当与孟德决之。"

——《三国志·吴书·周瑜传》注引《江表传》

第 2 章
金陵王气：从地利到人和

与曹操、刘备凡事亲力亲为的作风不同，在决定东吴命运走向的几场重要战役中几乎都不见孙权的身影。赤壁之战是周瑜打的，奇袭荆州是吕蒙干的，夷陵之战是陆逊指挥的，而孙权为数不多的两三次亲征，不是平手就是败绩，实在令人不敢恭维。既然打仗不行，那孙权真正的本事又在哪里呢？不是打仗，难道还是聊天不成？

2.1 长江防御体系——孙权对话张纮、刘备、吕蒙

随着赤壁之战的结束，一个虎踞龙盘的城池和一个依山傍水的坞堡随之产生，这样至少长江下游就成了孙吴的内河。

今天，南京市内有两条纵贯南北的主干道，一条叫虎踞路，一条叫龙蟠路。事实上，"虎踞龙盘"之所以与南京城联系在一起，要从南京的山水形制上找原因。

按照中国古代的四象和风水等学说，东为青龙，西为白虎，南京的东郊

是紫金山，形似龙蟠，西郊是石头城，形似虎踞。

这样说来，中国虎踞龙盘之地应该很多，而将"虎踞龙盘"固定用在南京城上，要从诸葛亮说起。据载，诸葛亮在赤壁之战后出使东吴，路过秣陵，观察该处山阜，忍不住感叹道："钟山龙蟠，石头虎踞，此帝王之宅。"后来，孙权果真在此建都，定名建业，六朝金粉自此开始。

事实上，孙权建都于此不仅因为山水形制，还有军事战略上的考虑。

赤壁之战后，心有不甘的曹操和心气正高的孙权都将战略重心放到了长江下游的淮扬地区。对于曹操而言，重心东移不仅能够以合肥为支点，发挥自身水陆并进、补给方便的优势，而且能够对江东腹地构成直接威胁；对于孙权而言，将曹操基本驱逐出荆州后，下一步就是进军大江以北，争夺富庶的淮扬地区。然而，攻守之间，孙权缺少一个与合肥相抗衡的战略支点，为此他没少费心思。

随着战略重心向西、向北移动，原来的统治中心吴郡（治所在今江苏苏州市姑苏区）显然已经不合时宜了，沿江建立一个稳固的战略据点和统治中心成为孙权的当务之急。

东吴以水军立国，新的统治中心最好靠近江河和良港。事实上，战端一起，孙权就没有在吴郡待着了。赤壁之战时，孙权选择靠近荆州的柴桑（今江西九江市），"观望成败"。赤壁之战后，孙权将统治中心迁到了京口（今江苏镇江市）。然而，无论是柴桑还是京口都不是理想的定都之地，柴桑靠近长江中游，对于地处下游的江东腹地鞭长莫及；京口太偏下游，因靠近长江入海口，风高浪急，不便船只航行和停泊。于是，定都在柴桑和京口之间成为理想之选。

这时，孙权手下的张纮盯上了位于京口上游的秣陵，他对孙权说："秣陵最早是楚武王所置的城邑，名为金陵。这里山冈连绵起伏、层峦叠嶂，过去秦始皇东巡会稽经过这里，听到观云气、测吉凶的望气者说'金陵有王者都邑之气'，就掘断了连绵的山川，并将金陵改名为秣陵，意在断了此处的祥瑞之气。今天，这里依然形制完备，地有王气，天有所命，很适宜作为都城。"
从山川形制到历史先例再到专家意见，张纮的论证十分充分。

不仅张纮有此建议，据说盟友刘备也向孙权建议移驻秣陵，同时刘备认
为濡须口附近也是个好地方。对此，孙权深表赞同："秣陵有长江支流百余
里，可以停泊大船，我正在操练水军，不久就移驻那里。"

于是，孙权于建安十六年（公元 211 年）将治所移到了秣陵。第二年，
孙权又在附近修筑了石头城，将秣陵改名为建业，准备在此建功立业了。

> 主题：定都何处
> 聊友：孙权 + 张纮 + 刘备
> 时间：公元 210 年前后
> 成语：虎踞龙盘
> 语录：望气者云金陵地形有王者都邑之气。
> 影响：孙吴大业由此奠基，六朝金粉由此开启。
> 启示：内外意见都要听。
> 出处：《三国志·吴书·张纮传》注引《江表传》

对于刘备建议的濡须口，孙权也是相当重视。濡须口在建业上游，地处
巢湖通往长江的濡须河上，夹在两山之间，既是吴军抵御曹军进攻的前哨站，
又是吴军进攻合肥的跳板，地理位置相当重要。为此，孙权就是否在此建立
坞堡征求诸将领的意见。将领们的意见很明确：设立坞堡，完全没有必要！
他们说："我们是水军，抬腿上岸打击敌人，洗脚上船水上厮杀，要坞堡有什
么用？"的确，对于常年游弋于大江大河之中的人来说，战船就是他们的坞堡
和铁骑，有了这个水上的"移动坞堡"，还要陆上成本更高、守卫更难的固定
坞堡做什么？因此，他们并不感兴趣。

不过，有人可不这么想。这时，吕蒙站了出来："兵有利钝，战无百胜，
如有邂逅，敌步骑蹙入，不暇及水，其得入船乎？"是啊，战场形势千变万化，

谁也没有百战百胜的把握，一旦敌人的骑兵突然冲入，赶不到水边，来不及上船怎么办？看来，不能光想着自己的水战优势，在陆地上还要有些凭借和依托才行。一句话说得众将心服口服。于是，合肥与建业之间的濡须坞建立了起来。

随着建业城和濡须口的建设，孙权对抗曹操的战略布局基本成型，一场围绕长江下游的争夺也由此展开。

主题：要不要濡须坞
聊友：孙权 + 吕蒙 + 众将
时间：公元 212 年
成语：洗脚上船
语录：兵有利钝，战无百胜……不暇及水，其得入船乎？
影响：孙吴下决心建立陆上堡垒濡须坞。
启示：扬长要建立在避短的基础上。
出处：《三国志·吴书·吕蒙传》注引《吴录》、《资治通鉴》卷六十六

原文节选：

纮谓权曰："秣陵，楚武王所置，名为金陵。地势冈阜连石头，访问故老，云昔秦始皇东巡会稽经此县，望气者云金陵地形有王者都邑之气，故掘断连冈，改名秣陵。今处所具存，地有其气，天之所命，宜为都邑。"

权善其议，未能从也。后刘备之东，宿于秣陵，周观地形，亦劝权都之。权曰："智者意同。"遂都焉。

——《三国志·吴书·张纮传》注引《江表传》

刘备至京，谓孙权曰："吴去此数百里，即有警急，赴救为难，

将军无意屯京乎？"

　　权曰："秣陵有小江百馀里，可以安大船，吾方理水军，当移据之。"

　　备曰："芜湖近濡须，亦佳也。"

　　权曰："吾欲图徐州，宜近下也。"

——《三国志·吴书·张纮传》注引《献帝春秋》

　　权欲作坞，诸将皆曰："上岸击贼，洗足入船，何用坞为？"

　　吕蒙曰："兵有利钝，战无百胜，如有邂逅，敌步骑蹙人，不暇及水，其得入船乎？"

　　权曰："善。"

　　遂作之。

——《三国志·吴书·吕蒙传》注引《吴录》

2.2 生子当如孙仲谋——孙权对话曹操

　　如果说赤壁之战让曹操领教了周瑜的厉害，那么濡须之战则使他真正认识了孙权。

　　这边孙权刚刚构筑好长江下游的防御体系，那边曹操就有礼有力地发动了攻势。

　　建安十七年（公元 212 年）正月，曹操让手下阮瑀替自己给孙权写了一封长信。与赤壁之战前的那封咄咄逼人的短信不同，这封长信开头先打感情牌。"离绝以来，于今三年，无一日而忘前好，亦犹姻媾之义，恩情已深，违异之恨，中间尚浅也。"就是说，自从赤壁之战中断联系之后，到现在已经三年了，这三年我没有一天不想着我们从前的好，实际上我们之间联姻的恩情是很深的，而彼此的冤仇是很浅的。

聊备一览

孙曹联姻

早在孙刘联盟之前八年，孙曹联姻就搞得火热。

建安五年（公元 200 年）春，曹操听说孙策平定了江东后，叹息着说了一句："猘儿难与争锋也！""猘"意指狂犬。既然觉得南面孙策这条疯狗不好对付，再加上北面袁绍的威压，曹操索性派人到江东提亲。一是把自己的侄女、曹仁之女嫁给孙策的四弟孙匡，二是为儿子曹彰娶了孙策的堂兄孙贲的女儿，两家人结下了两份亲。

这种联姻表面上说是"秦晋之好"，实际上更像是互换人质，彼此制约。这一招，曹操不厌其烦地使用，他的儿子曹均娶了张绣的女儿，儿子曹整娶了袁谭的女儿，他的三个女儿甚至组团嫁给了汉献帝刘协。后来，孙权也有样学样，把妹妹嫁给了未来的汉帝刘备。

随后，信中引经据典、恩威并施，力劝孙权归顺朝廷，同时开出了归顺的条件：要么抓住张昭，进攻刘备，以表忠心（内取子布，外击刘备，以效赤心）；要么只是擒住刘备，也算效忠了（但禽刘备，亦足为效）。

对于这样一封既是招降书也是宣战书的长信，孙权自然不敢等闲视之，投降是不可能的，只能开打了。于是，双方摩拳擦掌，积极备战。

礼数先行，兵马后至。建安十八年（公元 213 年）正月，曹操以号称四十万大军的兵力进军濡须口，孙权率领甘宁、周泰等众将迎战，一场厮杀随之展开。

初战，曹军攻陷孙权江西大营，俘获都督公孙阳。

再战，甘宁率百余健儿夜袭曹营，搅得曹军惊恐万状，混乱不堪，而甘宁的将士们则"作鼓吹，称万岁"，敲锣打鼓地回到了营寨。当孙权见到甘宁，高兴地问："足够吓到那老家伙了吗？这次就算小试牛刀，练练你的胆量罢了。"

又战，曹军企图趁夜偷渡，结果被孙权的水军围攻，损失人马数千。

之后，曹操"坚守不出"，滚滚长江变成了孙权一个人的舞台。

据说，有一次孙权亲自乘小船到曹军近前一探虚实。曹军众将纷纷准备出击迎战，曹操却说："这肯定是孙权本人要来看看我军的军容部伍。"于是，便命令部队严阵以待，不得擅自行动。孙权在曹营前巡行了五六里，才调头返回，回营时还不忘"作鼓吹"，耀武扬威一番。

还有一种说法，孙权乘大船前来观军，曹操命令手下万箭齐发。结果，箭密密麻麻射满了船的一侧，导致船体受力不均，船身发生侧倾。于是，孙权命人调转船身，让另一侧受箭，直到"箭均船平"才返回。这一种说法，被罗贯中移到了诸葛亮身上，演义成了赤壁之战中的"草船借箭"。

不管是哪种情形，孙权都从容不迫地巡查打探了一下曹军的虚实。同样，据载曹操也对孙权的水军进行了一番观察。不过，与孙权炫耀式的巡视不同，曹操看到东吴"舟船器仗军伍整肃"的景象后，却不由对年轻自己二十七岁的孙权心生敬意，慨然感叹道："生子当如孙仲谋，刘景升儿子若豚犬耳！"意思是说，生儿子就要生孙权这样的，哪能像刘表的儿子那样如猪狗一般。

也许曹操这句话是无心之言，但却道出了一个无奈的事实：三足鼎立的局面已经无可改变地形成了。如果说，曹操通过赤壁之战重新认识了周瑜，认为那次"横使周瑜虚获此名"的话，那么这次则无疑真正见识了孙权这位幕后老板的锋芒，加上曹操早就表态与自己同为天下英雄的刘备刘使君，三方博弈的格局无疑彻底夯实了。

对于曹操这句感慨，当时无人敢于附和，但在九百九十一年后的宋嘉泰四年（公元 1204 年），却有了千古回声。那一年，南宋将领辛弃疾登临位于长江南岸，似乎与濡须口遥遥相望的北固山（今江苏镇江市区东侧），触景生情，感慨系之，写下了《南乡子·登京口北固亭有怀》：

何处望神州？满眼风光北固楼。千古兴亡多少事？悠悠。不尽长江滚滚流。

年少万兜鍪，坐断东南战未休。天下英雄谁敌手？曹刘。生子当如孙仲谋。

所谓来而不往非礼也，濡须口前，长江岸边，面对"相拒月馀"、相持不下的局面，孙权也主动给曹操写了两封信。与曹操洋洋上千言的长信相比，孙权的信只能算是两个小纸条，前面一张八个字："春水方生，公宜速去"，告诉曹操春雨连绵，洪水将至，赶快回去；后面一张也是八个字："足下不死，孤不得安"，你如果不死，我也不安心。

面对孙权如此简单直接的警告，曹操的反应也直接干脆："孙权不欺孤！"这小子不是在忽悠我。于是，曹操大军撤退，孙权也没有追赶。

主题：**英雄博弈**
聊友：**曹操 + 孙权**
时间：**公元 213 年**
语录：**生子当如孙仲谋。**
影响：**曹操重新认识了孙权。**
启示：**坦诚是一种有力的武器。**
出处：**《三国志·吴书·吴主传》注引《吴历》**

如果说，孙权与曹操在濡须口的交锋算是被动防御的话，那么瞅准机会孙权也会主动进攻。

孙权第一个进攻目标是皖城（今安徽安庆市）。因为地处荆州和扬州的交界处，皖城既是抵御东吴的前沿，也是插入东吴腹地的楔子。因此，曹操对皖城相当重视，不仅派庐江太守朱光驻屯皖城，而且在周边大量开垦土地，种植稻田，准备与吴军展开持久战。对此，孙权当然不能坐视不管，建安十九年（公元 214 年）年中，他亲自率领吕蒙、甘宁、鲁肃等人杀奔皖城。

这场攻城战没有采取先堆土山、再添器具、最后进攻的传统战法，而是运用敢死队迅速进攻。之所以如此，是由于吕蒙的建议。吕蒙向孙权阐述了速攻的三点理由：其一，常规战法旷日持久，很可能会引来援军，陷入被动，"治攻具及土山，必历日乃成；城备既修，外救必至，不可图也"。其二，时间过长很有可能会因水位下降，失去退路，"且吾乘雨水以入，若留经日，水必向尽，还道艰难，蒙窃危之"。其三，敌城不固，我军势强，正是进攻之时，"今观此城，不能甚固，以三军锐气，四面并攻，不移时可拔；及水以归，全胜之道也"。

主题：英雄博弈
聊友：孙权＋吕蒙
时间：公元214年
语录：以三军锐气，四面并攻，不移时可拔。
影响：东吴将曹魏势力驱离了沿江地带。
启示：因势利导，全胜之道。
出处：《三国志·吴书·吕蒙传》注引《吴书》

于是，大军由甘宁担任指挥攻城的升城督，由吕蒙指挥精锐为后续，即刻发起对皖城的进攻。攻城从黎明开始，到了吃早饭的时间就把皖城拿下了，太守朱光和城中的数万百姓都成了吴军的俘虏。等到张辽率军从合肥赶来时，一切都晚了。

听到自己苦心经营的战略要地在顷刻之间落入敌手，曹操发疯似地咆哮，不久就不顾众人的反对，迎着连绵的秋雨，踏着泥泞的道路，杀到了长江岸边。不过，也许是孙权玩起了躲猫猫，也许是曹操早已经消了气，史书上并没有双方发生大规模正面冲突的记载，没多久，曹操就返回了邺城。

孙权第二个进攻目标是合肥。如果说皖城是深入吴境的突出部，那么合肥就是吴军前进途中的拦路虎。首先，合肥位于徐州和扬州之间，如果孙权跨江北上，无论攻徐州和征豫州，合肥都要首先被拔掉；其次，作为江淮重地，合肥不仅通江达海，而且与建业只有不足五百里的距离，直接构成对东吴的威胁。鉴于以上因素，建安二十年（公元 215 年）八月，孙权趁曹操率军西征张鲁、无暇东顾的空当，亲率十万大军包围合肥，摆出一副势在必得的架势。

看到遮天蔽日杀来的敌军，守卫合肥的张辽、乐进、李典、薛悌等将领想起了曹操留下的一道未打开的密令，密令的封套上写着"贼至乃发"四个字。如今，不正是打开密令之时吗？于是，四将一同打开了密令，密令很简单，只有寥寥二十一个字："若孙权至者，张、李将军出战，乐将军守，护军勿得与战。"

这是曹操应对敌人进攻的排兵布阵，其中考虑到了每个人的性格特点：张辽、李典勇不可当，适合迎敌出战；乐进老成持重，适合固守城池；护军薛悌是个文官，不适合杀敌作战。看了密令，众将仍然犹豫不决，即使分工明确，一座孤城又怎么抵挡十万雄兵？

好在张辽深谙曹操的用兵之道，他对大家说："现在曹公远征在外，回救我们是不可能了。曹公密令中的意图是让我们趁敌人未完全合拢之时主动出击，挫伤他们的气势，安定众人的心志，然后才可以守住城池。"看到其他人仍无反应，张辽有些恼怒："成败之机，在此一战，诸君何疑？"

眼见张辽如此慷慨坚决，一向与张辽不和的李典首先挺身而出，表示与他并肩战斗。

历史上的很多关键时刻，往往缺少的只是决绝的勇气。官渡之战如此，赤壁之战如此，这次的合肥之战同样如此。当天夜里，张辽招募了"敢从之士"八百人，杀牛宰羊犒赏他们。天一亮，张辽就身披重甲、手持长戟，一边喊着自己的名字，一边率先杀入了敌营，结果一连斩杀几十名敌兵和两名敌将，直接冲到了孙权的帅旗之下。

这一招果然有效。孙权千算万算也没有算到敌人会主动发起攻击，并且还杀到了自己身边，一时之间吓得他慌了手脚，匆忙逃到了一个小山丘上，拿着长戟护住自己。看到山上主将如此一副狼狈德行，张辽大声呵斥其下来一战，可是孙权哪里敢应战。

随着周围的人马越聚越多，张辽率领的敢从之士逐渐被重重围住。这时，只见张辽左冲右突，挥戟向前，霎时冲开了一个缺口，几十名部下随着冲了出去。眼看张辽突围而去，余下的士兵大声高喊："将军要抛弃我们吗？"

危情时刻，张辽返身再次杀入重围，奋不顾身地救出了余下的士兵。看到这种情形，孙权的人马望风披靡，没有一个人敢阻挡他。

这场战斗从清晨一直持续到中午，直杀得吴军一点脾气也没有，从攻城者变成了防守者；相反，曹军却越战越勇，士气高昂。

包围合肥十余天，孙权不仅没占到任何便宜，反而吓出一身冷汗。思前想后，孙权决定撤兵。然而，不撤则已，一撤就成了一场灾难。当大部分人马已经撤走，孙权和吕蒙、甘宁、凌统正在撤退时，张辽杀来了。慌忙之间，众将全力护卫孙权，甘宁"引弓射敌"，吕蒙"以死捍卫"，凌统"扶捍孙权出"。即使这样，孙权骑马来到渡口的桥边，还是遇到了意想不到的困难：桥上少了一丈有余的桥板！千钧一发之时，多亏身边一名近侍脑子灵活，让孙权抱紧马鞍，放松缰绳，然后从后面用鞭子猛抽马身，孙权的坐骑才一跃而起，跨过桥去。

这一仗打得很惨烈，偏将军陈武"奋命战死"，右都督凌统差点重伤而亡，就连孙权也几乎丢了性命。事后，张辽询问东吴降卒："经常看到一个紫色胡须、身材上面长下面短、善于骑马射箭的将军，那人是谁？"降卒的回答令张辽懊悔不已，原来那个怪物就是孙权！早知道就玩命把他抓住了。

由于自身的轻敌大意，孙权不仅吃了败仗，还遭遇了一生中最大的危险，不过也意外地得到了一个称号：紫髯将军。

经过几番你来我往的较量，曹操与孙权大概都明白了：在长江下游，谁都不会吃大亏，但谁也别想捡到大便宜。于是，博弈的焦点又转回到了那个利益纠缠、剪不断理还乱的荆州。

原文节选：

> 曹公出濡须，作油船，夜渡洲上。权以水军围取，得三千馀人，其没溺者亦数千人。权数挑战，公坚守不出。权乃自来，乘轻船，从灞须口入公军。诸将皆以为是挑战者，欲击之。
>
> 公曰："此必孙权欲身见吾军部伍也。"敕军中皆精严，弓弩不得妄发。权行五六里，回还作鼓吹。
>
> 公见舟船器仗军伍整肃，喟然叹曰："生子当如孙仲谋，刘景升儿子若豚犬耳！"
>
> 权为笺与曹公，说："春水方生，公宜速去。"
>
> 别纸言："足下不死，孤不得安。"
>
> 曹公语诸将曰："孙权不欺孤。"乃彻军还。
>
> ——《三国志·吴书·吴主传》注引《吴历》

2.3 老对手新招数——周瑜对话蒋干

为了搞掂周瑜，曹操和刘备都派出了使者，结果直接面谈的怏怏而归，避而不谈的欣欣而返。

据载，曹操在让阮瑀起草那封招降孙权的长信之前，还曾经派名士蒋干去劝降过南郡太守周瑜。在《三国演义》中蒋干盗书是赤壁之战的经典桥段，通过蒋干盗取周瑜伪造的降书，不仅使曹操斩杀了精通水战的蔡瑁、张允，而且把曹操塑造成了后知后觉者的典型，把蒋干塑造成了不知不觉者的典型，连同先知先觉的诸葛亮、即知即觉的周瑜一起使三国的文学谱系更加饱满。不过，在史书当中，这一桥段却是另外一番景象。

历史上的确有蒋干其人，并且真的见过周瑜，但时间是在赤壁之战后。

据载，蒋干，字子翼，"有仪容，以才辩见称，独步江、淮之间，莫与为对"，就是说他不仅是个仪表堂堂的名士，而且口才了得，论遍江淮无敌手。同时，蒋干的故乡九江郡与周瑜的故乡庐江郡相邻，蒋干还是周瑜少年时的同窗好友。由此可见，曹操对这次劝降还是抱有很大希望的，他派出的并非是一个让周瑜小瞧的庸碌之辈，而是一个才貌双全的江淮名流。

听说儿时好友来访，周瑜迎出大帐。一看到蒋干身穿青色布衣、头戴葛布头巾的庶人模样，周瑜就明白了个大概，于是，开门见山地对蒋干说："子翼用心良苦呀，跨江涉湖来为曹操当说客来了啊？"

蒋干佯作不知，颇为气恼回答："咱们俩本来就是同乡，相隔久远，听到你建功立业，专程来叙叙旧，看看你现在的风采，怎么就成了说客了，你难道怀疑我不成？"

周瑜笑道："我虽然没有乐师夔、旷那样的本事，能够听出弦外之音，但对于曲中的意思还是明白的。"

话说到这里，谁也没有必要点破了。好友来了，总不能不招待，于是周瑜摆下盛宴为蒋干接风。可是，公务缠身，也不能总陪着，于是周瑜以要紧事要办，把蒋干一个人留在了馆驿之中。

三天后，周瑜又把蒋干请到了营中。这次，周瑜不仅让蒋干参观了仓库中的军械辎重，宴饮时还请侍者展示了一大堆服饰珍玩，并借机向蒋干表明心迹："大丈夫处世，能够遇到欣赏自己的主公，名义上君臣相待，实际上情同手足，言听计从，福祸共担，就算是苏秦、张仪再生，郦食其复出，我也能拍着他们的背让他们自愧弗如，又岂能是你这样不经事的书生能说服的？"听到这些，能言善辩的蒋干只能笑笑，始终不发一言。

回到曹操那里，蒋干向曹操称赞周瑜"雅量高致"，气度宽宏，远非言辞所能打动和争取的。看来，蒋干并非一个不知不觉者，相反，从他对周瑜的称赞来看，蒋干还有几分文人的雅量在那里。

主题：谁说服了谁

聊友：周瑜＋蒋干

时间：公元 209 年

成语：弦外之音、言行计从、雅量高致

语录：丈夫处世，遇知己之主。

影响：曹操及中原士人重新认识了周瑜。

启示：最好的辩手也说服不了石头。

出处：《三国志·吴书·周瑜传》注引《江表传》、《资治通鉴》卷六十六

与曹操派个人便企图策反周瑜不同，刘备虽然一直觊觎着东吴治下的南郡，但他对获得南郡的难度有着充分的估计，也下足了功夫。首先，刘备明白搞定周瑜是件想都不用想的事情，与其搞定周瑜还不如直接搞定孙权；其次，要想搞定孙权，一般人也是想都不用想的事情，与其派别人白忙还不如自己出马。于是，刘备不顾包括诸葛亮在内的群臣反对，义无反顾地踏上了"求"荆州的旅程。

对于刘备这一抄近道的行为，周瑜立即进行了回击。甭管怎么样，曹操还派了个人来找我说说，你刘备可倒好，惦记着我的地盘还不同我商量，有没有起码的尊重了？于是，周瑜就刘备的这一举动向孙权提出了自己的意见建议。（详见《聊出来的三国：蜀汉兵革》）

《三国演义》第五十五回中有一句话，读起来朗朗上口："周郎妙计安天下，赔了夫人又折兵。"实际上，这个故事来自于元曲《隔江斗智》，并非真实的历史。

不过，对照历史，"赔夫人"和"折兵"这两件事都可以找到点影子。"赔了夫人"说的是周瑜建议孙权借刘备来京口的机会，把刘备软禁起来，"多其美女玩好，以娱其耳目"的计谋。不过，他并没有让孙权把自己的妹妹送到公安，嫁给刘备。"折兵"说的是周瑜建议孙权派自己和孙瑜去"取蜀而并张鲁"，不过这个计策还没实行，周瑜就病亡了，后来孙权的取蜀行动周瑜也就

没有机会参与了。所以，虽然周瑜有智力贡献，但"赔了夫人又折兵"这两件事都与周郎无关。

延伸一步说，即使孙权的决策都来自于周郎的妙计，结果也不是赔了夫人又折兵。首先，夫人嫁出去又回来了，损失的只是使用权而不是所有权，即使这种短期让渡，也既让刘备"衷心常凛凛"，又让诸葛亮感到"生变于肘腋之下"，还让赵云变成了专职内务总管，因而不能说"赔了"；其次，孙权派出的入蜀大军虽然被刘备拦在了江陵、公安一线，但也只是无功而返，谈不上"折兵"。

虽然没有"赔了夫人又折兵"，周瑜的人生依然充满遗憾。作为东吴阵营中坚定的"主战派"，他一直竭力限制刘备的发展，甚至计划抛开刘备夺取巴蜀和汉中，进而形成南北对决之势，让刘备连生存的夹缝都没有。然而，由于"主和派"鲁肃的反对，孙权从维持联盟的角度，不仅没有扣留刘备，反而把妹妹送到了公安。此外，取蜀的计划也无法在他手中实现了，当年雄姿英发的一代俊杰周瑜，带着无尽的遗憾和不舍走到了生命最后的时刻。

弥留之际，周瑜向主公孙权一诉衷肠。首先，周瑜表达了自己的遗憾："人生有死，修命短矣，成不足惜，但恨微志未展，不复奉教命耳。"随后，周瑜表达了自己的忧虑："方今曹公在北，疆场未静，刘备寄寓，有似养虎，天下之事未知终始，此朝士旰食之秋，至尊垂虑之日也。"最后，周瑜向孙权推荐鲁肃接替自己："鲁肃忠烈，临事不苟，可以代瑜。人之将死，其言也善。傥或客采，瑜死不休矣。"

建安十五年（公元 210 年），周瑜在从京口返回江陵的途中，病卒于巴丘（今湖南岳阳），时年三十六岁。周瑜去世后，孙权让鲁肃接掌了周瑜的军队，同时把江陵借给了刘备。孙权的这两个决定，一个是周瑜极力促成的，一个是周瑜极力反对的，如果周瑜泉下有知，不知作何感想。

据载，作为一代儒将，周瑜有着特殊的音乐天赋。听人抚琴的时候，他即使醉意朦胧，也能够发现演奏中的细微失误。这时，他总要对抚琴者相顾一笑，提醒对方，错音了。因此有了那句歌谣"曲有误，周郎顾"。后来，唐朝诗人李端有诗《听筝》："欲得周郎顾，时时误拂弦。"就是说，如果想得到周郎的眷顾，最好的办法就是故意把弦弹错。

生前，周瑜对于抚琴这样的小失误也不会放过；故后，即使对于军国大事也管不了了。接下来就看鲁肃的了。

原文节选：

初曹公闻瑜年少有美才，谓可游说动也，乃密下扬州，遣九江蒋干往见瑜。干有仪容，以才辩见称，独步江、淮之间，莫与为对。乃布衣葛巾，自托私行诣瑜。

瑜出迎之，立谓干曰："子翼良苦，远涉江湖为曹氏作说客邪？"

干曰："吾与足下州里，中间别隔，遥闻芳烈，故来叙阔，并观雅规，而云说客，无乃逆诈乎？"

瑜曰："吾虽不及夔、旷，闻弦赏音，足知雅曲也。"

因延干入，为设酒食。毕，遣之曰："适吾有密事，且出就馆，事了，别自相请。"

后三日，瑜请干与周观营中，行视仓库军资器仗讫，还宴饮，示之侍者服饰珍玩之物，因谓干曰："丈夫处世，遇知己之主，外托君臣之义，内结骨肉之恩，言行计从，祸福共之，假使苏张更生，郦叟复出，犹抚其背而折其辞，岂足下幼生所能移乎？"

干但笑，终无所言。干还，称瑜雅量高致，非言辞所间。中州之士，亦以此多之。

——《三国志·吴书·周瑜传》注引《江表传》

2.4 谁赢得了单刀会——鲁肃对话关羽

许多是是非非，难以断定的往往不是结果而是过程，"单刀会"就是其中一例。

作为"主战派"的代表，周瑜始终面对的是"想战而不能战"的局面，最终抱憾离世；而作为"主和派"的代表，鲁肃要面对的却是"想和而无法和"的局面。接替周瑜的鲁肃与留守荆州的关羽沿江相邻，本想与邻为善的鲁肃却因为两军"数生狐疑，疆场纷错"而疲于应付，虽然他以大局为重，"常以欢好抚之"，但却常常摁下葫芦浮起瓢，稳住了一头，另一头又冒出来，总是纠纷不断。最终，孙刘两家还是走到了兵戎相见的边缘。

得知刘备入主益州之后，深感情商、智商受到双重愚弄的孙权，气愤地冒出了一句："猾虏乃敢挟诈！"意思是说，这个狡猾的家伙竟然敢欺骗我！！后来，"猾虏"成了孙吴阵营对刘备的专称，孙权这样称呼，陆逊也这样称呼，其他人也跟着这样称呼。

说来刘备也的确狡猾，人家想和你联合伐蜀，你不仅不同意，而且拦住去路；不仅挡道，而且还信誓旦旦地说不忍心、不能失信于天下，甚至要"放发归于山林"。如今倒好，你这只老虎终于归于山林了，蛟龙终于得到云雨了，那荆州你该还给我了吧？于是，孙权迅速启动了索还荆州的程序。

气愤归气愤，该办的事情孙权没有乱了章法，在索还荆州的问题上孙权采取了先礼后兵的做法。建安二十年（公元215年）五月，孙权派诸葛瑾前往成都交涉还荆州事宜，结果却吃了一个软钉子，这次刘备又信誓旦旦地说："我正在谋划取得凉州，等到凉州平定了，我把整个荆州都交给东吴。"

简直是空话！等你得到凉州恐怕要猴年马月了吧？到时候是不是又要说得了关中再还？甭想再骗我！从哪里跌倒就从哪里爬起，从哪里受骗就从哪里追偿。随后，孙权派出了自己任命的官吏，准备强行接管长沙、零陵、桂阳三郡。结果，关羽毫不客气地"尽逐之"，统统给赶了出去。

这下，孙权火了，立刻让吕蒙率二万人马强夺荆南三郡，同时让鲁肃率兵在巴丘对阵关羽，孙权自己则靠前指挥，进驻陆口（今湖北嘉鱼县西南）。

作为周瑜之后"主战派"的代表人物，吕蒙动起手，干净、麻利、快！没等刘备率领的援军赶回，就先后成功拿下了长沙、桂阳两郡。反观，一向主和的鲁肃，却左右为难，踟蹰不前。

搞来搞去，鲁肃搞出了一个"单刀会"。具体而言，就是在两军交界处找一个地方，各自把兵马停在百步以外，双方将领每人只随身带一把单刀前去会面。

对于这次单刀赴会，武将出身的关羽自然安之若素，而文士出身的鲁肃却不由地令人为他捏把汗，手下将领纷纷劝他取消会面或者找人代替。对此，鲁肃却胸有成竹，认为"是非未决"，关羽还不至于要了自己的性命。

会面时，鲁肃更是先声夺人，首先将了关羽一军："我们当初把地盘借给你们，是因为你们打了败仗，远远地逃过来，没有立足之地。如今你们既然已经得到了益州，不归还整个荆州也就罢了，我方只想求得荆南三郡，还有什么磨磨唧唧的？"

不等鲁肃说完，关羽一方就有人插嘴："土地这东西，谁有德行就是谁的，哪有一成不变的道理！"

听到竟然有人置喙，鲁肃不禁声色俱厉，言辞急切地就要加以驳斥。看到手下如此无礼，关羽也提刀起身加以呵斥："国家大事，你懂什么！"随后，使眼色让那人离开。

平息了这场小插曲之后，关羽开始反驳："当初乌林之战，我家主公亲自参加战斗，睡觉时也盔甲不离身，一心消灭曹操，怎么能白白付出连块地盘都没有呢，足下怎么好意思来要地？"

鲁肃当然不认可关羽的说法，于是他又把时间向前拉长了一截："当初，刘备大败于长坂坡，手下人马少得可怜，本来只想着逃得越远越好，哪里会想到今天。要不是我家主公可怜你们居无定所，拿出土地和人马加以资助，你们怎么渡过当时的患难？现在你们得到益州又不认账了？"

总之，双方各执一词，你说你的功，我说我的劳，你说你的长坂，我说我的乌林，总不能谈到一起去。不过，从场面上来看，关羽有些吃亏。有句俗话，叫"秀才遇到兵，有理说不清"，这句话在这场单刀会上却反了过来。

最后，一向自认为熟读《左传》的关羽，竟被鲁肃猛然抛出的一句"师曲为老，将何得济"怼得无言应对。这句出自《左传·隐公三年》的话意思是说，既然你们没道理地赖在这里，肯定会越来越立不住脚，倒要看看你们今后怎么办？这句话用来形容刘备集团的确十分恰切。可能关羽也在想如何用《左传》加以回击吧，然而没等他想到同样恰切的那句话，这场单刀相会的嘴仗就已经结束了。看来，术业有专攻，以读书为主业的秀才还是用得上书中之言，而大兵读书则未必来得及用。

不过，在后世的演义中，秀才们，更多的是落魄秀才们，也许是对成功文士不爽，也许是要讨好市井大众，把这场秀才智屈强兵的较量，变成了英雄单刀赴会、强兵勇斗秀才的精彩大戏。戏中，鲁肃面对关羽提刀相胁，不仅"魂不附体"地被强扯到江边，而且望着关羽乘船远去还"如痴似呆"。最后，《三国演义》还不忘以诗相赞：

藐视吴臣若小儿，单刀赴会敢平欺。

当年一段英雄气，尤胜相如在渑池。

不过，罗贯中还算厚道，在彰显关羽武勇的同时，他没有完全湮没历史的真相，也没有把后世的读者藐视成无知小儿。小说中，关羽面对鲁肃引经据典、咄咄逼人的追问，还是颇为理屈地来了句："此皆吾兄之事，非某所宜也。"这些都是我大哥的事，不是我能管得了的。言外之意，道理咱就别讲了，要讲找我大哥讲去吧。

主题：单刀会

聊友：鲁肃＋关羽

时间：公元 215 年

语录：今日之事，宜相开譬。

影响：东吴取得了湘水以东的地盘。

启示：多读书没坏处。

出处：《三国志·吴书·鲁肃传》注引《吴书》、《资治通鉴》卷六十七

原文节选：

肃住益阳，与羽相拒。肃邀羽相见，各驻兵马百步上，但请将军单刀俱会。肃因责数羽曰："国家区区本以土地借卿家者，卿家军败远来，无以为资故也。今已得益州，既无奉还之意，但求三郡，又不从命。"

语未究竟，坐有一人曰："夫土地者，惟德所在耳，何常之有！"肃厉声呵之，辞色甚切。

羽操刀起谓曰："此自国家事，是人何知！"目使之去。

备遂割湘水为界，于是罢军。

——《三国志·吴书·鲁肃传》

肃欲与羽会语，诸将疑恐有变，议不可往。

肃曰："今日之事，宜相开譬。刘备负国，是非未决，羽亦何敢重欲干命！"乃趋就羽。

羽曰："乌林之役，左将军身在行间，寝不脱介，戮力破魏，岂得徒劳，无一块壤，而足下来欲收地邪？"

肃曰："不然。始与豫州观于长阪，豫州之众不当一校，计穷虑极，志势摧弱，图欲远窜，望不及此。主上矜愍（悯）豫州之身，

无有处所，不爱土地士人之力，使有所庇荫以济其患，而豫州私独饰情，愆德隳好。今已藉手于西州矣，又欲翦并荆州之土，斯盖凡夫所不忍行，而况整领人物之主乎！肃闻贪而弃义，必为祸阶。吾子属当重任，曾不能明道处分，以义辅时，而负恃弱众以图力争，师曲为老，将何获济？"

羽无以答。

——《三国志·吴书·鲁肃传》注引《吴书》

2.5 兵不厌诈取零陵——吕蒙对话邓玄之

运用时间差和信息不对称来巧取豪夺，吕蒙玩起来得心应手，看来孙权花在他身上的工夫没有白费。

鲁肃搞不定的事情，吕蒙却轻松搞定。当鲁肃还在与关羽单刀相会争论孰是孰非的时候，吕蒙不仅拿下了长沙、桂阳，而且骗得了零陵。

事情的经过是这样的。闻知刘备亲率大军从益州返回公安的消息，坐镇陆口的孙权以快信急令吕蒙放弃进攻零陵，立即回师益阳，增援鲁肃。吕蒙接到书信后，不仅没有下令撤退，反而连夜召集部将，部署第二天一早的攻城任务。

原本，如此重要的军事会议应该只有军中的将领在场，但吕蒙却刻意让零陵太守郝普的老友邓玄之坐在了自己身旁。布置完攻城任务，吕蒙以颇为惋惜的口吻，转身对邓玄之说了一番至情至理的话。

"郝普听过世间有忠君守义的事情，自己也想加以效仿，但他不了解现在的形势啊。"一上来，吕蒙既道出了郝普的心声，又说出了现实的难度。

接下来，就是对形势的描述了。

"目前，左将军刘备远在汉中，被夏侯渊围攻；关羽身在江陵，我们的主上已经在亲自讨伐他。这些都是亲眼能看到的事情，他们就像被吊打的人那样，自己求活命都还来不及，哪有余力来救援零陵？现在，我这边都是精锐的士卒，人人都想着拼死效力，主上孙权调遣的兵力，也源源不断地开赴过来。如今的郝普危在旦夕，等待原本就指望不上的救援，就像牛蹄印坑中的小鱼希望得到长江和汉水来活命一样，明摆着不现实。"这番分析，一下子挡住了郝普寄望的远水。

说完了灰暗的远方，吕蒙又把话题拉回了无奈的眼前："如果郝普能够让士卒同心协力、众志成城，一直坚守至刘备或者关羽到来，那倒也行。不过，如今考虑到双方的力量对比，只要我攻打零陵，用不到一天，城池就能被攻破。"这番分析，足以让郝普凉凉了。

"城都破了，郝普就算战死了又有什么价值？因此还让百岁的老母连累被杀，那岂不是更令人痛心？"原本想尽忠，结果既尽不了忠，更尽不了孝，那坚守孤城还有什么意义？

最后，吕蒙说了一句："我猜郝普得不到外面的消息，认为可以依靠外援，所以才如此固执。您可以去见见他，给他讲讲其中的祸福利害。"

最后一句话，看似是帮郝普找台阶，其实却恰恰露出了吕蒙这次聊天的关键点：信息不对称。吕蒙笃定郝普并不掌握最新的外部信息，只有利用这种信息的不对称和时间差，才能有效地"扮虎吃猪"。于是，蒙在鼓里的邓玄之被吕蒙的这几句话说得心服口服，随即入城把吕蒙的话复述给了困守孤城的郝普，再随后，消息闭塞的郝普完全被说服了。

投降之后，吕蒙亲切地握着郝普的手，把他迎接到了自己的战船上，随后把孙权的那封急信递给了他。看到刘备已到公安、关羽近在益阳的信息，郝普恨不得有个地缝能钻进去。不怪对手太狡猾，只怪自己太闭塞。

荆南三郡在手，孙权就有了与刘备或打或谈的筹码。加上曹操取得汉中进逼巴蜀，刘备最终向孙权求和。随后，双方以湘水为界，瓜分了荆州，湘水以西的南郡、零陵、武陵归刘备，湘水以东的江夏、长沙、桂阳归孙权，能够有如此成果，吕蒙功不可没。

主题：零陵战与降

聊友：吕蒙＋邓玄之＋郝普

时间：公元 215 年

成语：牛蹄中鱼

语录：牛蹄中鱼，冀赖江汉，其不可恃亦明矣。

影响：吕蒙成功骗取零陵，东吴在荆州对峙中渐趋上风。

启示：充分利用时间差和信息差。

出处：《三国志·吴书·吕蒙传》、《资治通鉴》卷六十七

如此看来，这个吕蒙真是一个有勇有谋的人才。于是，听听上面吕蒙引经据典、头头是道的劝降辞，谁会想到早年的吕蒙却是一个只爱冒险、只想杀人的莽夫。当年，家在中原汝南郡的吕蒙，很小的时候就跟随家人南渡长江，十五六岁时又跟着姐夫邓当去攻打山越，姐夫和老母亲看他年少不让他去，他不仅不听，还搬出当年班超平定西域时的那句"不入虎穴，焉得虎子"作为回应，弄得家人也没办法。后来，邓当手下的一名小吏也瞧不起他，认为年纪轻轻的他不是去得虎子，而是去以肉喂虎。结果，少年吕蒙手起刀落结果了那人的性命，自己跑路去了。

好在那时天下大乱，有枪便是草头王。没几年，吕蒙就成了孙策的手下，后来又成了孙权的干将，在征讨黄祖的战役中因为亲手杀了黄祖的水军都督陈就而立了头功。

如果吕蒙就这样打打杀杀，无疑只会成为一员攻城拔寨的猛将，但不会成为一位智勇双全的儒将，而促使吕蒙上档升级的是孙权。

一次，孙权把吕蒙、蒋钦叫到身边，让他们多读读书，学学文。可是生性不喜书传的吕蒙却不以为然，回了一句："在军中常苦多务，恐不容复读书。"军队里的事还忙不完呢，哪有闲工夫读书？

这下孙权来劲了，循循善诱地开导起两位爱将来。

首先，孙权纠正了二人对于读书的错误观念："我又不是叫你们治经典当

博士，只是叫你们多看看历代往事，有所涉猎和借鉴。"

随后，孙权现身说法，通过分享自己的阅读成果来鼓励二人："你说事情多，再多有我的事情多吗，我年少时，就除了易经之外，把《诗经》《尚书》《礼记》《左传》《国语》都读遍了，主事江东以来，又读了《史记》《汉书》和《东观汉记》等三史以及各家兵书，自己认为大有益处，你们二人悟性都很高，肯定能够学有所得。"

最后，孙权亲自为二人指定了阅读书目："你们最好先读读《孙子兵法》《六韬》《左传》《国语》以及《史记》《汉书》和《东观汉记》。"

既然主公下了命令，吕蒙索性抱起了书本。结果，一拿起来，吕蒙就放不下了，其废寝忘食和博览群书的程度，连一些儒生名士也自愧弗如。

> 主题：谈学习
> 聊友：孙权＋吕蒙＋蒋钦
> 时间：不详
> 语录：宜学问以自开益。
> 影响：吕蒙、蒋钦两位武夫开始读书了。
> 启示：建设学习型组织很重要。
> 出处：《三国志·吴书·吕蒙传》注引《江表传》、《资治通鉴》卷六十六

聊备一览

好学的蒋钦

顺便说一下孙权劝学的另一位当事人：蒋钦。作为很早就跟随孙策的"江表之虎臣"，一旦发愤起来，蒋钦在读书方面同样攻城拔寨、开疆拓土。后来，孙权曾以"长而进益""折节好学""耽悦书传"对吕蒙和蒋钦的好学精神予以肯定。之后，孙权还让蒋钦负责过一段时间的案件诉讼和审理

工作，如果不识文断字、深通刑律，不仅蒋钦难以胜任这一工作，恐怕孙权也不会让他承担这一工作。

原文节选：

……蒙秘之，夜召诸将，授以方略，晨当攻城，顾谓玄之曰："郝子太闻世间有忠义事，亦欲为之，而不知时也。左将军在汉中，为夏侯渊所围。关羽在南郡，今至尊身自临之。近者破樊本屯，救酃，逆为孙规所破。此皆目前之事，君所亲见也。彼方首尾倒悬，救死不给，岂有馀力复营此哉？今吾士卒精锐，人思致命，至尊遣兵，相继于道。今子太以旦夕之命，待不可望之救，犹牛蹄中鱼，冀赖江汉，其不可恃亦明矣。若子太必能一士卒之心，保孤城之守，尚能稽延旦夕，以待所归者，可也。今吾计力度虑，而以攻此，曾不移日，而城必破，城破之后，身死何益于事，而令百岁老母，戴白受诛，岂不痛哉？度此家不得外问，谓援可恃，故至于此耳。君可见之，为陈祸福。"

玄之见普，具宣蒙意，普惧而听之。

——《三国志·吴书·吕蒙传》

初，权谓蒙及蒋钦曰："卿今并当涂掌事，宜学问以自开益。"

蒙曰："在军中常苦多务，恐不容复读书。"

权曰："孤岂欲卿治经为博士邪？但当令涉猎见往事耳。卿言多务孰若孤，孤少时历诗、书、礼记、左传、国语，惟不读易。至统事以来，省三史、诸家兵书，自以为大有所益。如卿二人，意性朗悟，学必得之，宁当不为乎？宜急读孙子、六韬、左传、国语及三史。孔子言'终日不食，终夜不寝以思，无益，不如学也'。光武当兵马之务，手不释卷。孟德亦自谓老而好学。卿何独不自勉励邪?"

蒙始就学，笃志不倦，其所览见，旧儒不胜。

——《三国志·吴书·吕蒙传》注引《江表传》

初，权谓吕蒙曰："卿今当涂掌事，不可不学。"

蒙辞以军中多务。

权曰："孤岂欲卿治经为博士邪! 但当涉猎，见往事耳。卿言多务，孰若孤! 孤常读书，自以为大有所益。"

蒙乃始就学。

——《资治通鉴》卷六十六

2.6 江山代有才人出——吕蒙对话鲁肃、陆逊对话吕蒙

两次顺路聊天竟能发现两个人才，吕蒙和陆逊脱颖而出的事例充分证明了聊天的价值。

如果通过与邓玄之聊天而智取零陵，算是吕蒙发愤读书后的一次牛刀小试，那么真正赋予他更大机会的则是一次不期而至的会面。

建安十五年（公元210年），鲁肃接替周瑜去陆口驻防，恰巧路过吕蒙的驻地。

本来鲁肃心里有些看不上吕蒙，没想去拜访吕蒙，不过有人对他说吕蒙"功名日显"，不能以老眼光看待。鲁肃心想，反正路过，顺道拜访一下也无妨。见到鲁肃前来，吕蒙盛情款待，推杯换盏。看到这种场面，鲁肃倒有些不以为然，吕蒙还是往日的吕蒙，没什么长进嘛!

然而，酒过三巡之后，吕蒙的一番发问却让鲁肃心头一惊："鲁将军身担重任，防区与关羽相邻，打算采取什么策略防范紧急情况的发生?"

对于这样事关重大的问题，鲁肃只能含糊作答："还能怎么办，随机应变吧。"

吕蒙对于这样轻描淡写的回答当然不满意："现在东西两方虽然是一家，但是关羽实在是一名熊虎之将，怎么能不事先规划好应对的策略呢？"随后，吕蒙和盘托出了自己的五条策略。

史书中没有记载吕蒙五条策略的具体内容，但记载下了鲁肃听后的反应：这下子，鲁肃坐不住了！他当即起身走到吕蒙身旁，一边用手轻拍这位建言者的后背，一边赞叹道："原来只知道大兄弟你有武略，今天看来，你还学识渊博有见地，看来真不是以前吴下的阿蒙小朋友了（非复吴下阿蒙）。"

听到鲁肃的赞扬，吕蒙回应说："士别三日，即更刮目相待。"以后您可别再以老眼光看人了。

是呀，我哪还敢以老眼光看你呀！一番谈话，不禁让鲁肃对吕蒙敬重有加，他当即就入室拜见了吕蒙的母亲，与吕蒙结成了好友。

如今，关羽虎踞荆襄，想想吕蒙当日管控危机的策略，看看今日智取零陵的奇谋，鲁肃对吕蒙更加刮目相看。

建安二十二年（公元 217 年），时年四十七岁的鲁肃病故，时年三十九岁的吕蒙继任其职。

主题：如何防范关羽

聊友：吕蒙 + 鲁肃

时间：公元 210 年

成语：吴下阿蒙；士别三日，刮目相待；秘而不宣

语录：至于今者，学识英博，非复吴下阿蒙。

影响：鲁肃重新认识了吕蒙。

启示：一次顺路的聊天说不定就会有惊喜。

出处：《三国志·吴书·鲁肃传》注引《江表传》、《资治通鉴》卷六十六

吕蒙接替鲁肃之后，孙吴的一项大计划也悄然启动。

在孙吴的战略规划中，无论是张纮的"荆扬策"还是鲁肃的"榻上策"，荆州都是必争、必取、必得之地，而孙权本人也始终对荆州念念不忘，既然已经取得了湘水之东，为什么不能拥有湘水以西呢？

事实上，早在鲁肃在世时，吕蒙就曾经打过关羽的主意。一向主战的他向孙权提出了这样一个问题：我们为什么非要与刘备联盟？

说白了，我们不就是担心长江中游受到曹操的威胁吗？如果我们占有整个荆州，沿长江布防，我们怎么会担忧曹操的进攻呢（何忧于曹）？又有什么必要依赖关羽呢（何赖于羽）？再说，关羽君臣崇尚诈力，反复无常，不可以对他们知心相待。

为此，吕蒙向孙权提出了具体的军事部署："令征虏守南郡，潘璋住白帝，蒋钦将游兵万人，循江上下，应敌所在，蒙为国家前据襄阳。"即由征虏将军孙皎镇守南郡，潘璋驻扎白帝城，蒋钦率军沿江机动，自己率军夺取曹军驻守的襄阳。看来，吕蒙是把关羽和曹操都算计到了。

在荆州问题上，吕蒙不仅通过缜密的规划对孙权晓之以理，甚至还动之以情。只听吕蒙动情地对孙权说："如今关羽之所以不便向东出兵进攻我们，就是因为您的英明以及像我吕蒙这样的人还活着。如果不趁着我们还年轻时来谋划荆州，等我们都老去了，让后人再来用力，那得费多大劲才行呀？"

听了吕蒙这番入情入理的建议，孙权也不禁为之动容。于是，东吴的目光愈发转向了荆州。

聊备一览

东西与南北

实际上，此前的孙权一直把焦点放在长江对岸而非长江上游，这一点从孙权立都建业、亲征合肥就可以看出来。对于吕蒙向上游发展的建议，孙权虽然"深纳其策"，但依旧与吕蒙探讨起了北上夺取徐州的可能性。

对于主公的想法，吕蒙并没有直接否定，甚至于还认为只要孙权想打，必然"往自可克"。然而，接下来就出现问题了：打下来之后怎么守呢？吕蒙的结论是"虽以七八万人守之，犹当怀忧"。

是呀！买得起，供不起。与其这样，"不如取羽，全据长江，形势益张"。就这样，孙权的目光从夺取徐州与曹操东西争衡变成了谋取荆州进行南北较量。

当然，想归想，做归做。来到陆口的吕蒙，即使暗地里磨刀霍霍，表面上还要亲近有加，不断向关羽示好。

建安二十四年（公元 219 年），关羽北上进攻樊城之后，并没有放松对于东吴的警惕，依然在相邻的南郡、公安部署了相当多的兵力。见此情形，吕蒙计上心头。他秘密上疏孙权，提出以治病为名，带领部分士兵撤回建业，以此麻痹关羽。等到关羽撤除防卫的兵力，我军则沿江"昼夜驰上，袭其空虚"，如此，"则南郡可下，而羽可禽也"。看来，吕蒙的兵书没白读，不仅学会了战略规划，而且能够见招拆招。

对于吕蒙的建议，孙权照单全收，并且用公开的军事公文（露檄）召回了"病重"的吕蒙。这一招果然有效，不久关羽就命令驻防南郡、公安的兵力悉数开赴樊城。

吕蒙顺江而下返回建业，途经芜湖（今安徽芜湖南部）时，陆逊前来求见。

会面后，陆逊首先向吕蒙提出了自己的疑问和忧虑："关羽和您的辖区相邻，你远离防区东下，难道没有后顾之忧吗？"

吕蒙含糊作答："的确如你所言，但是我重病在身，没有办法。"

看到吕蒙如此没有章法，陆逊不禁提出了自己的建议："关羽自恃有骁勇之气，盛气凌人。刚刚建立大功，志得意满，一心北进，不怎么戒备我们，听说您病了，肯定更加疏于防范。如果我们现在出其不意，一定可以擒住他。您见到主公，应该好好筹划一下。"

听到这里，吕蒙欣赏之情油然而生。不过，由于事关机密，目前只好敷衍："关羽一向勇猛，本来就难以为敌，况且现在已经占据了荆州，施恩布信，加上又取得大功，胆略和气势都更加旺盛，恐怕不容易图谋。"

回到建业，孙权问吕蒙："谁可以代替你？"吕蒙毫不犹豫地推荐了陆逊，随后，吕蒙讲了两条推荐理由：其一，"陆逊意思深长，才堪负重，观其规虑，终可大任"，意思是说，陆逊思虑深远，才能卓著，善于谋划，能担大任。其二，陆逊"未有远名，非羽所忌，无复是过"，就是说，他还没有什么名气，不会被关羽忌惮，是最合适的人选。随后，吕蒙还提出了陆逊任用后的建议："若用之，当令外自韬隐，内察形便，然后可克。"就是说，让陆逊表面上韬光隐晦，暗地里观察有利形势，最终消灭关羽。

一开口，吕蒙就用"意思深长"来形容陆逊，说明他最看重的就是陆逊的这一点。其实，不光陆逊意思深长，孙权、吕蒙更是意思深长，不然他们也不会藏得这样深，想得那么长。

后来，陆逊一到陆口，就完全贯彻了孙权、吕蒙的"韬隐"策略。在给关羽的信中，他不仅把关羽吹捧得无以复加，甚至还表达了自己倾心依附之情，另外他还不忘提醒关羽小心曹军的报复。关羽看后，就更加不把东吴放在眼里。

看来，东吴君臣都是扮猪吃虎的高手。

主题：如何干掉关羽
聊友：吕蒙+陆逊
时间：公元 219 年
成语：意味深长
语录：出其不意，自可禽制。
影响：吕蒙发现了陆逊。

启示：历史总是惊人地相似。

出处：《三国志·吴书·陆逊传》、《资治通鉴》卷六十八

通过吕蒙装病、陆逊装怂、自己装亲近，孙权成功地让"意骄志逸"、"但务北进"的关羽放松了警惕。看到关羽调走了南郡、公安的驻防部队，赫然把肘腋部位暴露在自己的兵锋之下，孙权以虎威将军吕蒙为大都督，统领征虏将军孙皎、偏将军陆逊、朱然、潘璋等人，对南郡、公安发动了突袭。

说起来，还有一段小插曲。最初，孙权准备让孙皎、吕蒙分别担任左右都督，双管齐下，协同并进。但吕蒙却有自己的看法，他对孙权说："您认为孙皎行，就用孙皎；您认为我行，就用我。昔日周瑜与程普一个左都督、一个右都督，结果攻打江陵时，就有点不和谐，差点误了事，应该引以为戒啊！"结果，孙权恍然大悟，立即任命吕蒙为大都督，而让孙皎担任后援。

向来善于伪装的吴军将伪装坚持到了最后。建安二十四年（公元219年）十一月，吕蒙率领的讨关大军悄悄在距离江陵、公安千里以外的寻阳（今湖北武穴市东南龙坪镇）完成集结。随后，他把精锐士卒都埋伏在伪装的商船中，让平民百姓摇橹划桨，并装扮成商人模样（使白衣摇橹，作商贾人服），昼夜兼程，溯江急上。行进中，遇到关羽设在江边的巡逻哨所，吴军就把那里的人全部关押起来，封锁任何消息。由于一切都进行得十分隐秘，大军一到南郡，驻守公安的傅士仁和据守江陵的麋芳就望风而降，关羽大军瞬间面临南北受敌、无路可退的险境，不得已慌忙南撤。

占据南郡下辖的江陵、公安后，吕蒙做了一系列安抚人心的思想政治工作。

其一，对于留在城中的敌军将士家属包括关羽的家属，他积极进行抚慰。

其二，对于城中百姓，他命令士兵不得侵扰，不得索取百姓一针一线。据说，吕蒙的一个部下，也是他汝南的小老乡，因为拿了一个百姓家的斗笠去遮盖公家的铠甲，被吕蒙含泪斩杀。

其三，对于城中老人，他让身边的人早晚前去慰问，经常送医送药。

其四，对于府库中所藏的财宝，吕蒙更是封存不动，等待孙权到来后再作处置。

如此，南郡人心逐渐转向，刘备控制下的荆州纷纷改旗易帜。

看到如此气势如虹的景象，孙权也来到了江陵城。

江陵一战，吕蒙兵不血刃，居功至伟。为此，孙权任命他为南郡太守，封屠陵侯，赐钱一亿，黄金五百斤。屠陵？！看到这个地名你会不会有些印象，没错它就是刘备入川前的大本营——公安所在县的县名，孙权用"屠陵侯"来封赏吕蒙，既是对吕蒙的肯定，也是对刘备的讽刺，更重要的是一种宣示：荆州归我了！

原文节选：

鲁肃代周瑜，当之陆口，过蒙屯下。肃意尚轻蒙，或说肃曰："吕将军功名日显，不可以故意待也，君宜顾之。"遂往诣蒙。

酒酣，蒙问肃曰："君受重任，与关羽为邻，将何计略，以备不虞？"

肃造次应曰："临时施宜。"

蒙曰："今东西虽为一家，而关羽实熊虎也，计安可不豫定？"因为肃画五策。

肃于是越席就之，拊其背曰："吕子明，吾不知卿才略所及乃至于此也。"

遂拜蒙母，结友而别。

——《三国志·吴书·吕蒙传》

后鲁肃上代周瑜，过蒙言议，常欲受屈。

肃拊蒙背曰："吾谓大弟但有武略耳，至于今者，学识英博，非复吴下阿蒙。"

蒙曰："士别三日，即更刮目相待。大兄今论，何一称穰侯乎。兄今代公瑾，既难为继，且与关羽为邻。斯人长而好学，读左传略皆上口，梗亮有雄气，然性颇自负，好陵人。今与为对，当有单复以乡待之。"

密为肃陈三策，肃敬受之，秘而不宣。

权常叹曰："人长而进益，如吕蒙、蒋钦，盖不可及也。富贵荣显，更能折节好学，耽悦书传，轻财尚义，所行可迹，并作国士，不亦休乎！"

——《三国志·吴书·吕蒙传》注引《江表传》

吕蒙称疾诣建业，逊往见之，谓曰："关羽接境，如何远下，后不当可忧也？"

蒙曰："诚如来言，然我病笃。"

逊曰："羽矜其骁气，陵轹于人。始有大功，意骄志逸，但务北进，未嫌于我，有相闻病，必益无备。今出其不意，自可禽制。下见至尊，宜好为计。"

蒙曰："羽素勇猛，既难为敌，且已据荆州，恩信大行，兼始有功，胆势益盛，未易图也。"

蒙至都，权问："谁可代卿者？"

蒙对曰："陆逊意思深长，才堪负重，观其规虑，终可大任。而未有远名，非羽所忌，无复是过。若用之，当令外自韬隐，内察形便，然后可克。"

权乃召逊，拜偏将车右部督代蒙。

——《三国志·吴书·陆逊传》

初，鲁肃等以为曹公尚存，祸难始构，宜相辅协，与之同仇，不可失也，蒙乃密陈计策曰："令征虏守南郡，潘璋住白帝，蒋钦将游兵万人，循江上下，应敌所在，蒙为国家前据襄阳，如此，何忧于操，何赖于羽？且羽君臣，矜其诈力，所在反覆，不可以腹心待也。今羽所以未便东向者，以至尊圣明，蒙等尚存也。今不于强壮时图之，一旦僵仆，欲复陈力，其可得邪？"

权深纳其策，又聊复与论取徐州意，蒙对曰："今操远在河北，新破诸袁，抚集幽、冀，未暇东顾。徐土守兵，闻不足言，往自可克。然地势陆通，骁骑所骋，至尊今日得徐州，操后旬必来争，虽以七八万人守之，犹当怀忧。不如取羽，全据长江，形势益张。"

权尤以此言为当。及蒙代肃，初至陆口，外倍修恩厚，与羽结好。

——《三国志·吴书·吕蒙传》

2.7 忍辱负重为哪般——陆逊对话诸将和孙权

与刘备对垒的那一年，陆逊刚好年届不惑。

对于刘备的报复性进攻，孙权不仅早有预期，而且做了多方面准备。政治上，孙权表示了对曹魏的臣服并接受了曹丕吴王的封号；外交上，孙权先后向魏国派出赵咨、沈珩等多名使者全力稳住曹魏；军事上，孙权则沿长江设置了多道防线。

第一道防线在三峡附近的巴山、巫山、秭归、兴山一带，由潘璋等人把守；第二道防线在三峡出口的夷陵、夷道、当阳、枝江一带，由大都督陆逊率主力把守；第三道防线在荆州的江陵、公安一带，由诸葛瑾、朱然等人把守；第四道防线在荆州与扬州交界的鄂县，由孙权亲自坐镇。为了强化整体军事部署,魏黄初二年(公元 221 年),孙权甚至将鄂县改名为武昌,设武昌郡,并把都城也迁了过来。

聊备一览

三国的那些城

　　纵览中国的城市,有不少城市是因三国而诞生的,比如:"建功立业"的建业(今南京市)、"以武而昌"的武昌(今鄂州市)。

　　也有不少城市,是因三国而得名的,比如:原本叫许县的地方因为"汉亡于许,魏基昌于许"而改名许昌(今许昌市),原本叫油江口的地方因"左公刘备安营扎寨"而改名公安(今公安县)。

　　还有一些地方,是因三国而出名的,比如:多方博弈的襄阳、刘葛畅聊的隆中、东风纵火的赤壁、蜀汉建国的成都、刘备托孤的白帝、魏吴大战的合肥。

　　这样一梳理,发现三国对于中国城市的发展真是贡献不少。再仔细观察,还会发现,其中的大多数城市都位于长江流域,这一点多少表明了一个历史的大趋势:南方的崛起。

从这种梯次部署的防御布局来看,吴军大致预设了前、后两个战场,前一个战场在三峡,也就是第一和第二道防线,这一战场的总指挥是陆逊,主要的作战方式为陆战,主要目的是依托三峡一带的崇山峻岭挫败蜀军的进攻;后一个战场在荆州,也就是第三和第四道防线,这一战场的总指挥是孙权,主要的作战方式为水战,主要目的是依托荆襄一带的纵横水网击溃蜀军的进攻。这种一前一后的军事部署颇有些类似于赤壁之战时的部署,当时周瑜在前、孙权在后,无论胜负都有一定的伸缩余地。

而就每道防线的具体部署来说，吴军也是颇下功夫。三峡附近的两道防线，总体上前弱后强，第一道防线更具有试探性，第二道防线才是真正的防御屏障。同时，每道防线既有沿江的据点，又有依山的据点，如此山水相接、彼此呼应的多据点布局，给刘备的进攻造成了极大障碍。荆州附近的两道防线，总体上前强后弱，第三道防线更具有实质性意义，江陵、公安、孱陵的铁三角布局，使刘备无论从陆上还是水上都很难突破。总体而言，东吴方面构筑了有点、有线、有面的防御布局，而这一布局的最初设想早在奇袭关羽之前就已经有了雏形。当年，吕蒙就曾经向孙权建议，"令征虏（孙皎）守南郡，潘璋住白帝，蒋钦将游兵万人，循江上下，应敌所在"，如此看来，对于这场吴蜀之战，东吴可谓深谋远虑。

不过，东吴方面也有担心。吴军最大的担心就是蜀军利用身居上游的地利，避开陆路上的崇山峻岭，利用水路顺江东下，直抵荆州腹地。为此，才有了前后两个预设战场，同时，在实际对垒中，陆逊甚至通过牺牲掉第一道防线的大踏步后退，竭力将敌人吸引在陆地上。

相对于吴军的防御布局，刘备的进攻部署则随性得多。刘备并非完全不了解水路进军的优势，但考虑到新征调上来的军队大部分是步骑兵，同时一旦战事陷入胶着，水路进易退难等不利条件，再加上初战告捷，刘备就彻底放弃了水路并进的想法。同时，在进攻过程中，刘备也显示出了可怕的傲慢。占领秭归后，黄权曾经劝刘备不要贸然东进，建议由自己为先驱试探敌人，而刘备在后相机而动。对此，刘备反而认为黄权碍手碍脚，把黄权打发到江北去防备魏军，自己则亲率主力进攻夷陵。

战争至此，陆逊不急不躁，胸有成竹。不过，手下众将却沉不住气了。看到蜀军吴班部数千人在平地立营，众将"皆欲击之"，结果陆逊不但不同意，反而认为是刘备的诱敌之计，为此，将领们都认为陆逊畏敌怯战，因而"各怀愤恨"。后来，直到刘备把埋伏在山谷中的伏兵调出，大家才开始信服陆逊。

另外，孙桓在夷道被包围后，陆逊也坚决不救。面对众将的质疑，陆逊的解释是："孙桓将军深得将士爱戴，夷道城池坚固，粮食充足，应该没有什么可忧虑的。等到我的计策施展，即使不去救，也会自然解围。"众将这下又不明白了。

当时，陆逊只有四十岁，而手下众将既有孙策时就出生入死的老将，又有孙家的公室贵戚，他们都自视甚高、有所倚势，既不互相服气，也不服从调度。看到这种情况，陆逊手握佩剑，声色俱厉地发表了一段讲话。

首先，陆逊讲到了形势："刘备天下知名，曹操所忌惮，今在境界，此强对也。"就是说，刘备是闻名天下的人，连曹操都怕他。现在他杀到我们家门口来了，可以说强敌就在眼前。

随后，陆逊讲到了众将："诸君并荷国恩，当相辑睦，共翦此虏，上报所受，而不相顺，非所谓也。"意思是说，各位都深受国家恩惠，应该和睦相处，共同消灭敌人，以上报国恩，但现在却谁也不服从谁，这不是应该做的事情。

进而，陆逊讲到了自己："仆虽书生，受命主上。国家所以屈诸君使相承望者，以仆有尺寸可称，能忍辱负重故也。"就是说，我虽然是一介书生，都受命于主上。主上之所以委屈各位来接受我的调遣，可能是认为我有些长处值得称道，并且能够忍辱负重的缘故吧。

最后，陆逊讲到了军法："各任其事，岂复得辞！军令有常，不可犯矣。"就是说，大家各干各的事，别再啰唆了，军令如山，可不是开玩笑的。

如此看来，陆逊"忍辱负重"不假，关键时刻也毫不含糊。

主题：如何面对质疑
聊友：陆逊＋众将校
时间：公元 222 年
成语：忍辱负重
语录：各任其事，岂复得辞！军令有常，不可犯矣。
影响：陆逊统一了思想，严明了军纪。
启示：年龄不是问题，能力才是关键。

出处：《三国志·吴书·陆逊传》、《资治通鉴》卷六十九

就这样，陆逊与刘备在夷陵、猇亭从正月到六月，相持了近半年。看到蜀军锐气渐失、麻痹松懈，陆逊上疏孙权，表达了在夷陵破敌的信心和决心，请孙权高枕安卧，静候佳音。随即，陆逊展开了对蜀军的反攻。

对于陆逊的反攻，众将又提出了异议："进攻刘备应该在最初阶段，现在他已经入境五六百里，彼此对峙七八个月，各个要害之地也被他牢牢守住，我们进攻肯定不会有什么好处。"

对此，陆逊解释说："刘备是个狡猾的家伙，经多见广，军队刚刚集结时，他肯定聚精会神，不太容易进攻他。现在驻扎久了，没有占到什么便宜，就开始疲惫懈怠了，也没有什么新招数了。我们多方夹击，围歼敌人，就在今日。"于是，陆逊先派出人马去攻打刘备的一处营寨，结果大败而回。众将见状心灰意冷，都说："空杀兵耳。"但陆逊却信心满满地说："吾已晓破之之术。"

陆逊的"破之之术"是火攻，他命令士兵每人拿一把茅草，接近敌营就大肆放火，结果蜀军的营寨被一一攻破。

这次反攻是一次大规模的协同聚歼，吴军一旦得手就势不可当。刘备身边的干将张南、冯异以及胡王沙摩柯都成了刀下之鬼，四十多座营寨变成了一片火海。手下人死的死，降的降，刘备本人也狼狈不堪。他先是从猇亭退守到长江北岸的马鞍山，没想到马鞍山很快被陆逊包围。无奈之下，他又趁夜率轻骑突围，继续向西逃遁。据说，要不是沿途烧毁铠甲阻滞吴军追兵，刘备恐怕连命都保不住。这一仗，蜀军败得很惨，不仅丢盔弃甲，而且军资器械"一时略尽，尸骸漂流，塞江而下"。

随着刘备猇亭大败，原本被围困在夷道的孙桓不但反守为攻，甚至绕到刘备背后断了其归路，逼得刘备"逾山越险"，才躲过一劫。看到二十五岁的孙桓竟然如此勇猛，刘备不禁愤恨地感叹道："我当年到京口

时，孙桓还是一个小毛孩，没想到今天竟然把我逼到这种地步！（而今迫孤乃至此也！）"

正当刘备感叹孙桓的勇猛时，孙桓却在感叹陆逊的睿智。杀敌归来后，孙桓对陆逊说："前实怨不见救，定至今日，乃知调度自有方耳。"之前确实还在怨恨你见死不救呢，到今天大局已定，才知道你指挥调动自有方略。

这场夷陵之战，陆逊的确"调度有方"，而究其原因，一方面在于胸有成竹，一方面则在于"忍辱负重"。后来，孙权知道了陆逊在阵前指挥调度难的事情，问他为什么不向自己报告。而陆逊的回答，则再次展现了他"忍辱负重"、以大局为重的胸怀。他对孙权说："臣虽驽懦，窃慕相如、寇恂相下之义，以济国事。"就是说，我虽然笨拙懦弱，但内心还是很倾慕战国时蔺相如、东汉初寇恂等人屈己让人的品德，都是为了国家大事嘛，我怎么能干打小报告那种事呢？

原文节选：

当御备时，诸将军或是孙策时旧将，或公室贵戚，各自矜恃，不相听从。

逊案剑曰："刘备天下知名，曹操所惮，今在境界，此强对也。诸君并荷国恩，当相辑睦，共翦此虏，上报所受，而不相顺，非所谓也。仆虽书生，受命主上。国家所以屈诸君使相承望者，以仆有尺寸可称，能忍辱负重故也。各任其事，岂复得辞！军令有常，不可犯矣。"

及至破备，计多出逊，诸将乃服。

权闻之，曰："君何以初不启诸将违节度者邪？"

逊对曰："受恩深重，任过其才。又此诸将或任腹心，或堪爪牙，或是功臣，皆国家所当与共克定大事者。臣虽驽懦，窃慕相如、寇恂相下之义，以济国事。"

权大笑称善，加拜逊辅国将军，领荆州牧，即改封江陵侯。

——《三国志·吴书·陆逊传》

2.8 多看别人的优点——孙权对话陆逊

一次推心置腹的畅聊，聊出来的不仅是英杰们的功过是非，还有吴中大族的举足轻重。

不知具体是什么时间，孙权向陆逊畅聊了自己对周瑜、鲁肃、吕蒙的一些看法和评价。

孙权首先点评的是周瑜："公瑾气质雄伟刚烈，胆略过人，因此能击破曹操，开拓荆州，他的才能高邈得令人可望而不可即，只有如今的你才算赶上他了。"这句话既高度评价了周瑜，同时也大大夸赞了陆逊。

随即，孙权把话题引向了鲁肃："公瑾当初力邀子敬来江东并且把他推荐给我，我与他边喝酒边聊，推杯换盏之间就勾画出了帝王之业的宏伟蓝图，这是第一件令人快意的事儿。"说到这里，孙权的脸上仿佛又有了几分酒意。

"后来，曹操挟收服刘琮的威势，扬言要率领数十万大军水陆并进来消灭我。为此，我广泛征求将领们的意见，请大家献计献策。结果，不仅没一个人敢率先发言、献上计策，而且张昭、芮玄这两个人还认为应该写降书迎接曹操。对此，子敬不仅立即加以批驳，并且劝我急速召回公瑾，托付重任，迎击曹操，这是第二件令人快意的事儿。"这时，孙权似乎已经完全陶醉在了昔日的壮阔波澜之中。

从规划大略到力主抗曹，在孙权的眼中，自己的快意人生显然与鲁肃密切相关。不过，孙权紧接着就开始回忆鲁肃的一些短处了："那时，鲁肃谋划的主意和定下的大计，甚至远远超过了战国时的张仪和苏秦；后来，虽说劝我把荆州借给刘备，算是他的一大短处，但并不足以抹杀他的两大长处。"

随后，孙权再次强调了自己对鲁肃的总体态度："周公说，不对一个人求全责备，所以我忽略他的短处而敬重他的长处，并且常常把他比作两汉间为光武帝刘秀定下大谋的邓禹。"

说完鲁肃，孙权开始评点吕蒙了："子明年轻时，我认为他不过有不辞艰苦、果敢有胆的长处而已；到他成年之后，学问大有长进，筹略更是奇绝，可以说仅次于公瑾，只不过言谈举止、形象气质稍逊而已。"

整体评价了吕蒙后，孙权又用具体事例拿吕蒙与鲁肃作比较："在设计消灭关羽方面，子明明显胜过子敬。在子敬给我的复信中说：'帝王兴起，必有辅翼，关羽不足为虑。'这是子敬内心知道自己办不到才对外说出的大话，即使这样，我仍宽容他，不去随便责怪他。"

也许觉得自己对鲁肃的负面评价多了点，孙权的话题又回到了鲁肃身上："然而，子敬领兵作战、安营扎寨，能做到令行禁止，辖区内没有玩忽职守的官员，道路上没有拾物己有的百姓，他的治理之道也是值得称道的。"

> 主题：如何看待是非功过
> 聊友：孙权 + 陆逊
> 时间：不详
> 语录：孤忘其短而贵其长。
> 影响：孙权的包容态度推动形成了人才竞相涌流的局面。
> 启示：不要因噎废食、因短废长。
> 出处：《三国志·吴书·吕蒙传》、《资治通鉴》卷六十八

这番畅聊产生了不少疑问，也传递出丰富的信息。其一，从聊天内容上看，孙权为什么聊起了这些？他想表达什么？其二，从聊天对象上看，孙权

为什么专门与陆逊聊这些？他想传递什么？

这里，我们暂且把对聊天内容的分析放在一边，先来分析为什么聊天对象是陆逊。看聊天对象不能不看聊天时间，这次聊天必定发生在夷陵之战之后，因为聊天中提到周瑜"邈焉难继，君今继之"，如果没有夷陵之战这样的辉煌战绩，陆逊必定是难以望周瑜之项背的；并且这次聊天甚至很可能发生在孙权称帝之后的一段时间里，因为聊天中还提到了"帝王之业"，如果帝王之业未成，孙权恐怕也不好称其为"一快"。

那么，聊天时间与聊天对象有什么关系呢？因为在夷陵之战后的很长一段时间，陆逊都是孙权所倚重的国之柱石，君臣二人的关系也进入了非同寻常的"蜜月期"。二人的关系好到什么程度？据载，蜀汉在诸葛亮主政后，重新与东吴讲和结盟。这一时期，孙权授权身在吴蜀边境的陆逊，可以根据具体情况自行与诸葛亮沟通，无须上报。这还不算什么，孙权甚至还专门刻制了一枚自己的印玺交给陆逊，自己写给刘禅和诸葛亮的书信，常常派人先拿去给陆逊看，让他斟酌其中语气的轻重、用词的妥否，如果有什么不合适的地方，就让他直接改定，用印封好后再送走。

之后，孙权与陆逊的这种信任关系一直延续了很多年，黄武七年（公元228年），为了迎击曹休，孙权任命陆逊为大都督，假黄钺；击败曹休后，陆逊回师经过武昌，孙权命令侍从用自己的御伞为陆逊遮阴。黄龙元年（公元229年），陆逊被任命为上大将军、右都护。同年，孙权将都城迁回了建业，陆逊被从西陵（今湖北宜昌市西北）召回，辅佐太子镇守武昌，同时掌管荆州及豫章等三郡的军务，总管国家军政大权。赤乌七年（公元244年），陆逊出任丞相，同时继续兼任荆州牧、右都护，掌管武昌事务。在任命诏书中，专门有这样一段话："夫有超世之功者，必应光大之宠；怀文武之才者，必荷社稷之重。昔伊尹隆汤，吕尚翼周，内外之任，君实兼之。"就是说，陆逊是一个有超世之功、文武之才的全能人才，为此要把朝内朝外的重任都承担起来。

看过了上面这些高规格礼遇和重用，就不难理解孙权为什么要对陆逊畅谈他对周瑜、鲁肃、吕蒙的看法了，只有把陆逊看成与上述三人并驾齐驱的人物，只有对陆逊寄予比上述三人还高的期望，孙权才会如此直抒胸臆、袒露心扉。

不过，仔细考察，陆逊虽然与周瑜等人一样都是凭借不世之功而获重用的，但他的崛起还是有些许不同，其中最大的不同就是他的籍贯。周瑜是庐江舒县人、鲁肃是临淮东城（今安徽省定远县）人、吕蒙是汝南富陂（今安徽省阜南县）人，而陆逊却是吴郡吴人（今江苏苏州市），属于地道的江东人，并且世代均为江东大族。陆逊在东吴政权的崛起，标志着本土派已经崭露头角，或者说东吴政权的本地化转型。国号为"吴"的政权，如果没有吴人参与那怎么能够称之为"吴"呢？

聊备一览

陆家与孙家

原本，吴郡陆氏与孙家是有仇怨的。兴平元年（公元194年），当孙策按照袁术的命令攻打庐江城时，年仅十二岁的陆逊正在城中。陆逊之所以在城中，是因为他的从祖父陆康正是当时的庐江太守。城破之前，陆康把陆逊以及其他一些亲属都送回了老家吴郡。后来，城破了，陆康也死了，陆氏"宗族百余人，遭离饥厄，死者将半"，不少人丢了性命。

不过，在共同的利益面前，陆家和孙家似乎都没有太在意这段往事。孙权把孙策的女儿嫁给了陆逊，随着两家的联姻和本地化政策的推行，陆家英才辈出，一共出了两位丞相、五位侯爵以及十几位将军。

如果还只是把陆逊看作个案的话，那"吴中四姓"的集体崛起就绝非偶然了。"吴中四姓"是指六朝时期吴郡的顾、陆、朱、张四姓，按照史学界的标准说法，他们萌生于东汉，崛起于东吴，鼎盛于东晋，中衰于刘宋，又中兴于齐梁，最终衰落于梁陈，三百年间，他们的兴衰演变，不仅影响了当时的政治军事，而且流播于艺苑文坛，可以说影响深远。

实际上，吴中四姓的代表人物都出现在东吴，特别是孙权统治时期。除了陆姓的代表人物陆逊，顾姓的代表人物顾雍、朱姓的代表人物朱桓、张姓的代表人物张温都与孙权有着相当密切的关系。

先说顾雍。

出身望族的顾雍可以说是吴中的知名人士，撇开曾祖父顾奉曾经当过颍川太守不说，仅仅顾雍早年与名士蔡邕的渊源就足以为人称道。据说，顾雍年幼时曾经拜避难吴中的著名文士蔡邕为师，向他学习弹琴和书法。由于顾雍"专一清静，敏而易教"，蔡邕在惊叹之余，还给他起了一个与自己同音且同意的名字"雍"。还有一种传闻是，不仅"雍"这个名是蔡邕赠的，就连顾雍的字也与老师蔡邕有关，顾雍字元叹，意思就是这个人为"蔡邕之所叹"。

家世和名字都有来历，仕途与政绩也不逊色。弱冠时的顾雍，在州郡的推荐下，先是出任合肥县长，随后又相继担任了娄县、曲阿、上虞等县的县长，据载，所到之处"皆有治迹"。

如果说主政四县只是牛刀小试的话，那顾雍真正的机遇发生在建安五年（公元200年）。这一年，孙权被朝廷授予讨虏将军，领会稽郡太守，但孙权并不亲自治理会稽，而是由顾雍以郡丞身份代理太守之职。在代行职权的这段日子里，顾雍"讨除寇贼"，取得了"郡界宁静，吏民归服"的良好效果。数年之后，顾雍进入孙权幕府担任左司马。到了黄武元年（公元221年），随着孙权成为吴王，顾雍又被任命为大理、奉常，并且领尚书令，封阳遂乡侯。

据说，顾雍受封之后，根本没有告诉家人，直到后来从别人口中得知才大吃一惊。不过令家人吃惊的还不止于此。黄武四年（公元225年），顾雍把母亲从老家接到了当时的都城武昌。到达之后，孙权不仅亲自登门祝贺，而且还在厅堂上向顾母行跪拜礼。这时，公卿大臣都来参加宴会，不一会儿太子孙登也前来庆祝。

如果说孙权对顾雍敬重有加的话，那他对顾雍的畏惧也不少。针对顾雍"不饮酒，寡言语，举动时当"的君子风范，孙权就曾经有过两句感叹。一句是"顾君不言，言必有中"，意思是说，顾雍不轻易开口，一旦开口就很中肯；另一句是"顾公在坐，使人不乐"，就是说，顾雍一在场，大家就不能尽情欢乐了。因此，顾雍无论对于孙权的政务决策还是生活作风都产生了一种无形的监督作用，而孙权也似乎很习惯在监督下工作和生活。同样在黄武四年，顾雍被任命为丞相，"平尚书事"，可谓位极人臣。

说完顾雍，再说朱桓。

与顾雍类似，朱桓同样有着在孙权幕府工作的经历，只不过，顾雍前后从事的一直是文职，而朱桓则不仅从事政务治理而且更多的是讨贼平叛。离开孙权的幕府后，朱桓有过一段短暂的余姚县长的经历。那段时间，恰值大疫刚过，市面上的粮食既稀缺又昂贵，一片萧条景象。为此，朱桓不仅委派品行正派的官吏展开赈济，自己还亲自到百姓家嘘寒问暖、送医送药、施粥舍饭，一时间"士民感戴"。

有了余姚任上的小政绩之后，孙权又压给了朱桓一副更重的担子，升迁他为荡寇校尉，领兵两千，专门负责吴郡和会稽郡这两个地方的军务。两千人负责两个郡，在那个山贼蜂起的年代，真是有些杯水车薪。因此，朱桓的首要任务就是"鸠合遗散"，壮大队伍，结果，仅一年工夫，就增加了一万多人。有了这支队伍，朱桓不仅把吴会两郡管的服服帖帖，甚至还"督领诸将，周旋赴讨"，到丹杨、鄱阳等地去平定叛乱，结果，所到之处"应皆平定"。凭着如此军功，朱桓一步步升迁为裨将军，获封新城亭侯。

说完朱桓，再说张温。

与顾雍、朱桓不同，张温并没有在孙权幕府当差的经历，然而他得到眷顾和赏识却着实与其父曾经在孙权幕府中当差有关。据载，张温的父亲张允素来以"轻财重士"而"名显州郡"，或许是这个原因，他被孙权召到府中当了东曹掾。然而，就在幕僚的任上，张允却不幸去世。

后来，孙权感怀张允，又听说他的儿子"少修节操，容貌奇伟"，便询问身边的公卿："张温可以与当今的哪一位相比？"

大司农刘基回答："可以与全琮相比较。"

按理说，刘基对张温的评价可真不算低了。要知道全琮可是吴郡的一位名人，从他父亲开始全家就追随孙氏，到了全琮这一辈更是非常了得。东吴创业初期，从中原来投靠全琮的士人数以百计，全琮倾尽家产来接济他们，"有共有无"。后来，孙权任命他为奋威校尉，令其剿抚山越。他采取与朱桓一样的策略，先募兵后剿匪，逐渐升到了偏将军的位置上。后来，在讨灭关羽、夺取荆州这件大事上，全琮也有智力贡献；在对抗曹魏南犯的过程中，全琮也出力颇多。

可是，身旁的太常顾雍却对刘基的回答并不满意，于是接过话题说："刘基并不了解他的为人，当今无人能与张温相比。"

好一个"当今无辈"！听了顾雍这句话，孙权略显兴奋地说："果真如此的话，张允可真算是死而不朽了。"

于是，孙权不久就征召了张温并亲自接见了他。这一见，就更不得了了。张温的"文辞占对"，不仅令"观者顷竦"，甚至孙权都"改容加礼"。更夸张的，还有张昭。张温一出门，这位当朝重臣就紧握着张温的手不放，口中还郑重其事地嘱托："老夫托意，君宜明之。"就是说，我这糟老头就把心思托付给你了，你可要明白我的一片苦心啊！

就这样，张温轻松越过了顾雍、朱桓等人数年来的案牍之劳行或兵戈之乱耳，迅即被任命为议郎、选曹尚书，不久又改任太子太傅，孙权对他"甚见信重"。

主题：如何评价张温

聊友：孙权＋刘基＋顾雍

时间：不详

语录：温当今无辈。

影响：张温跨台阶直接进入孙权核心领导层。

启示：不仅自己要有才能，更要有才能的人夸。

出处：《三国志·吴书·张温传》

原文节选：

孙权与陆逊论周瑜、鲁肃及蒙曰："公瑾雄烈，胆略兼人，遂破孟德，开拓荆州，邈焉难继，君今继之。

"公瑾昔要子敬来东，致达于孤，孤与宴语，便及大略帝王之业，此一快也。后孟德因获刘琮之势，张言方率数十万众水步俱下。孤普请诸将，咨问所宜，无适先对，至子布、文表，俱言宜遣使修檄迎之，子敬即驳言不可，劝孤急呼公瑾，付任以众，逆而击之，此二快也。且其决计策意，出张苏远矣；后虽劝吾借玄德地，是其一短，不足以损其二长也。周公不求备于一人，故孤忘其短而贵其长，常以比方邓禹也。

"又子明少时，孤谓不辞剧易，果敢有胆而已；及身长大，学问开益，筹略奇至，可以次于公瑾，但言议英发不及之耳。图取关羽，胜于子敬。

"子敬答孤书云：'帝王之起，皆有驱除，羽不足忌。'此子敬内不能办，外为大言耳，孤亦恕之，不苟责也。然其作军屯营，不失令行禁止，部界无废负，路无拾遗，其法亦美也。"

——《三国志·吴书·吕蒙传》

> 张温字惠恕，吴郡吴人也。父允，以轻财重士，名显州郡，为孙权东曹掾，卒。温少修节操，容貌奇伟。
>
> 权闻之，以问公卿曰："温当今与谁为比？"
>
> 大司农刘基曰："可与全琮为辈。"
>
> 太常顾雍曰："基未详其为人也。温当今无辈。"
>
> 权曰："如是，张允不死也。"
>
> 征到延见，文辞占对，观者倾竦，权改容加礼。罢出，张昭执其手曰："老夫托意，君宜明之。"拜议郎、选曹尚书，徙太子太傅，甚见信重。
>
> ——《三国志·吴书·张温传》

2.9　让我摸摸你的胡子——孙权对话朱桓、严畯

一次推心置腹的畅聊，聊出来的不仅是英杰们的功过是非，还有孙权的开放包容。

讨论完聊天对象，我们再来分析聊天内容。

概略看，孙权在聊天中一共对周瑜、鲁肃、吕蒙三位重臣进行了点评，按理说，当时三人均已作古，的确到了盖棺定论的时候，然而，仔细推敲，孙权对这三人的评价虽然均以肯定为主，但具体到每个人却有很大差别。周瑜有赤壁之战，吕蒙有白衣渡江，这是人所共见的功业，独独夹在中间的鲁肃既没有力克强敌的丰功，也没有开疆拓土的伟绩，与周、吕二人相比似乎略逊一筹。然而，在孙权的整个谈话中，鲁肃却是分量最重的那一个，孙权不仅"一快""二快"地回顾鲁肃在东吴事业发展初期的擘画之功和在生死存亡关头的廓开大计，更是用了不短的篇幅来说鲁肃的短处。不过这还不是最重要的，最重要的是孙权不仅把鲁肃放在了话题的 C 位，而且拉周、吕二

人来做陪衬，聊周瑜似乎也是为了聊出他对鲁肃的推荐，聊吕蒙似乎也是为了拿他与鲁肃在荆州问题上作比较，聊来聊去，竟把鲁肃变成了整个聊天的核心。

为什么要这样聊？

因为表面上孙权在聊具体的人和事，实际上孙权却是在聊自己的人才观和驭人术：对待人才，功是功、过是过，无论功过都要客观评价。你的功绩我看得到，你的不足我容得下。

事实上，孙权不仅如此说，而且这样做。其他一些聊天记录，就提供了佐证。

先拿孙权对部下缺点的包容来说。在东吴军中，似乎流行着一股奢华之风，撇开"被文绣""锦维舟"的甘宁不说，军中的吕范与贺齐也是相当奢侈。据载，将军贺齐"性奢绮"，不仅"兵甲器械极为精好"，"弓弩矢箭，咸取上材"，而且"所乘船雕刻丹镂"，"蒙冲斗舰之属，望之若山"。如果说，贺齐的浮华体现在军事装备上，那吕范的奢华则体现在生活中，"其居处服饰，于时奢靡"。二人的"奢丽夸绮"能达到什么程度呢？据有人向孙权报告，"服饰僭拟王者"。就是说，规格已经快赶上孙权了。

然而，听到吕范、贺齐的这些出格行为，孙权却相当释然地说："过去管仲曾经有过加害的图谋，齐桓公都毫不介意地予以包容。如今吕范、贺齐又没有管仲那样的过错，只不过器械精良了一点、舟车严整了一些，这些正好可以体现军容军仪，对国家治理又有什么损害呢？"

主题：如何看待小毛病
聊友：孙权+举报者
时间：不详
语录：此适足作军容，何损于治哉？
影响：孙权的小宽容，换来臣属的大忠诚。
启示：水至清则无鱼，人至察则无徒。

出处：《三国志·吴书·吕范传》注引《江表传》

这是记载在《江表传》中的一段记录，《三国志·吴书·吕范传》中也有一句"然勤事奉法，故权悦其忠，不怪其侈"，两相比照可以推断，孙权最看重的是将领的忠诚，忠诚之下有些奢侈浪费的小毛病都是可以容忍的。这一点，相较于因为部下徐邈多喝了点酒就差一点治其罪的曹操来说，确实宽容了不少。

事实上，孙权不仅包容部下的奢华，甚至还能包容更过火的行为。据说，有一次，孙权设酒宴为即将出征的将军朱桓践行，朱桓端起酒杯竟然向孙权提出了一个请求："微臣马上就要远行，希望能够捋一捋陛下的虎须，如果能这样，我就没什么觉得遗憾的了。"

的确，孙权的紫髯是出了名的，但看看也就罢了，怎么能随便摸呢？俗话说，老虎屁股摸不得，难道主公的虎须就摸得了吗？然而，面对朱桓的这一要求，孙权却毫不犹豫地把身体向前倾，靠向了面前的桌子。见到主公的这一表示，朱桓麻溜地走到了跟前，一边小心翼翼地捋着孙权的胡须，一边喜滋滋地说："微臣今天真算是捋着虎须了。"

就这样，在孙权的大笑声中，"捋虎须"这个典故应运而生。

主题：让我摸摸您的胡子
聊友：孙权＋朱桓
时间：不详
成语：捋虎须
语录：臣今日真可谓捋虎须也。
影响：孙权收获了朱桓的忠心。
启示：偶尔撩拨一下老板也不是件坏事。
出处：《三国志·吴书·朱桓传》注引《吴录》

　　如果说，豁达包容算是孙权对部下的一种态度的话，那么，赞誉有加则几乎是孙权的一种习惯了。有时候，褒扬大了、多了，难免给人以过誉之感，为此，孙权还专门在群臣面前做过一次公开阐释。

　　在一次大会文武将相的场合，孙权询问大臣严畯："我过去将鲁肃比作后汉时的邓禹，将吕范比作吴汉，包括您在内的不少人都觉得不妥帖，现在您觉得如何？"

　　听到问话，严畯立刻离席作答："我现在还是不明白其中的缘由，鲁肃、吕范得到如此高的评价，未免有些褒过其实了。"

　　面对严畯的疑惑，孙权循循善诱，娓娓道来："当初，邓禹第一次见到光武帝刘秀时，刘秀正受更始帝的委派镇抚河北并代行大司马的职务，根本没有成为帝王的志向。为此，邓禹一上来就劝他承担起兴复汉室的伟业，可以说刘秀事业就是从与邓禹的对话开启的。鲁肃不仅英武豪爽而且有卓异的谋略，我与他第一次聊天，就谈到了创基立国的大计，这与邓禹十分相似，因此将其比之为邓禹。"

　　聊完了鲁肃与邓禹的相似性，孙权又转到了对吕范与吴汉的比较："吕范为人忠厚笃实、坦诚耿直，虽然生活奢华，但凡事以公事为先，因此并不足以贬损他的功绩。他为了躲避袁术的征辟而投奔我的兄长孙策，兄长成为一方统率，让他单独掌管一支部队，他却忧心兄长的事业，请求回来担任都督，专门整饬军容军纪，并且始终恭敬勤恳，这一切都与吴汉对光武帝刘秀事业的贡献相类似，所以我才打这个比方。我这样评价他们俩都是有缘由的，并不是我有什么私心而偏爱他们。"

　　你看，孙权不仅不吝对臣僚的溢美之词，而且还要通过某种形式让人们觉得恰如其分，这思想工作做得可真到位。

　　主题：夸人要夸到位
　　聊友：孙权＋严畯

时间：公元 229 年

语录：鲁子敬比邓禹，吕子衡方吴汉。

影响：群臣对孙权愈加信服。

启示：思想工作要做到位。

出处：《三国志·吴书·吕范传》注引《江表传》

其实，类似的事情还有不少。话说建安十七年（公元 212 年），在与曹操濡须口交锋之后，孙权把猛将周泰留下来担任负责一线作战的濡须督，诸如朱然、徐盛等众多将领都受其节制，这些人都不大服气。为此，孙权在不久后专门安排了一次对濡须的巡视并且举办了一场规模盛大的宴会。宴会上，孙权亲自端着酒杯走到了周泰跟前，让他解开衣服，用手指着他身上的每一道伤痕，逐一询问来历。于是，周泰一一回忆先前的战况和经历。早在孙策征服江东的时期，周泰为了击退叛乱的山越，保护留在宣城的孙权，一次战斗就受伤十二处之多。

看着周泰身上的一处处伤痕，听着他一次次的讲述，孙权忍不住"流涕交连"，动情地说："你为我们兄弟如熊虎般搏命，满身的伤痕就像雕刻的一般，我又怎么能不以骨肉之情相待、以兵马之重相托付呢！"

看到此情此景，众将再也无话可说了。

孙权赞美大臣、包容大臣，大臣们自然也不会不知恩图报。

魏黄初三年（公元 222 年）九月，孙权遇到了夷陵之战后最大的挑战，针对他拒不送太子入侍为质的行为，魏帝曹丕兵分三路发起了对东吴的猛烈攻击：东路由征东大将军曹休、前将军张辽、镇东将军臧霸出洞口（今安徽和县江边），中路由大将军曹仁出濡须（今安徽巢县南），西路由上军大将军曹真、征南大将军夏侯尚、左将军张郃、右将军徐晃围南郡，无论从进攻方向还是从战将层次上看，曹丕似乎都下定了一举拿下江东的决心。面对来势汹汹的魏军，孙权同样兵分三路进行应战：东路由建威将军吕范督五军以水军拒曹休，中路以裨将军朱桓守濡须拒曹仁，西路以左将军诸葛瑾、平北将军潘璋、将军杨粲救南郡。

这一次，孙权平时对臣属们的厚待收到了丰厚的回报。

先说东路战况。战事一开，吕范率领的水军就不幸地遭遇到了强风，"船人覆溺，死者数千"。后来，多亏安东将军贺齐及时赶到，建武将军徐盛也收拾了余兵，双方先是夹江对峙，随后"各引军退"。在距离建业最近的洞口，吴军虽说损失惨重，但好歹守住了江岸。

再说中路战况。面对曹休扬言要攻击的羡溪（今安徽含山县南，古濡须坞东三十里）的传闻，朱桓当即"分兵将，赴羡溪"，结果队伍开拔之后却传来了敌军逼近濡须的消息，当时朱桓身边只有五千人马，一时之间，"诸将业业，各有惧心"。面对危局，朱桓采取了故意示弱、诱敌深入的策略，结果不仅击退了敌人的进攻，而且取得了击斩魏将常雕、生俘魏将王双、"临陈斩溺，死者千余"的重大胜利。

最后说西路战况。战役主要围绕朱然据守的江陵城展开，先是魏将张郃击破了江陵外围的吴将孙盛，包围了江陵；接着，诸葛瑾率兵解围，结果被夏侯尚击退；再接着，潘璋等人占据长江上游，准备在春水上涨之时运用火攻打击魏军；最终，还没等潘璋行动，魏军就主动退兵了。

综合三路战况，双方可以说各有得失，但从战争意图的实现上讲，曹魏即使精锐尽出，但依旧止步于长江北岸，目标终究没有实现；而东吴虽然有所损失，但却顽强地顶住了敌人的进犯，从这个角度讲算是成功了。同时，就在与敌对垒周旋的这段时间，孙权还顺势作出了一个重大决定：改年号为黄武。别看仅仅改个年号，其政治上的表达却相当明确，东吴已经以一个独立国家的姿态站到了与曹魏对等的位置。并且，曹魏的年号是黄初，蜀汉的年号是章武，孙吴把年号改为黄武，其兼而有之的野心可见一斑。

此后，尽管曹丕又发动了三次伐吴之战，但都被孙权手下的众将给抵挡了回去，孙权甚至连亲自上前线这样的待遇都没有给曹丕一次。据载，第三次伐吴时，曹丕还专门问群臣："孙权会不会亲自来？"结果，曹丕"大驾停住积日"，孙权终究也没有出现，曹丕的扫兴可想而知。

魏黄初六年（公元225年）十月，第四次亲征的曹丕站在凛冽的寒风中，望着冰封的江面，无奈地发出了这样的长叹："嗟乎，固天所以限南北也！"其实，阻隔魏军铁骑的何止有大江，还有江东那群如浪花般前后相继的英才。

如此说来，或许曹丕在魏黄初五年（公元224年）八月第三次伐吴时所发出的感叹似乎更贴近实际一些："魏虽有武骑千群，无所用之，未可图也。"

原文节选：

人有白范与贺齐奢丽夸绮，服饰僭拟王者，权曰："昔管仲逾礼，桓公优而容之，无损于霸。今子衡、公苗，身无夷吾之失，但其器械精好，舟车严整耳，此适足作军容，何损于治哉？"告者乃不敢复言。

——《三国志·吴书·吕范传》注引《江表传》

初，权移都建业，大会将相文武，时谓严畯曰："孤昔叹鲁子敬比邓禹，吕子衡方吴汉，间卿诸人未平此论，今定云何？"

畯退席曰："臣未解指趣，谓肃、范受饶，褒叹过实。"

权曰："昔邓仲华初见光武，光武时受更始使，抚河北，行大司马事耳，未有帝王志也。禹劝之以复汉业，是禹开初议之端矣。子敬英爽有殊略，孤始与一语，便及大计，与禹相似，故比之。吕子衡忠笃亮直，性虽好奢，然以忧公为先，不足为损，避袁术自归于兄，兄作大将，别领部曲，故忧兄事，乞为都督，办护修整，加之恪勤，与吴汉相类，故方之。皆有指趣，非孤私之也。"

畯乃服。

——《三国志·吴书·吕范传》注引《江表传》

权把其臂，因流涕交连，字之曰："幼平，卿为孤兄弟战如熊虎，不惜躯命，被创数十，肤如刻画，孤亦何心不待卿以骨肉之恩，委卿以兵马之重乎！"

——《三国志·吴书·周泰传》注引《江表传》

第 3 章
气涌如山：从英主到昏君

很少有人注意到孙权有多么长寿，更少有人注意到长寿所带来的幸与不幸。七十一岁的生命长度不仅超过父亲孙坚和兄长孙策的总和，而且使他横跨了创业与守业两个时代。

创业时代，他是恢宏大度的青年英主；守业时代，他却成了偏执严苛的落寞昏君。他送走了周瑜、鲁肃、吕蒙、陆逊等左膀右臂，熬走了曹操、曹丕、曹叡这祖孙三代，甚至连刘备、诸葛亮、蒋琬、司马懿等一众盟友或对手也没有活过他。长寿是孙权的幸运，但长寿也是孙权的悲哀，随着群星的远去，孤寂的孙权也变得黯淡无光、光芒不再。

3.1 帝业进行时——孙权对话群臣

在孙权眼中，帝业只有进行时，没有完成式。

嘉禾元年（公元 232 年），鉴于孙权已经称帝四个年头但却始终没有举行郊祀，吴国群臣提出了奏请："近来祥瑞频频出现，别国也倾慕归附，不管是天意还是人事，前前后后都已备集，应当筹备举行郊祀，以顺承天意。"

在群臣看来，郊祀天地是皇帝的标配，既然已经称帝并且最近喜事不断，当然应该郊祀。然而，孙权对于郊祀的"门槛"却有不同的看法，面对群臣的建议，他一脸严肃地说："郊祀应当在中原，如今没在合适的地方，怎么来郊祀？"

随后，群臣再次启奏："普天之下，莫非王土，王者以天下为家。过去周文王和周武王一个郊祀于酆，一个郊祀于镐，不一定非要在中原。"

对此，孙权并不认同："武王伐纣前后，称帝和定都都在镐京，因此郊祀也在那里，这没什么问题。可是，周文王没有成为天子，把郊祀地点确定在酆，哪个典籍里有写？"

很快，博古通今的大臣就有了回应："据《汉书》郊祀志记载，匡衡在奏请将郊祀地点迁到甘泉河东面一事时，提到过文王郊祀于酆。"

对此，孙权就更不认同了："周文王性格向来谦恭低调，处于诸侯之位，肯定不会僭越地举行郊祀。经典中没有明文记载，只不过是匡衡这样一个迂腐儒士的个人说法，典籍中又没有正式记载，不可引以为证。"

于是，郊祀一事就此作罢，直至十九年后的太元元年（公元251年）才有了孙权郊祀的记载。如此就有些奇怪了，要知道诸如刘表这样没有天子名分的人当年都"郊祀天地"，如今孙权明明已经称帝，怎么偏偏不举行郊祀呢？

对于孙权的这一反常举动，史学家们作出了各种解释，有的甚至认为这段记载不应该发生在嘉禾元年而应该在黄武元年（公元222年），因为那时孙权刚刚当上吴王，严格意义上讲还不具备郊祀的资格。可是，这样问题就来了：郊祀是天子的标配，年号也是天子的标配，年号甚至比郊祀更具有实质意义，为什么孙权能建号却不肯郊祀呢？

其实，不管是上面这场争论发生在何年，不管群臣找出多少论据，恐怕孙权的回答都是那句："今非其所，于何施此？"更直白地讲，地方还不是那个地方。在孙权看来，只有到了入主中原、一统江山的时候才应该举行郊祀，祭告天地。如果说建立年号是帝业的起手式，那么郊祀天地才是帝业的收手势，而坚持不郊祀就是要告诉群臣，帝业只有进行时，没有完成式。如此可看出，孙权怀揣的是怎样一种雄心。

主题：该不该郊祀

聊友：孙权 + 群臣

时间：公元 232 年

语录：郊祀当于土中，今非其所，于何施此？

影响：进取的孙权与守成的群臣矛盾渐显。

启示：一个针眼也能看见天空，一个郊祀也能窥探野心。

出处：《三国志·吴书·吴主传》注引《江表传》

　　事实上，孙权一直在为那个合适的郊祀地点而努力，包括群臣奏表中所称的"嘉瑞屡臻，远国慕义"这些天意人事，相当大程度上也是孙权努力的结果。

　　先看"嘉瑞屡臻"。黄龙元年（229 年）四月，夏口和武昌都报告说看见了黄龙、凤凰，借着这一祥瑞，孙权登基称帝，并改年号为黄龙；黄龙三年（231 年）十月，会稽郡报告说冬天有嘉禾长了出来，于是孙权将第二年的年号改为嘉禾。在孙权看来，这一系列祥瑞无不与三四十年前流传于东吴一带的那句童谣"黄金车，班兰耳，阊阖门，出天子"相印证。

　　再看"远国慕义"。蜀汉不仅没有对孙权称帝提出质疑和抗议，反而派出了以陈震为首的庆贺使团，双方甚至缔结盟约，对曹魏的地盘提前进行了瓜分。如果说蜀汉对孙权帝业的承认是基于利益考量，那辽东公孙渊的归附则真的是难能可贵了。嘉禾元年十月，公孙渊不远数千里，漂洋过海带着貂皮和马匹专门过来称臣纳贡，着实让孙权感到意外。

　　然而，上述利好消息却未必没有水分。相较于曹家地处中原且承汉禅让的合理性，相较于刘家汉室宗亲的正统性，孙家能够寻求的合法性就只能是童谣和祥瑞了，而这些都是可以人为制造出来的，糊弄自己人可以，糊弄天下人就有些牵强了。再说吴蜀联盟，双方的结盟虽说有起伏变化，但在两弱一强的利益格局下，双方似乎都别无选择。在蜀汉称帝在先的情况下，东吴如果说蜀汉是"远国慕义"，蜀汉自然也可以说东吴是"远国慕义"。

如此看来，真正称得上利好的，就只有辽东的称藩了。不过，就是这次称藩，却引发了君臣之间更大的分歧。

原文节选：

> 是冬，群臣以权未郊祀，奏议曰："顷者嘉瑞屡臻，远国慕义，天意人事，前后备集，宜修郊祀，以承天意。"
>
> 权曰："郊祀当于土中，今非其所，于何施此？"
>
> 重奏曰："普天之下，莫非王土；王者以天下为家。昔周文、武郊于酆、镐，非必土中。"
>
> 权曰："武王伐纣，即祚于镐京，而郊其所也。文王未为天子，立郊于酆，见何经典？"
>
> 复书曰："伏见汉书郊祀志，匡衡奏徙甘泉河东，郊于长安，言文王郊于酆。"
>
> 权曰："文王性谦让，处诸侯之位，明未郊也。经传无明文，匡衡俗儒意说，非典籍正义，不可用也。"
>
> ——《三国志·吴书·吴主传》注引《江表传》

3.2 当爱已成往事——张昭对话孙权

当满满的回忆中，亲密的携手已被激烈的互怼覆盖，原本的相亲相爱就只能变成无言的结局了。

作为三国之外的第四势力，辽东公孙氏政权建立的时间说起来比魏、蜀、吴三国还要早得多。早在汉初平元年（公元 190 年），身为辽东太守的公孙度就"自立为辽东侯、平州牧，……，设坛墠于襄平城南，郊祀天地，藉田，治兵，乘鸾路，九旒，旄头羽骑"，就是说，早在群雄为生存而拼命的时候，公孙氏就已经运交华盖无所求，躲进辽东成一统了。公孙氏之所以能够如此安闲，就是因为辽东的偏和远，再狠再长的马鞭到了这里也没力气了，当年曹操如此，之后的魏君同样如此。就这样，从公孙度到公孙康再到公孙恭，直到如今的公孙渊，公孙氏在辽东的小日子越过越安逸，与东吴除了零星的跨海贸易之外，彼此几乎没有联系。于是，当公孙渊既献貂马又称藩属的时候，孙权自然喜出望外，忙不迭地就颁布了宣恩诏书。

诏书中，孙权不仅让公孙渊"持节督幽州领幽州牧辽东太守燕王"，而且要与公孙渊一起"将与勠力，共定海内"，甚至要"苟在同心，与之偕老"。有表态当然还要有行动，紧接着孙权就令太常张弥等人带着一万名士兵和大量金银珠宝奇珍异货踏上了去辽东的海路。

面对孙权这一豪举，满朝文武都出来阻止，大家都认为公孙渊不可信，我们的投入太大，搞不好会成一场空。对于这些劝谏，雄姿勃发的孙权并不在意，但对于老臣张昭的进言，孙权却不能置若罔闻。

张昭进谏说："公孙渊背叛曹魏又害怕被讨伐，所以千里遥远地前来求援，称臣纳贡并不是他的本意。一旦公孙渊改变主意，想向曹魏表明没有二心，那么张弥、许晏两名使者就回不来了，这不就让我们被天下人取笑吗？"运用底线思维，张昭指明了其中潜藏的巨大风险，赔本是小，丢人事大。

听了这番提醒，孙权反复予以辩驳，而越辩张昭的态度却越坚决，双方一时僵持不下。

后来，孙权实在忍不住了，手按佩刀怒气冲冲地说："吴国的臣民入宫时向我行礼，出宫时则向你行礼，我对你的尊敬也算是无以复加，然而你却多次当众违背我的意愿，甚至让我下不了台，我常怕忍不住会杀了你。"这下，孙权说实话了：观点对错不重要，我老大的地位最重要。

　　眼看着自己辅佐了三十多年的主公竟然拔刀相向，张昭注目凝望，呆若木鸡。良久之后，张昭才动情地说："老臣虽然心里知道自己的话您不会采纳，但每每还是竭尽忠诚地劝谏，没有别的原因，只是因为太后临终前把我招呼到了床边，她留下的遗言至今还回响在我的耳边。"

　　说来，这句话还真是有效。孙权听后，随即放声大哭，把手中的刀一扔，与张昭四目相对，泣不成声。是呀！正如张昭曾经对孙权说过的，那时，太后和孙策不是把张昭托付给了孙权，而是把孙权托付给了张昭（不以老臣属陛下，而以陛下属老臣）。如今，自己翅膀硬了，张昭老了，真要把这个监护人抛弃了吗？那怎么使得！

　　主题：**该不该讨伐辽东**
　　聊友：**孙权 + 张昭**
　　时间：**公元 233 年**
　　语录：**不以老臣属陛下，而以陛下属老臣。**
　　影响：**孙权与张昭彻底翻脸。**
　　启示：**偏激往往压过感激。**
　　出处：**《三国志·吴书·张昭传》、《资治通鉴》卷七十二**

　　然而，痛哭归痛哭，痛苦归痛苦，最终双方谁也没有让步，孙权依旧派出了使者。无奈之下，张昭称病不朝。气愤之下，孙权派人用土封了张昭的家门。

　　接下来的事实，证明了张昭和群臣的正确性：公孙渊一收到东吴的好处，就立刻反水了，张弥等人也成了刀下鬼。在血淋淋的教训面前，孙权多次向张昭表示慰问和道歉，但即使这样，张昭也坚决不出家门。有一天，孙权路过张昭府门，在门外招呼张昭，可张昭依旧托病不见。这下，孙权的牛脾气又上来了，竟然命人放火烧张昭的府门，想吓一下这个倔老头。但任凭浓烟滚滚、烈火熊熊，张家的门始终紧闭。没办法，孙权只得让人把火灭掉，自己长久地伫立于门前。

如果就这样僵持下去，真不知道孙权该如何收场。好在张昭的几个儿子还算讲政治，连劝带推把老爹扶出府门，随着孙权的车驾到了宫里，于是，君臣二人又是一番往事历历。

然而，即使是回忆满满，恐怕也难以将二人拉回当初的"蜜月期"，因为，有些往事不堪回首。

夺取荆州后，孙权曾经在武昌修筑了一个高台，取名钓鱼台。虽然名曰钓鱼，但最多的日常用途却是宴饮。有一次，孙权又登临钓鱼台，邀约群臣一醉方休。看着那些不胜酒力、昏昏欲睡的臣僚，孙权一边让人往他们身上洒水，一边对大家说："今天畅饮，不醉卧钓鱼台，就不算尽兴。"

听到孙权的酒言酒语，张昭神情严肃，一言不发。实在看不下去了，他索性坐到了外面的车子里。然而，作为酒宴主持人，孙权虽然颇有几分酒意，但还没有忘记自己的职责和定下的规矩，立刻派人把张昭又叫了进来。

看到张昭铁着脸，孙权一半解释一半宽慰地说道："大家不过是聚在一起饮酒找乐，张公为何发火呢？"

闻听孙权这番话，张昭更来气了，立刻指出了问题的严重性："当年商纣王把酒糟堆成了山丘，把美酒灌满了水池，通宵畅饮，也是为了找乐，哪里会认为自己在作恶呢！"

听到张昭如此上纲上线地把话说到这个份儿上，孙权只有"默然"和"有惭色"的份儿了，随即停止了这场酒宴。

主题：喝酒怎么了

聊友：孙权+张昭

时间：公元222年

语录：昔纣为糟丘酒池长夜之饮，当时亦以为乐，不以为恶也。

影响：孙权与张昭矛盾渐显。

启示：陪客喝酒就得醉，要不主人多惭愧。

出处：《三国志·吴书·张昭传》、《资治通鉴》卷六十九张昭搅了孙权的酒局，接下来孙权也并不让张昭如愿。最初，当孙权准备设置丞相一职时，大家都认为非张昭莫属。可是，孙权却解释说："现在是多事之秋，丞相的职责任务太重，请张公来做并不是优待他，反而是烦劳他。"于是，丞相成了名不见经传的孙邵。后来，孙邵去世了，朝中百官再次推举张昭，孙权同样给否决了："我难道还有什么舍不得给他的吗？做丞相面临的事情十分烦杂，而张公性情刚烈，别人的话他如果听不进去，怨恨和责怪就会产生，这对他并没有什么益处。"这一次，理由虽然大致相同，却多少点了一下张昭个性上的弱点。不愿倾听别人的话，如果简略一下，就是"不听话"，恐怕这才是重点吧！

经过搅酒局、阻官路这样你来我往的小较量，再经过辽东问题的争执，君臣二人的矛盾和心结无疑推向了几乎不可调节的地步。

当爱已成往事，我不会把你怎么样，但你也不要总追问我。嘉禾五年（236年），张昭去世，享年八十一岁。

原文节选：

权于武昌，临钓台，饮酒大醉。权使人以水洒群臣曰："今日酣饮，惟醉堕台中，乃当止耳。

昭正色不言，出外车中坐。权遣人呼昭还，谓曰："为共作乐耳，公何为怒乎？"

昭对曰："昔纣为糟丘酒池长夜之饮，当时亦以为乐，不以为恶也。"

权默然，有惭色，遂罢酒。

初，权当置丞相，众议归昭。权曰："方今多事，职统者责重，非所以优之也。"后孙邵卒，百寮（僚）复举昭，权曰："孤岂为子布有爱乎？领丞相事烦，而此公性刚，所言不从，怨咎将兴，非所以益之也。"乃用顾雍。

……

权以公孙渊称藩，遣张弥、许晏至辽东拜渊为燕王，昭谏曰："渊背魏惧讨，远来求援，非本志也。若渊改图，欲自明于魏，两使不反，不亦取笑于天下乎？"

权与相反覆，昭意弥切。权不能堪，案刀而怒曰："吴国士人入宫则拜孤，出宫则拜君，孤之敬君，亦为至矣，而数于众中折孤，孤尝恐失计。"

昭熟视权曰："臣虽知言不用，每竭愚忠者，诚以太后临崩，呼老臣于床下，遗诏顾命之言故在耳。"因涕泣横流。

权掷刀致地，与昭对泣。

——《三国志·吴书·张昭传》

3.3 外交不止于外——秦宓对话张温

唇枪舌战比拼的是嘴，考验的却是心。无论你是漫不经心还是别具匠心，无论你是心直口快还是心存芥蒂，如果你没有一颗强大而自省的心，迎接你的都将是心力交瘁。

孙权对张昭的爱意消失了，同时他对另一位张姓大臣的好感度也降低了。

事情要从吴蜀复交说起。吴黄武二年（公元223年），蜀汉丞相诸葛亮派遣邓芝前来"重申吴好"，表达了双方重新结盟的意向。为此，孙权第二年一开春就请张温以辅义中郎将的身份回访蜀汉，算是对对方示好的积极回应。

原本孙权是不想派已经是太子太傅的张温出使蜀国的，但使臣是一个国家的门面，无论个人形象、品行修养、口才应变等各方面衡量，张温似乎都是最合适的人选。

于是，在张温出使之前，孙权说了这样的一番话："本来不想让您远行的，只是我恐怕诸葛孔明不知道我与曹魏来往的真实原因和种种无奈，所以才辛苦您走这一趟。一旦我清除了吴国境内的山越叛乱，我立刻与曹丕开战。"

交代完方针政策和使命任务，孙权又强调了一下外事工作纪律："外交使臣的准则，一是要坚决完成交办的使命和任务，二是要避免被对方的言辞所蛊惑干扰。"

对于孙权交代的向诸葛亮进行政策解释的任务，张温信心十足，认为"退亮之心，必无疑贰"，既然诸葛亮主动派邓芝来结盟，必定不会有什么二心。可是，对于孙权强调的外事纪律，张温没有任何回应，可能也没怎么放在心上。

一踏入蜀国国境，张温就受到了高规格接待，正如张温在上呈给蜀主刘禅的表章中所说，一路上"频蒙劳来，恩诏辄加，以荣自惧，悚怛若惊"。就是说，多次有官员前来慰问，陛下的恩诏也不断降临，这让我荣耀之至，倍感压力，诚惶诚恐。

之后的行程中，张温走到哪里，哪里总是鲜花和掌声，真让人好生羡慕。唯一一次小意外，出现在张温返程前的饯行宴会上。

为了让张温乘兴而来、尽兴而归，诸葛亮召集了文武百官集体为张温送行。然而，众官员中独独缺了蜀中名士、左中郎将秦宓。最后，在诸葛亮的三催四请之下，秦宓才姗姗来迟地赶到现场。

等待过程中，张温忍不住询问："秦宓到底是什么人啊？"诸葛亮回答："是益州的一位学者型官员。"

经过诸葛亮的介绍，张温对秦宓产生了兴趣，因此一见面就问："您现在还在治学吗？"

"我们这五尺高的小孩都在学习，何况我呢？"秦宓的回答显然有点借题发挥的意思。

"天有头吗?"张温问。

"有。"秦宓答。

"头在何方?"

"在西方。《诗经》说：'乃眷西顾。'以此推断，天的头在西方。"

"天有耳朵吗?"

"天在高处倾听低处的声音，《诗经》说：'鹤鸣于九皋，声闻于天。'天如果没有耳朵，怎么能够听到呢?"

"天有脚吗?"

"有。《诗经》说：'天步艰难，之子不犹。'天如果没有脚，怎么能迈出艰难的步伐呢?"

如果上面算是一次文学小测验的话，那么张温接下来的问题就有些政治性了。

"天有姓氏吗?"

"有。"

"姓什么?"

"姓刘。"

"你怎么知道的?"

"当今天子姓刘，因此我知道天姓刘。"

看到自己不小心马失前蹄，张温重新调整了提问方式，疑问句变成了反问句。

"太阳是从东吴所在的东方升起的吧?"

"没错，太阳虽然在东方升起，但最终落在西方。"

经过几个来回的唇枪舌战，张温对秦宓"大敬服"，不仅如此，他对于整个蜀国的好感度也进一步增强了。

张温的出访很成功，以这次出访为起点，"自是吴、蜀信使不绝"。然而，令人没想到的是，这次外交上的成功却成为张温个人失败的开端。回到吴国后，张温对蜀国的好感在言语间或多或少流露了出来，仿佛西边的月亮更圆一些似的。由此带来的一个严重结果，就是他在孙权心中的好感度大为下降。没过多长时间，张温就因为疑似牵扯到一起案件中而被下狱治罪，要不是大臣们求情，张温险些性命不保。

后来，孙权又找了个理由把张温遣送回了老家吴郡，几年之后，四十多岁的张温忧病而死。

主题：天是什么
聊友：张温＋秦宓
时间：公元 224 年
成语：秦宓论天
语录：五尺童子皆学，何必小人！
影响：张温对蜀汉赞叹不已，由此引来灾祸。
启示：什么是天，是一个天大的问题。
出处：《三国志·蜀书·秦宓传》

张温的厄运或许可以归结为违反外事纪律和政治规矩，多少算是咎由自取。可是另一位叫冯熙的外交使臣就纯属倒霉了。

作为一名出色的外交使臣，冯熙先是在刘备去世时代表东吴去蜀汉吊丧。随后不久，又奉命出使曹魏，并与曹丕进行了一场颇为激烈的交锋。

一见面，曹丕就说：“吴王如果想与我修复关系，理应陈兵江关，进军巴蜀，我怎么听说又向蜀国派出使者了，想来是有什么变故吧。”

“我听从西方回来的使者说，这只是为了窥伺敌情，没有什么别的企图。”冯熙回答。

随后，曹丕问到了吴国近年来遭受到的自然灾害以及由此出现的人口下降等问题。对此，冯熙更是矢口否认，一再陈述吴国的富足与强盛。

看到这张嘴比煮熟的鸭子嘴还硬，曹丕既恨又爱，思来想去，便派出了冯熙的同乡陈群去做冯熙的思想工作，争取冯熙能够弃暗投明，归顺曹魏。可是，无论陈群用尽各种手段，冯熙依然无动于衷。

既然你的身子骨和嘴巴一样硬，那就先去劳动并改造一下吧。于是，冯熙被送到了曹魏著名的生产建设基地：摩陂。作为魏武帝推行屯田制的标志性工程，据说名将夏侯惇曾经在这里背过土、种过稻。

可是，艰苦的劳动依然没能成功改造冯熙的思想。没多久，曹丕又准备把他召回京城。一国使节竟被如此凌辱折腾，冯熙不干了，在回京的路上，趁人不注意，他拿起刀就要自杀。结果，还是被人发觉了，终究没有死成。

消息后来传到吴国，孙权流着泪说了一句："此与苏武何异？"这与西汉时被匈奴羁押十九年的苏武有什么不同。

然而，孙权也只是说说罢了，最终冯熙还是死在了魏国。

原文节选：

吴遣使张温来聘，百官皆往钱焉。众人皆集而宓未往，亮累遣使促之，温曰："彼何人也？"亮曰："益州学士也。"

及至，温问曰："君学乎？"宓曰："五尺童子皆学，何必小人！"

温复问曰："天有头乎？"宓曰："有之。"温曰："在何方也？"宓曰："在西方。《诗》曰：'乃眷西顾。'以此推之，头在西方。"

温曰："天有耳乎？"宓曰："天处高而听卑，《诗》云：'鹤鸣于九皋，声闻于天。'若其无耳，何以听之？"

温曰："天有足乎？"宓曰："有。《诗》云：'天步艰难，之子不犹。'若其无足，何以步之？"

温曰："天有姓乎？"宓曰："有。"温曰："何姓？"宓曰："姓刘。"温曰："何以知之？"答曰："天子姓刘，故以此知之。"

> 温曰："日生于东乎？"宓曰："虽生于东而没于西。"
>
> 答问如响，应声而出，于是温大敬服。

——《三国志·蜀书·秦宓传》

3.4 一次公开谈话——孙权对话群臣

狗可以放肆地咬人，人却不敢放肆地打狗，能打狗的只有狗的主人。

与张昭刚烈的性情相比，丞相顾雍的性格就平和多了。在孙权眼中，顾雍是一位"寡言语，举动时当"的好下属，工作尽职尽责不说，对待功过也十分淡然。他总是私下里向孙权建议，从不像其他大臣那样张扬，每当建议得到采纳时，就归功于孙权的英明，即使建议不被采纳，也绝不对外泄露。于是，在孙邵去世之后，顾雍一直担任丞相直至去世，前后十九年。然而，就是这样一位深受信赖和倚重的大臣，却在嘉禾七年（公元238年）被人检举揭发，险些被免职。

事情的经过是这样的。在试图利用辽东南北夹攻曹魏的对外策略落空之后，孙权似乎把关注点放到了对内改革上面，这时一个狠角色登上了东吴政坛。这个人叫吕壹，他的身世出处史书都语焉不详，只知道他当时担任孙权身边的中书典校郎一职，做事情相当认真。吕壹的第一个认真体现在对公文的审核上，作为中书典校郎，吕壹的本职工作就是审核文书档案，这种认真自然无可厚非。吕壹的第二个认真还体现在一些经济改革上，作为皇帝的身边人，他向孙权提出了盐铁专卖、山林封禁等建议，这些建议虽有与民争利之嫌，但至少增加了国家财力。吕壹的第三个认真体现在检举揭发上，据说，吕壹对于大臣们的举告和纠察到了"纤介必闻"的地步，动不动就被定为大案要案，诽谤、诬告、陷害层出不穷。或许在孙权眼中这些都是忠诚和尽职的表现，但群臣却深受其害，甚至连丞相顾雍也未能幸免。

眼见丞相也身陷困境，群臣心有余而力不足，只能眼巴巴望着吕壹翻云覆雨，只有黄门侍郎谢厷没有束手坐视。

借着一次偶然的碰面，谢厷主动与吕壹进行了攀谈，并且二人还聊得很热乎。看到火候差不多了，谢厷便不经意地问："顾丞相的事情怎么样了？"

"不怎么样。"吕壹漫不经心地回答。

"如果顾公被免职罢退，谁会接替他呢？"谢厷接着问。

这时，吕壹脸上一下子露出了紧张的神情。

"莫不是潘濬会上位？"谢厷又追问。

"你说得差不多。"过了很久，吕壹才怏怏地回答。

"潘濬经常提到你就咬牙切齿，只不过因为远在荆州才找不到机会。如果让他今天接替顾雍，明天恐怕就会弹劾你了。"谢厷进一步帮吕壹进行分析。

谢厷说得没错，据载，针对吕壹的胡作非为，据守武昌的潘濬甚至亲自来到建业，准备"尽辞极谏"。到达之后，潘濬听说太子孙登的进谏也不好使，于是便改变策略，计划以宴请为名，在席间亲手将吕壹杀死，然后再以命抵命，负荆请罪。只不过，吕壹事前得到了密报，称病没去赴宴，才保住了性命。

如今，听谢厷这么一说，吕壹彻底慌神了，不久便停止了对顾雍的追查。

主题：没了顾雍会怎样

聊友：谢厷 + 吕壹

时间：公元 238 年

语录：今日代顾公，恐明日便击君矣。

影响：顾雍最终躲过一劫。

启示：反其道而聊之，说不定更有效。

出处：《三国志·吴书·潘濬传》、《资治通鉴》卷七十四

如果说顾雍的过关纯属侥幸的话，那吕壹的被捕就实属必然了。吕壹以

一人之力去挑战群臣的行为，无疑可以称得上作死，一旦有几件诬告陷害的恶行被坐实，他就离死不远了。

说来也巧，最后负责审理吕壹的正是被他迫害过的顾雍。面对已是阶下囚的吕壹，顾雍的审问依然和颜悦色，即将结束时，他还关切地询问："你心里是不是还有什么要说的啊？"而此时的吕壹，只有磕头如捣蒜的份儿了。

顾雍云淡风轻，但一旁参加审讯的尚书郎怀叙却气不过，咬牙切齿地对吕壹痛斥个不停。这时，顾雍反而责备起了怀叙："国家自有法度公正地进行处置，你何必这样！"

> 主题：如何对待吕壹
> 聊友：顾雍 + 吕壹 + 怀叙
> 时间：公元 236 年
> 语录：官有正法，何至于此！
> 影响：给吕壹留面子就是给孙权留面子。
> 启示：打狗还要看主人。
> 出处：《三国志·吴书·顾雍传》、《资治通鉴》卷七十四

真的很难想象顾雍面对仇人时还能如此温文尔雅，也许这一半来自修养，另一半则来自克制，毕竟吕壹只是一条狗，打狗还要看主人，今天打死了这条狗，谁又知道明天主人会不会放另一条狗出来呢？

实际上，吕壹并不是第一条出来为害群臣的狗，只不过这次为害更大些而已。黄武初年，个性耿直、刚正不阿的吴郡人暨艳被孙权任命为尚书。作为负责人事考核工作的官员，暨艳一上任就对皇帝身边的郎官们进行了清理整顿，考察称职的不到十分之一，剩下的都被降职使用，有的甚至被清除出了士大夫的行列，变成了一名军吏。暨艳的这一做法，很快遭到了文武百官特别是豪门大族的弹劾，要知道，那些郎官绝大多数都是些"官二代""官三代"，这种横扫一大片的做法让人怎么受得了？于是，在一片声讨中，孙权对

暨艳进行了斥责。黄武三年（公元 224 年），暨艳自杀。

暨艳死了，一个叫隐蕃的人却出现了。黄龙二年（公元 230 年），青州人隐蕃从魏国"归义"到了吴国。凭借出众的口才，隐蕃不仅得到了孙权的赏识并被任命为负责刑狱的廷尉监，而且得到了左将军朱据、廷尉郝普等人的亲善，一时间，隐蕃府前车水马龙，宾客云集。然而，第二年十月，隐蕃却因为图谋发动叛乱被处决了。事后发现，隐蕃是曹魏派来的间谍。因为社交圈广，隐蕃给东吴士族带来了很大的麻烦；更麻烦的是，隐蕃临死前也没有供出同党，到底谁是同党？到底有多少同党？都不得而知。

不知道孙权是不是为了清除隐蕃同党而放出吕壹这条凶狗的，但吕壹的确把群臣祸害的不轻，经过这番折腾，东吴君臣之间的信任关系也大打折扣。认识到问题的严重性之后，孙权引咎自责，专门派中书郎袁礼向诸位大将表达歉意，并就时事兴革征求他们的意见。

然而，面对询问，将领们个个噤若寒蝉，纷纷以不掌管民事为由请袁礼去征询陆逊、潘濬的意见；而当袁礼去问陆、潘二人时，两人却都危惧不安、流泪不止。很明显，此时君臣之间的隔阂已经比三尺冰还厚了。

为了尽快冰释前嫌，孙权专门向诸葛瑾、步骘、朱然、吕岱等一干将领颁布了一封诏书。诏书中，孙权先是批评了众人"不肯便有所陈，悉推之"的消极态度，随后便开始了"深自刻怪"的自我检讨。

首先，孙权分析了君臣隔阂的原因。"惟圣人能无过行，明者能自见耳"，我也是一个人，我的专断对大家肯定是有所伤害，并且自己也没有察觉到，否则不会让大家如此顾忌和为难。

随后，孙权回顾了君臣多年的情义。我与诸位共事，从少到长，如今头发都花白了，咱们彼此之间无论内心还是外表都"足以明露"，无论公事还是私情都"足用相保"；咱们虽然"君臣义存"，实际上"犹谓骨肉不复是过"。一句话，咱们君臣"荣福喜戚，相与共之"。

最后，孙权发出了勇于直谏的号召。为了鼓励大臣们放胆直言，孙权以齐桓公与管仲为例，既发问又陈述，殷切之情溢于言表。发问方面，孙权直言："孤于齐桓良优，未知诸君于管子何如耳？"我比齐桓公更重视臣僚的谏言，你们与管仲又如何呢？略带批评之余，孙权也不忘拉近距离："同船济水，将谁与易？""共定大业，整齐天下，当复有谁？"说一千道一万，我们是在一条船上，为了一个共同的彼岸而努力。为此，孙权希望大家"忠不匿情，智无遗计"，"有过未尝不谏，谏而不得，终谏不止"，自己必定会"乐闻异计，匡所不逮"。

这是一封感人至深的诏书。诏书中，孙权直面问题，坦承错误，诚心诚意地希望各位重臣监督自己、帮助自己，身为一国之君能检讨到这种程度的确难能可贵。随着诏书的发出，东吴君臣之间又出现了和洽的局面，臣子们又敢于张口说话了。然而，令孙权没想到的是，接下来大臣们所讨论和谏言的，却几乎导致整个东吴的分裂。

原文节选：

时校事吕壹操弄威柄，奏按丞相顾雍、左将军朱据等，皆见禁止。

黄门侍郎谢厷语次问壹："顾公事何如？"

壹答："不能佳。"

厷又问："若此公免退，谁当代之？"

壹未答厷，厷曰："得无潘太常得之乎？"

壹良久曰："君语近之也。"

厷谓曰："潘太常常切齿于君，但道远无因耳。今日代顾公，恐明日便击君矣。"壹大惧，遂解散雍事。

——《三国志·吴书·潘濬传》

丞相雍至廷尉断狱，壹以囚见。雍和颜色问其辞状，临出，又谓壹曰："君意得无欲有所道乎？"壹叩头无言。

时尚书郎怀叙面詈辱壹，雍责叙曰："官有正法，何至于此！"

——《资治通鉴》卷七十四

后壹奸罪发露伏诛，权引咎责躬，乃使中书郎袁礼告谢诸大将，因问时事所当损益。礼还，复有诏责数诸葛瑾、步骘、朱然、吕岱等曰："袁礼还，云与子瑜、子山、义封、定公相见，并以时事当有所先后，各自以不掌民事，不肯便有所陈，悉推之伯言、承明。伯言、承明见礼，泣涕恳恻，辞旨辛苦，至乃怀执危怖，有不自安之心。闻此怅然，深自刻怪。何者？夫惟圣人能无过行，明者能自见耳。人之举措，何能悉中，独当己有以伤拒众意，忽不自觉，故诸君有嫌难耳；不尔，何缘乃至于此乎？自孤兴军五十年，所役赋凡百皆出于民。天下未定，孽类犹存，士民勤苦，诚所贯知。然劳百姓，事不得已耳。与诸君从事，自少至长，发有二色，以谓表里足以明露，公私分计，足用相保。尽言直谏，所望诸君；拾遗补阙，孤亦望之。昔卫武公年过志壮，勤求辅弼，每独叹责。且布衣韦带，相与交结，分成好合，尚污垢不异。今日诸君与孤从事，虽君臣义存，犹谓骨肉不复是过。荣福喜戚，相与共之。忠不匿情，智无遗计，事统是非，诸君岂得从容而已哉！同船济水，将谁与易？齐桓诸侯之霸者耳，有善管子未尝不叹，有过未尝不谏，谏而不得，终谏不止。今孤自省无桓公之德，而诸君谏诤未出于口，仍执嫌难。以此言之，孤于齐桓良优，未知诸君于管子何如耳？久不相见，因事当笑。共定大业，整齐天下，当复有谁？凡百事要所当损益，乐闻异计，匡所不逮。"

——《三国志·吴书·吴主传》

3.5 二宫之争——孙权对话陆逊

俗话说，英雄难过美人关。可比美人关更难过的却是后人关，美人可以左拥右抱，继承人选择却无法左顾右盼。

吴太元元年（公元 251 年），病愈后的陆抗即将从建业返回武昌，临别之际，大帝孙权动情地对他说了这样一番话："我过去听信了谗言，与你父亲之间的君臣大义没能够善始善终，为此也很对不起你。我前后讯问你的材料，要全部焚掉，不要让其他人看见。"一边说，孙权的眼泪一边往外涌，似乎再多的泪水也无法排遣自己的内疚与悔恨。

此时，孙权已经年逾古稀，掌管江东业已五十余年，称帝也已二十多年，能让这样一位见多历广、自信满满的君王深表懊悔的又是怎样一件往事呢？表示愧疚之后，孙权为什么还特意叮嘱陆抗要烧掉相关档案资料呢？

主题：对不起

聊友：孙权 + 陆抗

时间：公元 251 年

语录：前后所问，一焚灭之，莫令人见也。

影响：君臣关系又一次得到缓和。

启示：亡羊补牢，虽迟未晚。

出处：《三国志·吴书·陆抗传》、《资治通鉴》卷七十五

一切要从十年前说起。

赤乌四年（公元 241 年），年仅三十三岁的太子孙登病亡，吴国的权力体系中少了一块重要拼图。由于次子孙虑早在嘉禾元年（公元 232 年）就已经去世，孙权便按照长幼顺序，于第二年正月立第三子孙和为太子，一切都符合礼

制和传统，没有什么不妥。然而，就在同年八月，孙权又封自己"宠爱崇特"的第四子孙霸为鲁王，并且让他"犹同宫室，礼秩未分"，享受与太子孙和相同的待遇，这就有些耐人寻味了。皇帝到底是什么意思？是纯粹出于对孙霸的宠爱，还是在孙和、孙霸中间有所犹豫，抑或是有意让孙霸取而代之？

一开始，群臣还只是观察，日子一久，大家就按照各自的理解选边站队了。首先站到孙霸一边的是卫将军全琮。全琮的老婆是孙权的长女全公主孙鲁班，鲁班与太子孙和的母亲王夫人素来不和，鲁班曾经阻止过孙权立王夫人为皇后，这次她又开始诋毁孙和了。有一段时间，孙权由于年岁大了一病不起，便派太子孙和前往孙策的祭庙进行祈祷。巧合的是，太子妃张氏的叔父张休就住在庙的附近，孙和便顺道前去探望。这下，鲁班有话说了，她先是报告："太子不在庙中，而是专门到张休家商议什么事情去了。"随后又报告："王夫人看到陛下卧病在床，面有喜色。"表面上，鲁班只是在描述自己的观察，实际上却暗藏玄机，刻意曲解、无中生有不说，甚至把两个看似毫无关联的事件联系到一起，其中产生的"化学反应"自不必说。一个不忧反喜，一个鬼鬼祟祟，这两人想干什么？能干什么？结果，孙权暴怒，弄得王夫人忧虑而死，孙和也越来越不受待见。

同时，在鲁班的影响下，全琮也让自己的儿子全寄去侍奉鲁王孙霸。没多久，孙霸的身边就聚集起了全寄、吴安、孙奇等一帮党羽，吴安是孙权舅舅吴景的孙子，孙奇是孙权堂兄孙辅的孙子，这些人都能与孙权说上话，对朝廷官员也有影响力，他们常常捏造事实诬陷毁谤太子，一时间弄得太子在朝中灰头土脸。

看到这种情形，已经成为丞相的陆逊出手了。

最开始，陆逊劝说的是全琮。当全琮就儿子全寄随侍孙霸的事情写信征求陆逊的意见时，陆逊回信劝说他，不要担心自己的儿子没有机会，犯不着为了功名而卷入二宫之争。后来，当听说全寄还是攀附了孙霸时，陆逊更在给全琮的信中留下了"卿不师日䃅而宿留阿寄，终为足下家门致祸矣"的重话，就是说，你不向汉武帝时期金日䃅阻止儿子那样阻止全寄，早晚会为你家招来灾祸。

然而，此时的全琮又怎能听进去，即使听进去了又如何调头？不仅全琮家是这样，整个朝中文武官员也都面临着向左走向右站的选择，于是，从侍从到宾客再到大臣，"造为二端"，"举国中分"。

面对这种撕裂的局面，陆逊直接上疏孙权，陈述利弊："太子是正统，应该让他的地位像磐石一样牢固；鲁王是藩臣，在恩宠待遇上应该与太子有所差别。二人各得其所，朝廷上下才能趋于安宁。臣谨叩头流血向您禀告。"类似的奏疏陆逊上奏了三四次，并且还请求到京都当面向孙权陈述。然而，孙权不仅没有听进去他的这些话，甚至还把陆逊的外甥顾谭、顾承、姚信这些与太子亲近的人全给流放了，太子太傅吾粲更是因为与陆逊书信往来频繁而被关进大牢杀掉了。接下来，迎接陆逊的是一次次的斥责，每当宫中的使者来到武昌，陆逊就知道皇帝又想到新的申斥理由或者词汇了。吴赤乌八年（公元245年），陆逊在忧愤中去世，享年六十三岁。

陆逊死了，可孙权的怒气还没有消散。当陆逊的次子陆抗护送父亲的灵柩回到江东并按照礼制到京都向孙权谢恩时，孙权又用鲁王一党告发陆逊的二十件罪名讯问陆抗，并且不准他与任何宾客往来。面对宫中使者三番五次的盘问，二十岁的陆抗总是"无所顾问，事事条答"，看不出半点犹豫、遮掩和隐瞒。就这样，孙权心中的怒火才慢慢平息下来。

怒气消了，可眼前的问题还没有解决。面对朝臣的分裂，沉吟多年的孙权终于有所动作了。吴赤乌十三年（公元250年）秋，孙权幽禁了太子孙和。然而，令孙权始料未及的是，他的这一决定竟然引发了以骠骑将军朱据为首的一帮文武官员的集体进谏，大家把泥抹在头上并绑上自己，连日到宫门前请求释放孙和，的的确确地贯彻了当初孙权在诏书中所提出的"谏而不得，终谏不止"的要求。

这下，孙权骑虎难下了。他对身边的侍中孙峻说："兄弟之间不和睦，臣子们就会分党分派，就会造成袁家那样的失败，被天下人耻笑。假使立他们二人中的一个的话，怎么能不乱呢？"于是，孙权作出了最终的决定，废掉孙和的太子之位，同时赐鲁王孙霸死，紧接着是对双方支持者的清算，全寄、吴安、孙奇都被诛杀，朱据也被赐死。最终，在这场接近十年的争斗中，美玉与顽石同归于尽。

孙权之所以能够下如此狠手，还有一个重要原因，就是他已经物色出新的替代人选了。在孙和被确立为太子的第三年，六十多岁的孙权又添了一个儿子孙亮，对于这个幺儿，孙权格外宠爱与上心。在孙和、孙霸两败俱伤的情况下，孙权慢慢地就动了传位于他的念头。赤乌十三年（公元 250 年）十一月，九岁的孙亮被确立为太子。

除了新继承人，孙权所倚重的肱股之臣也发生了变化。随着创业功臣的陆续故去以及与大族关系的持续恶化，孙权似乎越来越依赖宗室成员和身边近臣了，这其中尤以侍中孙峻和中书令孙弘为甚，之所以会如此，既是因为他们长期在身边日久生情，某种程度上也是一种无奈。

当然，如果要完全摆脱对于大族的依赖也是不可能的。于是，我们看到了开头那段聊天中孙权对陆抗的道歉，看到了孙权为孙亮娶了全琮侄子全尚的女儿，还看到了诸葛家族的逆势崛起。

原文节选：

太元元年，就都治病。病差当还，权涕泣与别，谓曰："吾前听用谗言，与汝父大义不笃，以此负汝。前后所问，一焚灭之，莫令人见也。"

——《三国志·吴书·陆抗传》

3.6 诸葛家族的逆势崛起——诸葛瑾、诸葛恪对话孙权

青出于蓝而胜于蓝，这句话用在诸葛瑾的儿子诸葛恪身上无疑是恰切的。只是，不知道诸葛恪胜于诸葛瑾的是大智慧还是小聪明。

魏黄初二年（公元 221 年），孙权在给陆逊的一封书信中，曾经回忆起自己与诸葛瑾的一次聊天。

聊天发生在十多年前，当时仍在为借荆州而努力的刘备派诸葛亮来东吴做公关。望着风流倜傥的他方俊彦，垂涎欲滴的孙权找来了诸葛瑾，对他说："您与孔明是同胞兄弟，弟弟追随兄长，是顺理成章的事情，为什么不想办法把孔明留下来呢？孔明如果留下来和您在一起，我会写信向刘备解释，我想刘备会顺水推舟同意的。"很明显，孙权是在让诸葛瑾帮自己挖墙脚。

面对主公提出的要求，诸葛瑾说了这样一番话："我弟弟诸葛亮现在已经投身于刘备，双方有了君臣的名分，按照礼义不应该再有二心了。我弟弟不留在这里，就如同我不去刘备那里一样，是一个道理。"运用同理推导，诸葛瑾有理有据地拒绝了自己的老板。

事实上，这番对话不仅帮诸葛亮摆脱了被滞留的风险，也帮助诸葛瑾避免了被怀疑的风险。回到孙权与陆逊通信的时间点，此时刚登基不久的蜀汉皇帝刘备正在大举进攻荆州的征途上，而身为南郡太守的诸葛瑾这次却被传出与刘备暗通消息，阴谋不轨。要知道，南郡可是荆州的腹心所在，一旦诸葛瑾反水，整个荆州恐怕都危险了。

然而，面对流言，孙权却胸有成竹地说："我与诸葛瑾有死生不易的誓言，他不负我，就像我不负他一样。"多么熟悉的同理推导，君臣之间是怎样一种信任与默契。

主题：能不能挖墙脚
聊友：孙权 + 诸葛瑾
时间：公元 210 年左右
语录：弟之不留，犹瑾之不往也。
影响：孙权增加了对诸葛瑾的信任与认可。
启示：换位思考，同理推导。
出处：《三国志·吴书·诸葛瑾传》注引《江表传》、《资治通鉴》卷六十九

不过，就算孙权高度信任诸葛瑾，大臣们仍免不了为越传越凶的流言而担心，万一诸葛瑾被流言带入歧途怎么办？此时，连陆逊都忍不住上表孙权，认为诸葛瑾肯定不会暗通刘备，但孙权最好也要有所表示，以此解除诸葛瑾的疑虑。

自己对诸葛瑾没有疑虑，也相信诸葛瑾不会有疑虑，但没想到以陆逊为代表的大臣们却唯恐诸葛瑾有疑虑。于是，面对陆逊的疑虑，孙权回了上面那封信。信中，除了有与诸葛瑾的聊天记录，还有对诸葛瑾为人以及二人关系的评价。

孙权认为诸葛瑾与自己聊天时所说的话"足贯神明"，他必定是个"非道不行，非义不言"的正人君子，二人"从事积年，恩如骨肉"，"可谓神交"。一句话，既然对诸葛瑾绝对信赖，就没必要过多表示，否则就此地无银了。

最终，孙权并没有什么公开举动，而只是把陆逊的那份表章给了诸葛瑾。事后表明，诸葛瑾确实派亲信给刘备送过一封信，但信的内容是奉劝刘备以大局为重，把伐魏排在优先位置。

如果说早年的那次聊天令孙权印象深刻的话，那类似的聊天还有不少。

据载，诸葛瑾与主公孙权聊天时，从来不使用激烈的言辞，从来都是"微见风采，粗陈指归"，点到为止，一旦发现与孙权的意见不合，诸葛瑾就先转换话题，慢慢地再转回来通过类似的事情推出相同的道理，促使孙权改

变态度。

一次，孙权对一个叫殷模的人很不满意，甚至要处死他。群臣见状，纷纷求情，结果弄得孙权反而更加生气，即使原本有心赦免现在也变得不可能了。

此时，孙权把头转向了旁边默不作声的诸葛瑾，带着诧异的表情问道："子瑜，为何只有你一言不发？"

只见诸葛瑾起身恭敬地答道："我和殷模都在自己的州遭遇到了战乱，一时间生灵涂炭、哀鸿遍野，所以我们都抛弃了祖宗的坟墓，扶老携幼，披荆斩棘，投靠于您。"言下之意，殷模能到江东追随您，也是历尽了千辛万苦，没有功劳也有苦劳。

"我们从流亡他乡的贱民之中被您提拔、受您的恩惠，我未能亲自对殷模进行督促来报答您大恩的万分之一，以至于让殷模辜负了您的恩惠，这是我的错误啊。我乞求您宽恕我的过失还来不及，哪里还敢说什么呢？"遇事先从自身找原因，并且回望初心找原因，无形当中就帮殷模说了好话，同时也为老板搭好了台阶。

听了诸葛瑾的这番话，回想筚路蓝缕的创业历程，孙权不觉一阵悲伤怆然，于是主动说："我今天特地为你这番话赦免他。"

主题：如何救人

聊友：孙权+诸葛瑾

时间：不详

语录：特为君赦之。

影响：孙权增加了对诸葛瑾的信任与认可。

启示：多从领导的角度考虑问题，多从自身找原因。

出处：《三国志·吴书·诸葛瑾传》

区别于张昭的"义形于色"，有别于顾雍的"不言"和陆逊的"恳至"，诸葛瑾不仅有策略有技巧地劝谏了孙权，而且赢得了信任。建安二十四年（公元219年），诸葛瑾跟随吕蒙征讨关羽，占领荆州后，获封宣城侯并以绥南将军代吕蒙领南郡太守，驻守公安。黄武元年（公元222年），随着孙权获封吴王，诸葛瑾升迁为左将军、督公安，假节，封宛陵侯。七年后，孙权称帝，诸葛瑾官至大将军，领豫州牧。

实际上，为诸葛瑾加分的，不仅是他的性格，还有他的长子诸葛恪。

早在少年时代，诸葛恪就通过几次令人印象深刻的聊天，走入了孙权乃至整个东吴群臣的视野。

据说，诸葛瑾的脸长得很长，甚至比驴脸还长，于是大家时不时地就拿他的大长脸来找乐子。一次，孙权大会群臣，专门让人牵来了一头驴，驴脸上还挂了一个长字条，上书"诸葛子瑜"四个大字，群臣看了都大笑不止，搞得诸葛瑾既尴尬又无奈。

恰在此时，在场的少年诸葛恪跪下启奏："请陛下给我一支笔让我加上两个字。"在得到孙权的同意后，诸葛恪不慌不忙地在"诸葛子瑜"四个字后面加上了"之驴"二字。一时间，哂笑戛然而止；旋即，欣笑此起彼伏。于是，孙权把驴赐给了诸葛恪。

还有一次，孙权给诸葛恪出了一个难题，孙权问："你父亲和你叔叔哪个更有才能一些？"

诸葛恪回答："我父亲略优一筹。"

对此孙权倒有几分奇怪了，诸葛亮的才干可是人所共知的，你可不能为了维护父亲而枉顾事实，我倒要问个为什么。

面对孙权长长的疑问，诸葛恪的回答十分简短："我父亲知道该侍奉谁，而我叔叔却不知道，所以我父亲更优秀。"

也许诸葛亮有许多超过诸葛瑾的地方，但独独这一点是孙权无法反驳的，因为否定了它就是否定自己。于是，孙权高兴地大笑了起来。

主题：谁更优秀

聊友：孙权 + 诸葛恪

时间：不详

语录：父知所事，叔父不知，以是为优。

影响：诸葛恪在孙权面前加了分。

启示：发现无可反驳的那一点，将之放大。

出处：《三国志·吴书·诸葛恪传》

　　紧接着，孙权让年轻的诸葛恪为在座的大臣们依次斟酒劝饮。当他走到张昭面前时，张昭已经面带酒色，明确表示不肯再饮，并且说："这不是敬养老人的礼节。"

　　见此情形，孙权又给诸葛恪出了一道难题："你若能让张公理屈词穷，他就应当继续饮酒了。"

　　有了孙权的授意，诸葛恪随即对张昭进行了反驳："过去被周武王尊称为师尚父的姜子牙，即使九十多岁了，仍然执旗持钺指挥作战，也没有说自己年老。现在碰到带兵打仗的事，将军您待在后面；碰到饮酒吃饭的事，将军您排在前面，怎么能说是不敬养老人呢？"

　　这番话说得张昭哑口无言，只得将满满一爵酒一饮而尽。

主题：老人与酒

聊友：诸葛恪 + 张昭

时间：不详

语录：今军旅之事，将军在后，酒食之事，将军在先。

影响：诸葛恪在孙权面前又加了分。

启示：发现无可反驳的那一点，并将之上纲上线。

出处：《三国志·吴书·诸葛恪传》

　　还有一次，蜀汉派使者来访，群臣一起参加会见。看到陪坐的诸葛恪，孙权不知动了哪根弦，突然对使节说："这位诸葛恪平素最喜欢骑马，回去转告你们丞相，给他送匹好马过来。"

此时，还没等使者表态，一旁的诸葛恪就立即跪下拜谢。见此情形，孙权也有些发懵："马还没到你怎么就道谢了？"看你这猴急猴急的样子，要是马到不了，你不是白谢了！

只见诸葛恪回答："蜀国就像陛下在外边的马厩，如今下了诏令，好马必定送到，我怎么敢不谢恩呢？"

> 主题：谢主赐马
> 聊友：孙权 + 诸葛恪
> 时间：不详
> 语录：蜀者陛下之外厩。
> 影响：诸葛恪在孙权面前持续加了分。
> 启示：谢礼比收礼更重要。
> 出处：《三国志·吴书·诸葛恪传》

以上这些聊天，处处闪耀着少年诸葛恪的聪颖。

对于诸葛恪，孙权高度欣赏，他甚至还高兴地对诸葛瑾说："蓝田生玉，真不虚也。"于是，成语"蓝田生玉"由此诞生，并且成为贤父生贤子的最佳比喻。

凭着这份聪颖，二十岁的他就被孙权任命为骑都尉，并且让他与顾谭、张休、陈表一起陪同太子孙登读书论道，成为了太子身边的"四友"之一。太子孙登曾经专门让大笔杆子、侍中胡综创作过一篇《宾友目》，也就是自己宾客的目录简况，其中，对诸葛恪的评价是"英才卓越，超逾伦匹"，显然有些鹤立鸡群的意思。

这还不算，孙权还专门让他掌管军队的粮食供应，想以此考验他处理政务的能力。

然而，诸葛恪却十分讨厌政务中那些繁杂琐碎的文来文往，因此主动申请去丹杨郡担任长官，并且宣称要在三年内为孙权组建起一支四万人的作战部队。

在许多人看来，这是一项不可能完成的任务。丹杨郡的山民的确不少，但这些人都隐藏在险峻的山林之中，他们不仅习武善战，而且来去无踪，别说收服他们，就是找到他们都有些困难。

然而，孙权还是架不住诸葛恪三番五次的申请，将他任命为了抚越将军兼丹杨太守。

到任丹杨后，诸葛恪并没有为了组建军队而去进攻深山里那些目无王法的山民，而是把山脚下那些遵规守纪的居民集中起来实行军事化管理。同时，诸葛恪安排士兵在山边依托有利地形修筑防御工事，只防守而并不进攻，等到庄稼成熟了，这些士兵保护并帮助居民进行收割，实现颗粒归仓，确保不让山民掠走一粒粮食。

如此这样持续了两年，坐吃山空的山民们就待不住了，一开始是三三两两，后来是三五成群，最后是摩肩接踵地走出大山，接受招安，服从教化。

对此，诸葛恪不管这些山民以前做过什么恶，犯过什么罪，一律予以接纳。据载，臼阳县的县长就因为怀疑个别山民是否真心归服而被诸葛恪砍了脑袋。

就这样，诸葛恪在不到三年时间里就真的为孙权组建起了一支彪悍的野战部队。

如果说当年诸葛亮南征攻心为上的策略是为了给北伐提供稳固的大后方和稳定的兵源的话，那如今诸葛恪的做法也取得了异曲同工的效果。接下来，诸葛恪又主动请缨，申请率军屯田于庐江皖口（即皖河入江口，今安庆市大观区山口镇附近），直接插入对敌一线。对此，孙权高度赞赏，随即任命诸葛恪为威北将军，封都乡侯。

从后方到前线，从抚越到威北，诸葛恪改变的不仅是方位和称号，还有自己和家族的命运。

赤乌四年（公元241年），诸葛瑾去世了；赤乌八年（公元245年），陆逊去世了。随着这两位在荆州方向对敌将领的离去，诸葛恪升任为大将军，假节，驻守武昌统领荆州事务，这一年，诸葛恪四十三岁。如果说这一次火线入局对诸葛恪是一次重大机遇的话，那么七年之后，五十岁的诸葛恪将迎来他人生中的一次更大、更不可逆转的改变。

太元元年（公元251年）冬十一月，当初并不同意郊祀的孙权，终于在十九年之后在建业南郊举行了祭祀天地的仪式。然而，令人没想到的是这次郊祀却让孙权染上了严重的风疾，伴随他七十载的躯壳此时似乎已经无法支撑他桀骜的灵魂了。

太元元年十二月，孙权紧急把诸葛恪召入宫中，与他进行了一番简短但却相当关键的聊天。

内室之中，孙权向床边的诸葛恪下达了诏命："朕现在深为疾病所困，恐怕没有再见面的机会了，所有事情都托付给你了。"

听到这番嘱托，诸葛恪"歔欷流涕"地说："我们都深受皇恩，将以死奉行诏书，希望陛下安养精神，减少思虑，不要担心身体以外的事情。"

随即，孙权让诸葛恪以大将军的身份兼太子太傅，授予他除生杀大权之外的所有权力。

主题：孙权托孤

聊友：孙权 + 诸葛恪

时间：公元252年

语录：诸事一以相委。

影响：诸葛恪掌握了东吴的命运走向。

启示：有的事但凡有犹豫就不要去做。

出处：《三国志·吴书·诸葛恪传》注引《吴书》

原文节选：

恪父瑾面长似驴，孙权大会群臣，使人牵一驴入，长检其面，题曰诸葛子瑜。恪跪曰："乞请笔益两字。"因听与笔。恪续其下曰"之驴"。举坐欢笑，乃以驴赐恪。

……

他日复见，权问恪曰："卿父与叔父孰贤？"

对曰："臣父为优。"

权问其故，对曰："臣父知所事，叔父不知，以是为优。"

权又大嚇。

命恪行酒，至张昭前，昭先有酒色，不肯饮，曰："此非养老之礼也。"

权曰："卿其能令张公辞屈，乃当饮之耳。"

恪难昭曰："昔师尚父九十，秉旄仗钺，犹未告老也。今军旅之事，将军在后，酒食之事，将军在先，何谓不养老也？"

昭卒无辞，遂为尽爵。

后蜀使至，群臣并会，权谓使曰："此诸葛恪雅好骑乘，还告丞相，为致好马。"

恪因下谢，权曰："马未至而谢何也？"

恪对曰："夫蜀者陛下之外厩，今有恩诏，马必至也，安敢不谢？"恪之才捷，皆此类也。

——《三国志·吴书·诸葛恪传》

权嫌恪刚很自用，峻以当今朝臣皆莫及，遂固保之，乃征恪。

后引恪等见卧内，受诏床下，权诏曰："吾疾困矣，恐不复相见，诸事一以相委。"

恪歔欷流涕曰："臣等皆受厚恩，当以死奉诏，愿陛下安精神，损思虑，无以外事为念。"

权诏有司诸事一统于恪，惟杀生大事然后以闻。

——《三国志·吴书·诸葛恪传》注引《吴书》

第 4 章
朝不谋夕：从孙亮到孙皓

如果说孙权前半生所经历的是一个创业时代，后半生所经历的是一个守业时代，那他留下的则是一个败业时代。

败业的表现形式是杀戮，君臣相杀、骨肉相残、臣僚相诬，每个人都充满了强烈的不安全感；败业的行为特征是自大，诸葛恪伐魏、孙綝废主、孙皓迷信，每个人都认为自己掌握的是整个世界；败业的根本原因是焦虑，英主已逝，英才凋零，东吴可以聊赖的似乎只有长江、谶纬和无谓的折腾了。

4.1 聪明反被聪明误——诸葛恪对话滕胤、聂友

一个人犯错误往往出现在两个时候：重大成功时和重大失败后。

神凤元年（公元 252 年）夏四月，也就是托孤五个月后，七十一岁的孙权终于与这个他纵横驰骋了半个世纪的世界作别了，他挥挥手，只带走了一个叫"大皇帝"的谥号。由此，吴国进入了一个由诸葛恪主导的新时期。

实际上，在启动交班模式的时候，孙权对于是否将后事托付给诸葛恪是

相当纠结的。这种纠结一方面源于自己对诸葛恪的观察，一方面源于一定范围内的争议。早在诸葛恪还是孙登幕宾的时候，同为太子宾客的羊衜就认为诸葛恪"才而疏"，就是说诸葛恪虽然很有才干但却性格粗疏。后来，当诸葛恪主动申请治理丹杨时，他的父亲诸葛瑾曾经说过这样一番话："恪不大兴吾家，将大赤吾族也。"就是说，这小儿不会让我们全家大兴旺，反而要使我们全族大流血。

再后来，诸葛恪率军驻扎在了吴魏交界的皖口。一向颇有自信的他，不仅轻兵奇袭了魏国的舒县，而且把舒县的民众都裹挟到了吴国。小胜之下，诸葛恪又往远处侦察，准备夺取寿春。这下，孙权立刻叫停。寿春是什么地方？那可是整个江淮的中心城市，合肥也只是它的卫星城而已，如今诸葛恪要深入曹魏腹地，绕过合肥直取寿春，一旦被魏军包了饺子，损失的恐怕就不单单是诸葛恪那点人马的问题了。

对于诸葛恪的缺点，孙权的评价四个字："刚很自用"，意思是他因自信而固执，因自负而专断，根本听不进别人的意见。因此，当真正面临决策的时候，孙权反而变得举棋不定，最终还是身边的侍中孙峻帮忙下定了决心。孙峻说服孙权的理由就一个：当今朝堂除了诸葛恪之外再无别的合适人选了。于是，诸葛恪接下了"诸事一以相委"的重托。

不知道是因为放心不下还是为了利益平衡，孙权在托孤诸葛恪的同时，还任命中书令孙弘兼太子少傅、会稽太守滕胤为太常，此外一同接受重托的还有将军吕据和侍中孙峻，这五个人共同组成以诸葛恪为首的执政班底。

然而，在孙权的人事安排中存在一个致命的问题，一号人物诸葛恪与二号人物孙弘素来不和！于是，在孙权尸骨未寒之时，出现了这样一幕：身居内廷的孙弘封锁了孙权已逝的消息，准备矫诏杀掉诸葛恪；然而，孙峻却把孙弘的这个小心思报告给了诸葛恪；结果，诸葛恪以议事为名把孙弘找了来，当场诛杀。随后，年仅十岁的孙亮即位，大赦天下，改元建兴。不久，诸葛恪被任命为太傅，滕胤为卫将军，吕岱为大司马。

不过，除了铲除同僚这件事情略显"刚很自用"外，诸葛恪的其他作为倒是可圈可点。一当政，诸葛恪就下令停止了孙权时代监视官民的特务活动，免除了关税，缓免了百姓拖欠国家的税赋债务，这"三把火"无疑温暖了老百姓的心，以至于诸葛恪每次出行，百姓都"延颈思见其状"，都想一睹这位执政官的风采。

如果说这些简便易行的举措为诸葛恪赢得了民心的话，那么力挫曹魏的入侵则无疑将诸葛恪名声推向了云端。

吴建兴元年（公元252年）十二月，魏军十五万分三路进攻东吴，西路王昶取南郡，中路毌丘俭取武昌，东路胡遵、诸葛诞攻东兴（今安徽含山西南）。魏军主攻东路，兵力约七万人。东兴是东吴在濡须口的基础上依托濡须水上游的濡须山营建的又一重要基地，吴军不仅在山水之间修筑了名为东关、西关的两座关隘，而且建造了用于拦截船只、控制水流的大堤。一旦东兴失守，濡须口乃至建业都将成为敌人的攻击目标。有鉴于此，诸葛恪一得知消息就亲率四万人马，日夜兼程，驰援东兴。然而，还没等援军到达，魏军胡遵部就已经搭设浮桥抢占了大堤，并且对东关和西关发起了持续攻击。针对这一局势，诸葛恪果断命令冠军将军丁奉和吕据等一干将领担任前锋发起攻击。

接下来的故事，似乎有些传奇。丁奉接到命令后，亲自率领手下三千人快速突进，一鼓作气就杀到了大堤之下。面对漫天的雪花和高耸的大堤，丁奉命令兵士脱下铠甲，丢掉重武器，光着膀子，拎着尖刀和盾牌爬上大堤。看到吴军士兵这般近似送死的行为艺术，正在饮酒驱寒的魏军并没有立即整装迎击，而是嬉笑地看着敌人鱼贯般上了堤。随着一阵密集的鼓声和呐喊声，酒足饭饱的前部魏军硬生生被一群饥寒交迫的前锋吴军给击破了。随即，是整个东路魏军的溃散，抢渡浮桥被踩死的、浮桥断裂落水溺死的、主动投水没爬上岸的，死者数万人。最后，进攻南郡的王昶和进攻武昌的毌丘俭在听说东兴大败后，也紧急撤走了。东吴取得了这场自卫反击战的完胜。

严格来说，这次以少胜多的东兴大捷，首功应该属于丁奉；不过，诸葛恪作为果断英明统帅，却享有了所有的荣光。朝廷晋封诸葛恪为阳都侯，加授荆州、扬州州牧，督管全部军事事务。

如同当年在舒县小试牛刀之后跃跃欲试地要去进攻寿春一样，这次大捷更让诸葛恪雄心万丈，第二年一开春，他就把进攻魏国作为年度重点工作提上了日程。虽然有前面的胜利打底，但他的这一决定依然遭到了几乎所有大臣的反对。

卫将军滕胤劝谏说："您在新老皇帝更迭之际，领受商朝伊尹、汉朝霍光那样的重托，对内安定朝廷，对外摧毁强敌，名声威震海内，天下无不为之震动，万千百姓的心里都盼望能够因为您而得到安定。"一开始，滕胤先描绘了诸葛恪执政以来的初步成果和社会普遍的心理期待。言下之意，民心思定。

随后，滕胤揭示了贸然出兵的现实困难和潜在风险："如今大兴劳役之后，紧接着兴师出征，百姓疲惫，国力竭尽，而且魏国君臣早有防备。如果攻打城池不能取胜，野外作战又没有收获，那么不但会丧失以前的功劳，而且会招致后来的责备啊。"

进而，滕胤提出了自己的建议："不如停战息兵，伺机而动。况且，用兵是国家大事，大事就要依靠大众，众人如果都不乐意，您一个人搞得定吗？"

面对滕胤的形势分析和风险提示，诸葛恪显得颇为失望："那些说不可出征的人，都是些不去筹划计算只想着苟且偷安的家伙，而您现在也认为他们的观点是对的，我还能指望谁呢？"

接着，诸葛恪提出了自己的认识和判断："因为魏主曹芳智力愚昧、能力低劣，朝政大权掌握在司马氏手中，所以那里的臣属和百姓本来就有叛离之心。如今我动用整个国家的资源，凭借着战役胜利的威势，必定会无往而不利！"很显然，诸葛恪和滕胤看问题完全不在一个轨道上。诸葛恪看到的是敌人的短板和自己的长板，想要攫取的是更大的收益，而滕胤盯着的则是潜藏的风险和隐患。这样，当然聊不到一起去。

> 主题：是否伐魏
> 聊友：滕胤＋诸葛恪
> 时间：公元 253 年
> 语录：事以众济，众苟不悦，君独安之?
> 影响：诸葛恪一意孤行，执意伐魏。
> 启示：成功是失败之母。
> 　　　不要盲目扩大投资规模。
> 出处：《三国志·吴书·滕胤传》、《资治通鉴》卷七十六

滕胤说服不了诸葛恪，一向与诸葛恪往来密切、关系融洽的丹杨太守聂友也寄来了一封书信。信中，聂友说："先帝一直有遏制关东的想法，但始终未能施行。如今您辅佐新皇帝成就大业，实现先帝的遗志，贼寇远来自行送死，将士们凭借着您的威信和德政，舍身用命，一下子建立了非常之功，这岂不是宗庙神灵和国家社稷的福气吗?"一开始，聂友先把诸葛恪抗敌制胜的功绩大夸特夸了一番，同时隐隐地暗示这次成功有运气的成分在里面。

随后，聂友笔锋一转，切入了主题："根据目前的情况，适宜按兵不动、养精蓄锐、伺机而动。如今乘着胜利的势头，准备再次大举出动，时机上并不成熟。然而如果任性而为、意气用事，我内心为此很是不安。"

对于好友的善意劝说，诸葛恪的回复非常简短："您信中所说虽然符合人之常理，然而却没有看到大的运数（大数）。您仔细读读（熟省）我的文章，就会开窍醒悟（开悟）了。"

> 主题：是否伐魏
> 聊友：聂友＋诸葛恪
> 时间：公元 253 年
> 语录：今乘此势，欲复大出，天时未可。

> 影响：诸葛恪的偏执已经无可救药。
> 启示：天欲其亡，必先令其狂。
> 出处：《三国志·吴书·诸葛恪传》、《资治通鉴》卷七十六

"大数"？"熟省"？"开悟"？一切都在诸葛恪那篇晓谕众人的文章中。

在洋洋千言的文章中，诸葛恪开宗明义，一上来就提出了"天无二日，土无二王"的观点，并且认为"王者不务兼并天下而欲垂祚后世，古今未之有也"。就是说，在逆水行舟不进则退的生存竞争中，不可能有既不消灭对手又不被对手消灭的中间状态。

随后，诸葛恪列举了春秋时吴国放任越国变强、战国时六国坐等秦国吞并、近世时刘表坐观曹操消灭袁氏等事例，认为如果消极等待，即使"祸不在己"，也会"则在后人"，因此"不可不为远虑也"。

那么，什么是远虑呢？紧接着诸葛恪对魏蜀吴的力量消长进行了综合比较和长期段的预测。首先看领土面积，"今以魏比古之秦，土地数倍；以吴与蜀比古六国，不能半之"；其次看人口趋势，"若复十数年后，其众必倍于今，而国家劲兵之地，皆已空尽"，"若贼众一倍，而我兵损半"，魏国军民增加一倍，吴国军民减损一倍，仗就没法打了；最后看眼前机遇，魏国劳动力人口还没有恢复，司马氏也尚未稳住局势，"圣人急于趋时，诚谓今日"。

谈完历史教训和长远考虑，诸葛恪又谈到了自己。他觉得自己虽然"智与众同，思不经远"，但如果不趁现在为国家开疆拓土，等到自己老了，敌人强大了，就算"刎颈谢责"，也于事无补。接着，诸葛恪又举出刘邦不坐享安乐而出兵攻楚的例子，提出刘邦集团"岂甘锋刃而忘安宁哉？"的设问，进而作出"虑于长久不得两存者耳！"的回答。

最后，诸葛恪又举出两汉之间荆邯劝说公孙述进取中原、几十年前叔父诸葛亮上《出师表》的例子，来类比自己"夙夜反侧"的心情，拳拳报国之志溢于言表。

通过这篇文章，诸葛恪既分析了敌我形势，又表达了政策主张，还抒发了内心强烈的使命感和责任感，假如此后伐魏成功，这篇文章无疑将至少与他叔父的《出师表》相媲美。然而，接下来倾全国之力而进行的征伐却意外地止步于合肥新城，二十多万人马攻了几个月，除了腹泻、脚肿等疫病，竟然一无所获，死伤者更是遍地皆是。无奈之下，诸葛恪怏然撤退。

很难想象一个"刚很自用"、从未失败过的天才，在经历人生第一次失败而且是重大失败后，是怎样的一种心情。史书上能看到的是这样一种变化：在撤退途中，面对士兵们被俘、伤病、饥馑、哀号的各种惨境，他"晏然自若"；撤退之后，他并没有立刻回建业，而是在长江中的一个小洲上待了一个月，甚至还要去浔阳（今江西九江市）置办田产；回到建业后，他不仅更加固执和威严，而且频繁更换宫廷、衙署的文武官员，甚至还准备向青州、徐州发起攻击。

总之，诸葛恪愈来愈不可接近和捉摸了。

原文节选：

恪将悉众伐魏。

胤谏恪曰："君以丧代之际，受伊、霍之托，入安本朝，出摧强敌，名声振于海内，天下莫不震动，万姓之心，冀得蒙君而息。今猥以劳役之后，兴师出征，民疲力屈，远主有备。若攻城不克，野略无获，是丧前劳而招后责也。不如案甲息师，观隙而动。且兵者大事，事以众济，众苟不悦，君独安之？"

恪曰："诸云不可者，皆不见计算，怀居苟安者也，而子复以为然，吾何望焉？夫以曹劳暗劣，而政在私门，彼之臣民，固有离心。今吾因国家之资，借战胜之威，则何往而不克哉！"以胤为都下督，掌统留事。

——《三国志·吴书·滕胤传》

丹杨太守聂友素与恪善，书谏恪曰："大行皇帝本有遏东关之计，计未施行。今公辅赞大业，成先帝之志，寇远自送，将士凭赖威德，出身用命，一旦有非常之功，岂非宗庙神灵社稷之福邪！宜且案兵养锐，观衅而动。今乘此势，欲复大出，天时未可。而苟任盛意，私心以为不安。"

恪题论后，为书答友曰："足下虽有自然之理，然未见大数。熟省此论，可以开悟矣。"

于是违众出军，大发州郡二十万众，百姓骚动，始失人心。

——《三国志·吴书·诸葛恪传》

4.2 成就你的往往也是毁灭你的——孙峻对话诸葛恪

无论是成就你还是毁灭你，其实都是在利用你。成就你有成就你的价值，毁灭你也有毁灭你的理由。

当诸葛恪的车子停在宫门外时，侍中孙峻突然有一种莫名的担心：如果诸葛恪临时改变主意，掉转车头打道回府，那所有的准备就前功尽弃了，搞不好事情泄漏，自己也将身首异处。

为了消除诸葛恪的顾虑，孙峻索性一不做二不休，径直走出宫门，关切地对诸葛恪说："使君您如果贵体欠安，自然可以以后再觐见，我如实向皇上报告就可以啦。"

听到孙峻这番话，诸葛恪反倒觉得自己多疑多虑了，于是回答道："不碍事，我能自己走进去。"

在他即将进入正殿时，散骑常侍张约、朱恩递来了一张字条："今天这场宴席非同寻常，怀疑有其他缘故。"看到这条预警信息，诸葛恪立刻转身，往宫外疾走。

　　然而，事情往往就是这样凑巧，诸葛恪还没走出最里面那道宫门，就碰上了太常滕胤。不打招呼是不合适的，要打招呼就要解释一下自己离开的原因："我突然感到腹痛，不能强忍着进去了。"

　　此时，滕胤并不知道孙峻的计划，便对诸葛恪说："您自从出征回来还没有拜见过皇帝，今天皇帝置酒设宴请您，您都已经到宫门口了，再疼也该扛着进去一下。"

　　从滕胤的话语中，诸葛恪看不出任何异样。再说，事情说不定就是滕胤说的那样。于是，诸葛恪犹豫了一会，最终还是佩剑穿鞋走进了大殿。

　　拜谢完皇帝孙亮，诸葛恪坐到了自己的座位上，侍者上前斟满了美酒。对于面前的这杯酒，诸葛恪没有丝毫要举杯饮下的意思。孙峻看在眼里，殷勤之情挂在嘴上："使君您的病尚未痊愈，应当自带了经常服用的药酒，您自行取来饮用便是。"

　　看到孙峻如此体贴，诸葛恪焦虑的心神终于安稳了一些，于是便放心地喝起了自己带来的酒。酒过数巡，略显疲态的孙亮起身回了内殿，孙峻也起身如厕。

　　当孙峻再次返回这顿酒局时，已经脱掉了长衣，换上了短服。如此干净利落的短装，莫非还想再大喝一场？醉眼蒙眬的诸葛恪还未来得及一问究竟，孙峻已经先说话了："有诏书拘捕诸葛恪！"

　　这下，诸葛恪清醒了，惊讶之间一边起身一边拔剑。可是，身体还未站直，佩剑还未拔出，孙峻的刀就接二连三地砍了过来。之前给诸葛恪递条子的张约此时也在现场，看到这种情形，他立刻从一旁去砍杀孙峻。结果，张约砍伤了孙峻的左手，孙峻却砍断了张约的右臂。

　　主题：诱杀诸葛恪
　　聊友：孙峻＋诸葛恪
　　时间：公元 253 年
　　语录：自可。
　　影响：孙峻诛杀诸葛恪并开始掌控东吴命运。

启示：要相信自己的判断而非别人的甜言。

出处：《三国志·吴书·诸葛恪传》、《资治通鉴》卷七十六

剩下的时间就没有任何悬念了，诸葛恪死于乱刀之下，带来的兵士全部倒戈，孙峻命人打扫完地面上的血迹后，重新摆上了宴席。如果说上一场宴席是鸿门宴的话，那这一场无疑是庆功宴。

一年多以前，正是在孙峻的力荐下诸葛恪才成为东吴的首席辅政大臣，也正是在孙峻的告密下诸葛恪才成功诛杀孙弘，如今，这个成就他的人却成了毁灭他的人。当然，孙峻有孙峻的理由。成就诸葛恪就是成就吴国，毁灭诸葛恪也是成就吴国。

随着诸葛恪的消失，为君除害的孙峻迎来了自己的高光时刻。三十五岁的他先是被推举为太尉，随后又被群臣表荐为丞相、大将军，督中外诸军事。与诸葛恪相比，孙峻在名义上无疑拥有了更大的权力，然而单一的履历、浅短的资历都使孙峻充满了不安全感，他的权力来源于天子，要想保有权力首先就必须确保天子地位的巩固与安全。权力与安全、天子与自己犹如一枚硬币的两面，必须紧紧把硬币抓在手中。于是，孙峻与全公主鲁班以及全尚家族结成了联盟，而对于可能产生威胁的其他宗室成员乃至世家大族予以残酷打击。吴建兴二年（公元 253 年），废太子孙和被赐死；吴五凤元年（公元 254 年），故太子孙登的儿子吴侯孙英因为密谋诛杀孙峻，事情败露后被迫自杀；吴五凤二年（公元 255 年），宗室成员、将军孙仪等人密谋诛杀孙峻，因事情败露被迫自杀，受牵连而被杀的有数十人，其中包括孙权的小女儿朱公主孙鲁育。这下，孙峻似乎安全了，甭管有多少暗流涌动，一切都在他的掌控之中。

太平元年（公元 256 年），完成安内任务的孙峻开启了攘外的征程，策划多路并进，涉足淮河、泗水一带，以便谋取青州、徐州。然而，当孙峻来到石头城为众将士摆酒送行时，望着整齐的军阵，他内心的不安全感又滚滚袭

来。很快,他推说自己心口痛而迅速离开了军营;很快,他又梦见自己被诸葛恪所击杀;再很快,忧惧之中的孙峻病死了,终年三十八岁。

原文节选:

　　及将见,驻车宫门,峻已伏兵于帷中,恐恪不时入,事泄,自出见恪曰:"使君若尊体不安,自可须后,峻当具白主上。"欲以尝知恪。

　　恪答曰:"当自力入。"

　　散骑常侍张约、朱恩等密书与恪曰:"今日张设非常,疑有他故。"

　　恪省书而去。未出路门,逢太常滕胤,恪曰:"卒腹痛,不任入。"

　　胤不知峻阴计,谓恪曰:"君自行旋未见,今上置酒请君,君已至门,宜当力进。"恪踌躇而还,剑履上殿,谢亮,还坐。

　　设酒,恪疑未饮,峻因曰:"使君病未善平,当有常服药酒,自可取之。"

　　恪意乃安,别饮所赍酒。

——《三国志·吴书·诸葛恪传》

4.3 予人机会,自己才有机会——孙綝对话群臣、孙休对话孙綝

废黜孙亮,孙綝够狠够快;铲除孙綝,孙休够稳够快。

　　孙峻临死前,把后事托付给了自己的堂弟孙綝。于是,二十六岁的孙綝从偏将军迅速升迁为侍中、武卫将军,统领内外军事,主持朝中政事。

孙綝的突然掌权立刻激起了骠骑将军吕据的不满。当时，正率军北上伐魏的吕据联合多名将领共同上表推荐自己的连襟、高密侯滕胤为丞相，摆明了要向孙綝夺权。吕据是东吴创业元勋吕范的儿子，滕胤父辈就渡江南下，算得上是江东大族，二人都是当年孙权指定的也是目前仅存的托孤重臣，他们的联手一时间引起很大的震动。

不过，孙綝最终还是通过威逼利诱、各个击破的方式平息了这场叛乱，甚至诛灭了吕据和滕胤的三族。

原本孙綝还有些如履薄冰、诚惶诚恐，没想到刚上台就管控住了如此大的危机，于是他迅速升迁自己为大将军，假节，封永宁侯。永宁，永宁，永远安宁。此后，孙綝开始"负贵倨傲，多行无礼"起来。其中，孙綝最倨傲无礼的行动就是废黜皇帝孙亮。

吴太平二年（公元257年）四月，十五岁的孙亮亲临正殿，开始亲自执政。许多迹象表明，孙亮虽然年龄不大，但却是一个既有想法又能实现想法的君主。在翻阅孙权时期的文献资料后，他对左右说："先帝经常亲自书写诏书，如今大将军奏事，为什么我只有签字画圈的份儿？"不久，孙亮就在军队子弟中选拔了三千多名十五岁以上、十八岁以下的少年，同时从将校子弟中选出了一批孔武有力者，让他们领兵，每天都在宫苑之中训练。看着这支队伍，孙亮心气颇高地说："我建立这支军队，就是想与他们一起成长。"

对于小皇帝的种种举动，孙綝当然有所察觉，为此他也采取了一系列预防措施。一是为了以防不测从此称病不朝，二是把宫中乃至整个京城的戍卫军军官全部变成自己的亲信。此时的孙綝如一条蟒蛇，一边蛰伏于府中，一边警觉地观察着周围的一举一动。

不久，孙綝的安防系统就拉起了警报。令人略感意外的是，前来向孙綝报信的不是别人，而是自己的姐姐。这位孙姐姐还有一个身份：全尚的妻子，也就是孙亮的岳母。

事情的经过是这样的。逐渐了解了孙峻和孙綝的恶行后，孙亮暗地里与全公主孙鲁班等一批人准备除掉孙綝，想干成这样一件大事肯定少不了要叫上自己的岳父——已经担任太常、卫将军的全尚。吴太平三年（公元258年）九月的一天，孙亮悄悄把自己的想法告诉了全尚的儿子也就是自己的小舅子全纪，让全纪转告全尚，并且嘱咐全纪千万不要让他的母亲知道，否则后果不堪设想。按照孙亮的吩咐，全纪一五一十地把诏命报告给了全尚。然而，全尚却完全没有保密意识，很快就把这一密谋告诉了自己的妻子。权衡之下，这位孙姐姐抛弃了自己母亲加妻子的身份，走进了弟弟的府中。于是，孙綝不再宅在家中当宅男了。

连夜派兵袭击并扣押了全尚后，孙綝派人包围了皇宫，完全掌握了局势。随后，孙綝派光禄勋孟宗祭告太庙，废孙亮为会稽王。完成这些步骤后，孙綝把群臣召集到了一起。

孙綝对大家说："小皇帝荒唐多病，昏聩迷乱，不配身居皇帝大位，更不配接续宗庙的祭祀，我已经禀告过先帝将他废黜。各位臣公如果有不同意见，就请说出来。"

看孙綝这架势，哪里是让大家集体商议，这时候谁还敢提出异议。震怖之下，大家异口同声地说："唯将军是从。"

主题：废黜孙亮
聊友：孙綝＋群臣
时间：公元258年
语录：诸君若有不同者，下异议。
影响：孙綝履行了废黜孙亮的一道手续。
启示：程序还是要走的。
出处：《三国志·吴书·孙綝传》、《资治通鉴》卷七十七

废了一个，就要再来一个。这次，孙綝选择了孙权的第六个儿子琅琊王孙休。吴太平三年（公元258年）十月十八，二十四岁的孙休即皇帝位，改年

号为永安。

此时，孙綝反倒摆出了一副功成身退的姿态，自称是草莽之臣，亲自来到皇宫，交上印绶、节钺，请求引退。面对孙綝这种以退为进的做法，孙休自然是好言慰谕，不仅不同意他的请求，而且任命他为丞相兼荆州牧，增加封邑五个县。同时，孙綝的兄弟和死党们也一同加官进爵。而孙休除了把自己在琅琊王时的亲信张布由长水校尉升迁为辅义将军、不久又升为左将军之外，并没有安排任何自己人。很明显，孙休深知自己的真实处境。

然而，即使这样，孙休与孙綝之间还是产生了一些矛盾。十月底，孙綝带着牛和酒去送给皇帝孙休，但孙休却严格按照君主对待臣子的礼制，并没有接受这些礼品。尴尬之下，孙綝把东西又拿到了左将军张布的家中，并且在张布家喝起了大酒。借着酒兴，孙綝宣泄了自己的不满："当初废掉少主孙亮时，很多人劝我自立为君；但我认为陛下贤明，因此把他迎了过来。没有我他怎么能当上皇帝，如今我送礼却被拒，真把我当成一般臣子了！说不定哪一天我就再立别人。"

当张布把这些话报告给孙休时，孙休采取了两手措施：一则玩命赏赐孙綝，使其更加安心；二则以孙綝事务繁多为名，让他的弟弟孙恩兼任侍中，分担他的工作。对于皇帝这种削权加离间的套路，孙綝自然心知肚明，但自己刚刚废掉了一个皇帝，总不能马上又废掉一个吧？思来想去，三十六计走为上计，孙綝向皇帝提出了外出镇守武昌的请求，如此进可攻退可守，不失为一种良策。

对于孙綝的请求，孙休表面上有求必应、全数满足，私下里却找来张布，谋划着除之而后快。

面对皇帝这边势单力薄、孤掌难鸣的情形，张布提出了自己的建议："丁奉虽然不能像文臣那样处理具体政务，但是他的计谋和胆略都超过常人，能够决断大事。"

随后，孙休秘密召见了丁奉，恳切地对他说："孙綝手握国家威权，即将图谋不轨，我打算和将军一起将他诛杀。"

看到皇帝如此开门见山，丁奉也没有拖泥带水："孙綝身为丞相，兄弟同党势力甚强，用一般的办法难以一举将他拿下。可以利用十二月初八腊日朝会的时机，命守卫大殿的亲兵将其诛杀。"

丁奉的办法虽然简单，但是切中要害，多快好省。于是，孙休依计而行。

> 主题：诛杀孙綝
> 聊友：孙休＋张布＋丁奉
> 时间：公元259年
> 语录：计略过人，能断大事。
> 影响：孙休获得强援。
> 启示：快刀才能斩乱麻。
> 出处：《三国志·吴书·丁奉传》、《资治通鉴》卷七十七

永安元年（公元258年）十二月初七，建业城中纷纷谣传第二天的腊日会有变故发生，孙綝听到了，生出一番紧张和不悦。当天晚上，狂风大作，道路上横躺着被大风拔起的树木，天空中满是扬起的沙尘，看到这幅情景，孙綝更加恐慌了。于是，朝会当天，孙綝以身体不适相推脱。

面对这种情形，孙休"强起之"，反复派出使者前往催促，一拨不行再派一拨，前前后后派出十多批使者，不得已，孙綝准备入宫。入宫前，面对手下人的劝阻，孙綝说："皇帝几次三番发出诏令，不好推辞。你们可以事先部署好人马，让府邸起把火，这样我就好找借口迅速回来了。"

孙綝的应急方案还算周到，但一入宫门，事情就由不得他了。看着因为家中起火而忧心忡忡的孙綝，孙休不紧不慢地说："外面自然有很多士兵会去灭火，不值得烦劳丞相。"

看到口头申请已经不起作用，孙綝直接起身离席，径直就往外走。

　　孙綝不走还不要紧，这一走，直接加速了抓捕进度。此时，早已等候多时的侍卫们在丁奉、张布的示意下，冲上来就把孙綝给绑了。

　　接下来，就是孙綝与孙休的聊天时间了。

　　孙綝叩头求饶："我愿意被流放到交州。"

　　"你当初为什么没有流放滕胤、吕据？"孙休回答。

　　"我愿意没身充当官家的奴隶。"孙綝接着请求。

　　"为什么没有让滕胤、吕据没身充当官家的奴隶！"孙休回答。

　　话聊到这份儿上，还有什么可聊的。随即，孙綝被就地正法。之后，孙綝被诛灭三族，孙峻的坟墓也被掘开，取出印绶，削薄棺木，然后重新填埋。

　　从十月十八即位到十二月初八诛杀孙綝，孙休成功的关键就是能忍、够快。

主题：诛杀孙綝

聊友：孙休＋孙綝

时间：公元258年

语录：何不以胤、据为奴乎！

影响：孙綝集团覆灭。

启示：给别人机会自己才有机会。

出处：《三国志·吴书·孙綝传》

原文节选：

　　使光禄勋孟宗告庙废亮，召群司议曰："少帝荒病昏乱，不可以处大位，承宗庙，以告先帝废之。诸君若有不同者，下异议。"

　　皆震怖，曰："唯将军令。"

　　綝遣中书郎李崇夺亮玺绶，以亮罪状班告远近。尚书桓彝不肯署名，綝怒杀之。

　　　　　　　　　　　　　　　　——《三国志·吴书·孙綝传》

孙休即位，与张布谋，欲诛孙綝，布曰："丁奉虽不能吏书，而计略过人，能断大事。"

休召奉告曰："綝秉国威，将行不轨，欲与将军诛之。"

奉曰："丞相兄弟友党甚盛，恐人心不同，不可卒制，可因腊会，有陛下兵以诛之也。"

休纳其计，因会请綝，奉与张布目左右斩之。迁大将军，加左右都护。

——《三国志·吴书·孙綝传》

永安元年十二月丁卯，建业中谣言明会有变，綝闻之，不悦。夜大风发木扬沙，綝益恐。戊辰腊会，綝称疾。休强起之，使者十馀辈，綝不得已，将入，众止焉。綝曰："国家屡有命，不可辞。可豫整兵，令府内起火，因是可得速还。"遂入，寻而火起，綝求出，休曰："外兵自多，不足烦丞相也。"綝起离席，奉、布目左右缚之。

綝叩首曰："愿徙交州。"

休曰："卿何以不徙滕胤、吕据？"

綝复曰："愿没为官奴。"

休曰："何不以胤、据为奴乎！"

遂斩之。

以綝首令其众曰："诸与綝同谋皆赦。"放仗者五千人。闿乘船欲北降，追杀之。夷三族。发孙峻棺，取其印绶，斫其木而埋之，以杀鲁育等故也。

——《三国志·吴书·孙綝传》

4.4 你总是心太软——李衡对话习英、孙休对话张布

孙休是个好人，但不是一个强人。

孙綝集团的覆灭使东吴有了一个拨乱反正的机会，天子孙休并没有错过这一机会。

斩杀孙綝后，孙休对外宣布："诸与綝同谋皆赦。"就是说，所有与孙綝同谋的人一律赦免。据载，为此放下兵器请求投诚的人有五千之众。

如果说对孙綝部众的赦免是为了避免动荡、稳定大局的权宜之计的话，那么对丹杨太守李衡的赦免则似乎更具有指标意义。

孙休与李衡发生交集是在诸葛恪执政时期。当时，诸葛恪不想让诸侯王们居住在长江沿线的战略要地，于是便将琅琊王孙休从虎林城（今安徽贵池市东北）迁到了丹杨郡，于是便遇到了丹杨太守李衡。这位李太守，是个严格执法、办事认真的主儿，每每看到孙休有什么不合法度的行为，李衡就"以法绳之"。结果弄得孙休苦不堪言，只得上奏书请求迁往他郡，惹不起我还躲不起吗？没多久，孙休就迁往了会稽郡。这期间，对于李衡对孙休的严管，据说连李衡的妻子习英都有点看不下去了，屡屡奉劝丈夫手下留情。由此可想而知，在这段不长的时间里，李衡究竟给孙休留下了多少不愉快的记忆。

等到孙休继承帝位后，李衡惶恐了，害怕了，颇为后悔地对妻子说："当初我没听你的话，以至于到了如此地步。"说着，李衡便打算逃去魏国。

看到丈夫如此乱了方寸，习英立即阻止道："千万不可！"

随即，习英冷静地为丈夫进行了分析："你本是一介庶民，是先帝孙权破格提拔了你。你既然多次做出无礼之事，现在又因为自己心中打鼓而要逃亡到故国以求活命，这样子即使到了北方，还有什么脸面见中原的人呢？"言下之意，一旦逃走，横竖你都难做人。

听了妻子这番话，李衡也逐渐清醒了，进而问道："你有什么主意？"

此时，只听习英说道："新皇帝在做琅琊王时就一向施德行善、注重名誉，他想示恩显名于天下，一定不会因为私人嫌隙而杀你，这一点是十分明确的。"首先，习英把丈夫的心重新放回了肚子里。

"你可以把自己囚禁起来，上表给他，明确承认自己的过失，请求处罚。这样的话，他不但不会处罚你，甚至还会优待于你，远不是你能不能活命的事儿了。"紧接着，习英又给丈夫吃了颗大大的定心丸。

听了妻子的话，李衡茅塞顿开，立刻如法炮制。结果，他不但没有被惩罚，反而被封为威远将军。

> 主题：如何化险为夷
> 聊友：李衡＋妻子习英
> 时间：公元 258 年
> 语录：方欲自显于天下，终不以私嫌杀君明矣。
> 影响：李衡不仅保住了性命，反而因祸得福。
> 启示：反面典型也可以因势利导地进行正面宣传。
> 出处：《三国志·吴书·三嗣主传》注引《襄阳记》、《资治通鉴》卷七十七

孙休明白，宽宥官员李衡和孙綝余党仅仅是个开始，要想振兴国家，需要做的还有很多很多。于是，接下来孙休又出台了不少有利于国计民生的政策。第一项政策是"敦王化""隆风俗"。除掉孙綝不久，孙休就颁布了一道诏书，认为古代建国都是以"教学为先"，现在为了培养人才，要按照古代的办法设置学官和五经博士，同时鼓励官吏的子弟中"有志好者"去学习并考取功名。事实上，孙休不仅号召国人，自己更是身体力行。据载，他不仅"锐意于典籍"，而且准备"毕览百家之言"。第二项政策是"广开田业，轻其赋税"。永安二年（公元 259 年）三月，针对"租入过重，农人利薄"导致的良田荒芜、存粮减少、商贾盛行的局面，孙休下诏，以轻徭薄赋、区分劳动力

强弱、核查土地田亩、划清公私界限等一系列政策鼓励官民大兴农桑，以此达到"偃武修文，以崇大化"的目的。

以上政策举措如果能得到有效实施，想必能对吴国的国力恢复起到很大作用，然而，实际情况却是不仅上述政策没有得到贯彻落实，甚至连孙休本人举办的读书会都受到了干涉。干涉孙休的不是别人，正是他身边最亲近的大臣张布。

话说孙休酷爱读书，一个人读不过瘾，于是便把博士祭酒韦曜和博士盛冲召入宫中，三个人组成了一个读书小组，一起"讲论道艺"，切磋学问。原本，皇帝读书不是什么坏事，但左将军张布却异常紧张。没错，皇帝读书对国家不是什么坏事，但对张布来说却又绝不是一件好事。为什么？因为陪皇帝读书的这两位都是直肠子，保不齐哪一天就把自己干的那些不能让皇帝知道的事情给抖搂出来了。这怎么行？！于是，张布开始找各种借口阻止皇帝的读书会。

面对张布言辞恳切的劝谏，皇帝孙休的回答也十分坦诚："我涉猎学问，群书基本上都读了一遍，看到的东西不算少，什么明君暗主、奸臣贼子以及古今贤愚成败的事情也都了然于胸。现在让韦曜等人入宫，只是想与他们进一步讨论一下所看过的内容，并不是跟着他们从头学起。既然这样，又有什么损害呢？"一上来，孙休先解释了自己举办读书会的目的：自学在先，互学在后；以我为主，兼收并蓄，言下之意，韦曜他们影响不了自己。

"您特别担心韦曜等人说一些臣下的奸乱之事，因此不想让他们入宫。其实像这样的事，不听他们讲我也已经知道了，他们入宫根本不会造成什么危害，只是您自己心里有所顾忌罢了。"很明显，孙休对于张布心中的小九九洞若观火。

听到皇帝的这番话，张布立刻诚惶诚恐地谢罪认错，随即又重新申述自己的看法，以自己担心读书会会妨碍政事为理由再次劝阻皇帝。

看到张布如此强词夺理，孙休有些不高兴了："读书这件事，怕的是人不喜欢读，只要喜欢读就不会有害处。一件本来没有什么害处的事情，您却认为不合适，所以我要跟您说道说道。政务与学术，其源流各不相同，相互也并不妨碍。没想到你今天在这件事情上竟然如此胡搅蛮缠，实在是不应该呀！"很明显，孙休是真生气了！

聊天聊到这个时候，既理亏又词穷的张布只有一言不发、玩命叩头的份儿了。

看到张布这副惊慌失措的样子，孙休反倒有些过意不去了，于是缓颊道："姑且开悟您罢了，何至于叩头呢？您的忠诚，远近皆知。过去我们相互感悟激励，就是为了今日的伟大事业。诗经上说'靡不有初，鲜克有终'，善始容易善终很难，希望您能做到善始善终。"

很明显，这场论辩无论在论点、论据、论证乃至气势上，皇帝孙休都处于上风，最终完爆大臣张布。最后，本着友谊第一、比赛第一的原则，孙休还释放出善意，既展示了竞技水平又展现了风格风范。

主题：读书小组

聊友：孙休＋张布

时间：公元262年

语录：书籍之事，患人不好，好之无伤也。

政务学业，其流各异，不相妨也。

影响：孙休过度迁就近臣，以致大权旁落。

启示：军国无小事。

出处：《三国志·吴书·三嗣主传》、《资治通鉴》卷七十八

按理说，既然孙休排除了干扰，说服了张布，今后韦曜、盛冲等人入宫就是顺理成章的事儿了，可是出人意料的是，此后韦曜等人却再也没有与皇帝共同读过一次书，讨论过一次学术问题。这又是为什么呢？

作为一位深谙历代掌故的饱读者，孙休对于张布心中的担忧和盘算当然

心知肚明，自然也很不高兴，但把所有这些负面感观加起来，也抵不过张布多年来与自己的感情。张布是孙休做琅琊王时的左右将督，也就是左左右右忙前忙后的那个人，跟自己来到京城的是他，帮自己除掉孙綝的是他，那么自己今天又怎么能让他疑虑害怕呢？"靡不有初，鲜克有终"说给他听，又何尝不是说给自己的呢？想到这里，孙休"竟如布意，废其讲业，不复使冲等入"。

居于上位的皇帝，原本可以不讲道理，然而孙休却很讲道理；讲明白了道理，自然要按道理来做，可是孙休却偏偏没有把道理落实。经过君臣这样一番辩论式的聊天，接下来就没什么道理了。

原文节选：

时孙休在郡治，衡数以法绳之。妻习氏每谏衡，衡不从。会休立，衡忧惧，谓妻曰："不用卿言，以至于此。"遂欲奔魏。

妻曰："不可。君本庶民耳，先帝相拔过重，既数作无礼，而复逆自猜嫌，逃叛求活，以此北归，何面见中国人乎？"

衡曰："计何所出？"

妻曰："琅邪王素好善慕名，方欲自显于天下，终不以私嫌杀君明矣。可自囚诣狱，表列前失，显求受罪。如此，乃当逆见优饶，非但直活而已。"

衡从之，果得无患，又加威远将军，援以棨戟。

——《三国志·吴书·三嗣主传》注引《襄阳记》

休欲与博士祭酒韦曜、博士盛冲讲论道艺，曜、冲素皆切直，布恐入侍，发其阴失，令己不得专，因妄饰说以拒遏之。

休答曰："孤之涉学，群书略遍，所见不少也；其明君暗王，奸

臣贼子，古今贤愚成败之事，无不览也。今曜等入，但欲与论讲书
耳，不为从曜等始更受学也。纵复如此，亦何所损？君特当以曜等
恐道臣下奸变之事，以此不欲令入耳。如此之事，孤已自备之，不
须曜等然后乃解也。此都无所损，君意特有所忌故耳。"

布得诏陈谢，重自序述，又言惧妨政事。

休答曰："书籍之事，患人不好，好之无伤也。此无所为非，而
君以为不宜，是以孤有所及耳。政务学业，其流各异，不相妨也。
不图君今日在事，更行此于孤也，良所不取。"

布拜表叩头，休答曰："聊相开悟耳，何至叩头乎！如君之忠
诚，远近所知。往者所以相感，今日之巍巍也。诗云：'靡不有初，
鲜克有终。'终之实难，君其终之。"

……

休虽解此旨，心不能悦，更恐其疑惧，竟如布意，废其讲业，
不复使冲等入。

——《三国志·吴书·三嗣主传》

4.5 你们看着办吧——濮阳兴、张布对话朱氏

原本是为了应对魏国这只看得见的"灰犀牛"，没想到却招来了一只"黑
天鹅"。时乎？运乎？命乎？

虽然孙休是个好人，但却不是一个能把国家治理好的人。在皇帝的位置
上，年轻的孙休只干了不到六年，去世时只有三十岁。

虽然只有短短的六年，虽然年号叫作"永安"，但孙休却并没有感到多
少安全感，反倒是经历了不少风雨雷电的打击：永安元年（公元 258 年），主
要任务是剪除孙綝集团，稳固执政地位。接下来的四年，要么"大雨"，要么

"震电"，要么"大雨震电"，主要任务是应对自然灾害，组织抗洪治涝。如果前几年的天灾已经令人应接不暇了，那永安六年（公元263年）的人祸则更是让人焦头烂额。五月，交趾郡一个叫吕兴的郡吏杀了郡守投降了魏国；十月，蜀国在魏国的大举进攻下变得岌岌可危，正当吴国各路人马还在讨论如何救援时，西方已经传来了蜀国投降的消息。永安七年（公元264年）的局势虽然有所缓解，但依然严峻复杂，魏国从东面的海上发起了袭扰和劫掠，同时双方在西面的原吴蜀边境也展开了军事对峙。唯一令人欣慰的是南方交趾的叛乱在这一年得到了平息，为了防止叛乱再起，吴国从交州分出了部分地区，建立了一个新的州，一个叫"广州"的地方由此出现。

据载，孙休临去世前，虽然已经"口不能言"，但仍亲自进行了托孤。首先，孙休用手书的方式把丞相濮阳兴召入内室，紧接着让十多岁的太子孙𩅦出来拜见濮阳兴。随后，孙休一只手拉着濮阳兴的胳膊，一只手指着孙𩅦，托付之意尽在其中。

与一直与孙休风雨同舟的左将军张布类似，濮阳兴也是与孙休一起栉风沐雨的人。当初，孙休因诸葛恪"不欲诸王处江滨兵马之地"而从虎林迁到了丹杨，又因与丹杨太守李衡不和而迁到了会稽，不过，好在孙休在这里遇到了会稽太守濮阳兴，饱受血雨腥风之苦的孙休在与濮阳兴的交往与交流中感受到了些许暖意。因此，孙休一即位，就征召濮阳兴为太常卫将军、平军国事，封外黄侯。

如果说，濮阳兴恰巧在政治的风雨中与孙休搭上了同一条船的话，那他在自然风雨中的表现则使他走上了人生的巅峰。永安三年（公元260年），鉴于天灾频仍、民不聊生，有官员建议在丹杨围湖造田，修筑浦里塘，于是，孙休下诏百官集体进行商议。不知道参加在这次会议的具体有多少人，但既然皇帝下诏让"百官会议"，那不妨假定就是一百人，如果这样，那主张筑塘与主张不筑塘的人数比例就是1∶99，就是说，只有一个人主张修筑浦里塘，这个人就是濮阳兴。于是，濮阳兴就成了筑塘的负责人。

最终,从"功佣之费不可胜数"的成本投入、"士卒死亡或自贼杀"的人力损失、"百姓大怨之"的社会反应来看,对日渐孱弱的吴国来说,浦里塘的修筑显然不堪重负并很可能得不偿失;然而,从濮阳兴不久就被任命为丞相来看,他的坚持无疑收到了回报。羊毛出在猪身上,濮阳兴自然喜气洋洋。

成为掌管军国事务的丞相后,濮阳兴与负责宫廷事务的张布成为一对"共相表里"的最佳拍档。然而,这对拍档做的却并非保国安民、富国利民的好事,而是祸国殃民、误国殄民的恶事,结果"邦内失望"。不过,即便这样,濮阳兴和张布依然能在皇帝孙休的宽容下作威作福、大行其道。

孙休的死,无疑使濮阳兴和张布拥有了呼风唤雨的机会,然而,此时的二人却又有一种风雨飘摇之感:原本唇齿相依的蜀国如今已经变成了一个历史名词,本就鞭长莫及的交趾如今又变成了后院随时会被点燃的一捆柴火。在这种情况下,不仅"国内恐惧,欲得长君",濮阳兴、张布也觉得有必要找一个相对年长的君主来力挽危局。

恰在此时,曾担任过乌程令的左典军万彧反复向濮、张二人推荐一个人选:乌程侯孙皓(孙和之子)。万彧推荐孙皓的理由有三:其一,"皓之才识明断,长沙桓王之俦也",就是说,孙皓具有如孙策一般的才能、胆识和决断力;其二,"好学";其三,"奉遵法度"。听完这三点,濮阳兴和张布不禁有些心动,有孙策那样的能力正可以力挽狂澜,如孙休那般好学想必不会过多干预政务,遵规守法想必是个厚道人,不会胡作非为。于是,心动不如行动,二人来到了朱太后的跟前。

听完他们的建议,朱太后相当爽快:"我只是一个寡妇,怎能考虑国家的大事呢?只要吴国不遭损灭,宗庙有所依赖,就可以了。"

于是,一次事关吴国前途命运的聊天就这样结束了。

应该说,无论是提出建议的濮阳兴、张布,还是接受建议的朱太后,都明白聊天内容和结果的重要性:唇亡齿寒,魏国灭掉蜀国之后,下一个目标、唯一一个目标、最后一个目标、毫无疑问的目标,就是吴国。在这一共同的认知下，朱太后放弃了使自己儿子成为天子的机会，濮阳兴、张布放弃了拥立一个幼年天子进而自身大权独揽的机会，在他们眼中，只有放弃这些机会，才有可能更好地防范魏国这只"灰犀牛"，也只有这样才能使自己、使这个国家远离危险，重获生机。就这样，孙晧成了吴国的新君主。

> 主题：谁当新天子
> 聊友：濮阳兴、张布 + 朱太后
> 时间：公元 264 年
> 语录：我寡妇人，安知社稷之虑。
> 影响：孙晧成为吴国君主。
> 启示：越是紧要关头，决策越要慎重。
> 出处：《三国志·吴书·三嗣主传》、《资治通鉴》卷七十八

此后事态的发展证明，朱太后、濮阳兴、张布他们原本要防范的那只看得见的"灰犀牛"并没有到来，而他们没有预见到的一只"黑天鹅"却意外出现了。

孙晧即位后，吴国的安全环境的确大为改观。然而，这一改观却并非孙晧的功劳，而应感谢他的敌人司马昭。灭蜀之后不久，司马昭也病故了，他的儿子、新执政者司马炎将主要精力放在了代魏称帝上，因此吴国赢得了喘息之机，濮阳兴也由此松了一口气。然而，令濮阳兴万万没想到的是，孙晧即位没多久，不仅逼杀了朱太后，并且诛杀了孙休两个年龄比较大的儿子。随后不久，屠刀就落到了濮阳兴和张布头上。之前推荐孙晧的万彧被提升为侍郎领青州牧，急于上位的他紧接着就诬陷濮阳兴、张布后悔拥立孙晧。这一招果然奏效，二人先是被收押，后来又被流徙到广州，人还在路上就被孙晧派来的人给杀掉了。更惨的是，他们二人均被夷灭三族。

回顾濮阳兴、张布、朱太后的决策过程，不能说他们在大方向上有什么问题，但在具体的决策环节上，他们却缺乏更全面而深入的调查分析，仅仅

通过万彧单方面的消息来源就对孙皓的整体素质进行了评价，结果不仅害了自己，而且害了整个吴国。事后表明，孙皓的确善于明断，但明断的不是国事，而是人命；孙皓的确有爱好，但好的不是"学"，而是酒；孙皓的确有所尊奉，但尊奉的不是法度，而是无度。

其一，孙皓比较多疑，一多疑就要杀人。

吴元兴二年（公元 265 年）春，孙皓派徐绍等人出使魏国。结果徐绍刚渡江走到濡须，孙皓就因为有人揭发徐绍曾经赞美过魏国而把他召回来杀掉了。

吴天册元年（公元 275 年），中书令贺邵因中风而不能说话了，便离职回家休养了几个月。结果，孙皓怀疑他装病，便派人把他拘禁到一个存酒的仓库里审讯，殴打了上千次贺邵也没有说出一句话，气急败坏的孙皓就叫人用烧红的锯子割下了他的头颅。

其二，孙皓比较好酒，一喝酒就要杀人。

孙皓召集群臣喝酒，不管能不能喝，都要求要饮够七升的量，一场酒下来，在场的大臣都东倒西歪，醉成一片。把大臣灌醉还不算，宴会上孙皓还安排十个黄门郎在一旁专门负责搜集大臣们的过失。宴会后，孙皓逐一听取黄门郎的汇报，看哪位大臣眼神不对、哪位大臣言谈乖谬，罪过大的当即杀掉，罪过小的也要治罪。

其三，孙皓比较嫉妒，一嫉妒就要杀人。

孙皓一向讨厌有人胜过自己，作为名臣张纮的孙子，侍中、中书令张尚一向能言善辩，谈话的方式和观点每每出人意料，时间一长就把孙皓的忌火给撩拨了起来。

有一次，孙皓问张尚："你觉得朕喝酒可以和谁相比？"

博古通今的张尚立马回答："陛下有百觚之量。"古谚有"尧饮千钟，孔子百觚"的说法，很显然，张尚是在拿圣人孔子与孙皓作比较，恭维之意隐含其中。

然而，孙晧却勃然大怒："你明明知道孔丘不是帝王，却还要以朕和他相比！"

主题：看谁厉害
聊友：孙晧 + 张尚
时间：公元 278 年
语录：陛下有百觚之量。
影响：孙晧借故杀了张尚。
启示：欲加之罪，何患无辞。
出处：《三国志·吴书·张纮传》注引《吴纪》、《资治通鉴》卷八十

于是，张尚随即被押入大牢，要不是孙晧的宠臣岑昏带着一百多名官吏到宫里为他求情，说不定孙晧很快就把他杀了。后来，孙晧免了张尚的死罪，把他送到建安郡（今福建省）去造船。又过了一段日子，孙晧觉得折磨得差不多了，还是把张尚给杀了。

其四，孙晧比较好色，一好色就要杀人。

孙晧曾经让宫人遍访各州郡的美女，并且规定只要是二千石以上官吏的女儿，每年都要申报年龄，到了十五六岁就要接受挑选，没被选中才可以出嫁。后宫之中已经有了数千宫女，可孙晧仍然没完没了地征选。另外，孙晧还专门引水入宫，一旦看到哪个宫女不合他的心意，就直接杀死让水把尸体冲走。有一次，孙晧的一个爱姬派人公然到市场抢夺百姓的财物，负责维持市场秩序的司市中郎将陈声自认为也是孙晧的宠臣，就把这帮抢劫的人给绳之以法了。没想到，孙晧没过多久就找了个理由用火烧加刀锯的方式夺了他的头颅，并把他的尸体扔到了四望山下。

其五，孙晧迷信谶纬，一迷信就干傻事。

孙晧特别迷信祥瑞，一看到祥瑞就改年号，有人报告天降了甘露，孙晧就把年号改成了甘露；有人报告挖出了宝鼎，年号就改成了宝鼎；西苑报告

凤凰翔集，年号就改成凤凰；吴郡报告挖出了刻有年月的银子，年号就改成天册；吴郡又报告挖出了刻有"皇帝"字样的小青石，年号就改成天玺；鄱阳报告发现了历阳山上石头的纹理变成了"楚九州渚，吴九州都，扬州士，作天子，四世治，太平始"二十个字，年号立刻被改成了天纪。孙皓做了十六年皇帝，仅年号就改了八次。

最可笑的是吴建衡三年（公元 271 年）正月的一件事。一个叫刁玄的人伪造了一段谶文："黄旗紫盖，见于东南，终有天下者，荆扬之君。"对此，孙皓信以为真，马上打着黄色的旗帜，坐着带有紫色车盖的车子，载上太后、皇后，带着后宫的几千人和大规模的军队，就要往洛阳奔，任凭大臣们怎么劝都不听。最终，漫天的风雪、塌陷的道路以及哗变的士兵阻住了孙皓的脚步，否则后果不堪设想。

原文节选：

兴、布说休妃太后朱，欲以皓为嗣。

朱曰："我寡妇人，安知社稷之虑，苟吴国无陨，宗庙有赖可矣。"

于是遂迎立皓，时年二十三。

——《三国志·吴书·三嗣主传》

吴主忌胜己者，侍中、中书令张尚，纮之孙也，为人辩捷，谈论每出其表，吴主积以致恨。

后问："孤饮酒可以方谁？"

尚曰："陛下有百觚之量。"

吴主曰："尚知孔丘不王，而以孤方之。"

因发怒，收尚。公卿已下百馀人，诣宫叩头，请尚罪，得减死，送建安作船，寻就杀之。

——《资治通鉴》卷八十

4.6 围点打援解危局——陆抗对话诸将

一个西陵，一个江陵，一个不可强攻，一个不用强守，这些都源于陆抗对敌我形势的了解和判断。

如果说，孙皓执政后干了很多荒唐事的话，那么有一件事他没有做错，甚至从某种程度上说，正因为这件事情他做对了，所以才让他有了做错事的空间和时间。

孙皓即位后，将都督西陵军事的镇军将军陆抗加官为镇军大将军兼益州牧，几年后，孙皓又任命陆抗为都督信陵、西陵、夷道、乐乡、公安诸军事，说白了就是把武昌以东的整个长江防线交给了陆抗。

吴凤凰元年（公元272年），陆抗迎来了一次巨大挑战，他手下的西陵督步阐突然发动叛乱，并向晋国派出了使者，此时的吴军面临着腹背受敌的危险。针对这一情况，陆抗虽然迅速派兵包围了西陵，但却并不急于攻打，一副安之若素的神情。

这下，手下众将着急了，他们劝谏道："现在以我们三军的精锐力量，急速进攻步阐，等到晋国救兵赶到时，步阐肯定已经被攻灭了。为什么还要玩命构筑围墙，而让士兵和老百姓都疲敝不堪呢？"

面对大家伙的抱怨和质疑，陆抗解释道："西陵所处地势既险要坚固，粮食又相当充足，况且那里的防御工事和守备器具都是我当年长期规划布置的。现在反过来要进攻它，不但不可能很快攻克，而且北方的救兵一定会赶到，如果敌人赶到时我们却没有必要的防备，就会被内外夹击，到时候拿什么来抵御呢？"没错，没有人比陆抗更了解西陵的状况，他说不能强攻应该就不能强攻。

主题：西陵与江陵

聊友：陆抗+雷谭等将领

时间：公元272年

语录：吾宁弃江陵而赴西陵。

影响：攻陷了西陵，守住了江陵，挫败了羊祜。

启示：扎硬寨，打呆仗，有定力。

出处：《三国志·吴书·陆抗传》、《资治通鉴》卷七十九

但是，手下的将领们还是坚决主张进攻，宜都太守雷谭更是"言至恳切"，认为不攻怎么知道不可攻呢？为了让众将心服口服，陆抗批准了雷谭的进攻请求。

结果可想而知，固若金汤的西陵城令雷谭铩羽而归。经此失利，大家统一了思想，同心协力、加班加点地完成了防御工事。

这边工事筑成，那边就传来了晋国车骑将军羊祜向江陵进军的消息。作为荆州首府，江陵的重要程度远在西陵之上，敌军主力直奔江陵，属于典型的"围魏救赵"打法，就是要对吴军形成有力的牵制，以缓解西陵方面的压力。在众将领看来，陆抗在西陵方面"围点打援"的策略已经得到了有力的贯彻实施，当务之急应该是阻击羊祜率领的南犯之敌。

然而，这一次陆抗又做出了一个出人意料的决策：决战西陵。于是，又是一片反对之声。

对此，陆抗继续进行军事分析和思想疏导。

首先，他对江陵的抗打击能力进行了判断："江陵城防坚固，兵力充足，没有什么可担忧的。"

随即，他运用底线思维，对江陵失陷和西陵丢失的风险进行了对比分析："就算敌军攻陷了江陵，因为孤军深入，也一定守不住，我们的损失并不大。但是如果西陵被敌人盘踞，那么长江以南群山中的夷人部落就都会骚动起来，如此我们所要担忧的事情就不是一句话两句话能够讲得清的了。"

最后，他做出了战略决策："所以，我宁可放弃江陵也要奔赴西陵，更何况江陵还固若金汤呢！"

实际上，陆抗如此决断是需要一些底气的，这其中最重要的底气就是：江陵守得住。而为了这一底气，陆抗已经准备了相当长的时间。当初，看到江陵地势平坦开阔、河网纵横密布、交通通畅便利，是一个典型的易攻难守之地，陆抗就煞费苦心地让人在城外筑起了水坝。这道水坝，既淹没了上游地势低洼的陆地，使其变成了一道阻拦敌人从上游进攻的水上屏障，也可以在敌人从下游进攻时放水阻敌。

然而，面对这道人工屏障，晋国的军中翘楚羊祜却有自己化不利条件为制胜法宝的妙计。不久，南下过程中的羊祜就散布消息，宣称要破坏大坝，让水库重新变成陆地，以便于自己大部队通过。

听到这一消息，陆抗立刻命令毁掉大坝！什么？毁掉大坝？这不是正中敌人下怀吗？这下吴军内部又炸了窝。然而，有了前两次的经验，陆抗的命令依旧得到了有效的贯彻执行。

没多久，当即将抵达江陵前线的羊祜听说大坝被毁的消息后，甚为失望。原本他是计划运用大坝拦起的水面通过船只来运送粮草等大批物资的，为了防止大坝被毁才放出假消息，没想到却被对手识破了。如今，他只能沿着泥泞的库区洼地用车辆来运粮了。

除了这次斗智斗勇，接下来的那场长江保卫战就没有太多需要说的了。在江陵一线，羊祜没有讨到半点便宜，最终撤回了江北；在西陵一线，陆抗依托坚固的防御工事击退了晋国援军的进攻，并且攻占了西陵，杀掉了步阐一族。

围绕江陵与西陵的军事攻防战就此结束了，但陆抗与羊祜的心理攻防战才刚刚开始。一旦发现攻城无效，羊祜就立刻变招，很快采取了"务修德信以怀吴人"的攻心之计。之后，每次和吴军交战，羊祜都事先与对方约定好日期再开战，从不搞突然袭击。对于那些建议施诈谋搞偷袭的将领，羊祜总是用美酒将他们灌醉，令其醉得说不出话来。如果部队行军路过吴国边境，收割田里稻谷以补充军粮，羊祜每次都要让人根据收割的数量用绢进行偿还。打猎的时候，羊祜总是约束部下不得超越边界线，如果有猎物先被吴人所伤而后被晋兵获得，他都命令送还对方。有部下在边界抓到吴军两位将领的孩子，羊祜知道后，马上命令将孩子送回；后来，吴将夏详、邵颉等前来归降，那两位少年的父亲也率其部属一起来降。羊祜这一系列做法，使吴人心悦诚服、十分敬重，时间长了，吴人甚至不呼其名，而尊称其为"羊公"。

对于羊祜这些做法的意图，陆抗自然了然于胸，为此，他常告诫身边的将士："羊祜刻意施德，如果我们一味施暴，那就会不战而屈服。我们只要保境安民即可，不要为尺寸的小利而彼此争夺侵扰。"就这样，吴、晋两国在荆州边境保持了相当长一段时间的和平状态。

陆抗不仅耐着性子应静制静，而且有时还主动示好，双方常有使者往来。有一次，陆抗生病，甚至派使者向羊祜询问有没有合适的药。当羊祜很快派人把药送来，并且特别让人带话："这是我自己刚刚配制的药，还未服用，听说您病了，就先送给您服用。"收到药，陆抗手下的将领都担心其中有毒，劝他慎用，而陆抗却不以为然地说："怎么会有下毒的羊叔子（羊祜字叔子）呢？"于是，欣然服用。俗话说，吃人家的嘴短，但陆抗吃了羊祜送来的药后，却论起羊祜的短长来了，陆抗对羊祜的评价只有一句话："虽乐毅、诸葛孔明不能过也。"当年，诸葛亮也只是"自比管乐"，把自己与管仲、乐毅放到了同等位置，如今陆抗却一下子把羊祜放到了比乐毅、诸葛亮还高的位置，看来，羊祜这服药送得太值了。

相互欣赏、你来我往、互不侵犯，凡此种种，陆抗并不认为有什么不妥，但皇帝孙皓却不高兴了，有一次他甚至派人前来斥责陆抗。面对申斥，陆抗义正词严地回答："一邑一乡不可以无信义，况大国乎！臣不如此，正是彰其德，于祜无伤也。"就是说，一乡一邑这样的地方都讲信义，更何况我们这样的大国！我如果不以其人之道还治其人之身地进行因应，岂不恰恰更加彰显敌人的仁德吗？

听了陆抗的这句抗辩，孙皓无言以对。

如果陆抗与羊祜一直这样相敬如宾地对抗下去，也许东吴能够赢得一个休养生息、恢复元气的机会，但是，上天并没有给陆抗机会，更没有给东吴机会。吴凤凰三年（公元274年）夏，四十九岁的陆抗病逝于武昌。临终前，他上疏孙皓，引用父亲陆逊的观点，力陈西陵作为"国之西门"的重要性，认为西陵"若有不守，非但失一郡，则荆州非吴有也"。为此，陆抗建议裁减清理各处"无用兵马"，以补充边境地区特别是西陵兵力的不足。

可以想见，陆抗的苦口婆心在孙皓那里只是一次无谓的唠叨。然而，陆抗预见到的事情，他的老对手羊祜不可能没预见到。就在陆抗去世的这一年，一个叫王濬的人在羊祜的力荐下，重新被晋武帝任命为益州刺史。一上任，王濬就开始大造战船，训练水军，只等那个"长风破浪会有时，直挂云帆济沧海"的时刻。

原文节选：

凤皇（凰）元年，西陵督步阐据城以叛，遣使降晋。抗闻之，日部分诸军，令将军左奕、吾彦、蔡贡等径赴西陵，敕军营更筑严围，自赤溪至故市，内以围阐，外以御寇，昼夜催切，如敌以至，众甚苦之。

诸将咸谏曰："今及三军之锐，亟以攻阐，比晋救至，阐必可拔。何事于围，而以弊士民之力乎？"

抗曰："此城处势既固，粮谷又足，且所缮修备御之具，皆抗所宿规。今反身攻之，既非可卒克，且北救必至，至而无备，表里受难，何以御之？"

诸将咸欲攻阐，抗每不许。宜都太守雷谭言至恳切，抗欲服众，听令一攻。攻果无利，围备始合。

晋车骑将军羊祜率师向江陵，诸将咸以抗不宜上，抗曰："江陵城固兵足，无所忧患。假令敌没江陵，必不能守，所损者小。如使西陵槃结，则南山群夷皆当扰动，则所忧虑，难可竟言也。吾宁弃江陵而赴西陵，况江陵牢固乎？"

——《三国志·吴书·陆抗传》

4.7 输也要输得光彩——张悌对话诸葛靓、孙皓对话近臣

志之所趋，无远勿届，穷山距海，不能限也。作为吴国最后一任丞相，张悌的志向只有一个：殉国，哪怕再远再难，也要达成。

吴天纪四年（公元 280 年），随着晋军六路压境，吴国终于迎来了它最后的时刻。此刻，承担挽救帝国命运这一重责大任的是几个月前刚被任命为丞相的张悌。按照皇帝孙皓的命令，张悌都督丹杨太守沈莹、护军孙震以及副军师诸葛靓，率领三万人马渡江迎战。

当大军抵达牛渚（今安徽马鞍山市采石镇）时，沈莹就战争态势和战役布局提出了自己的意见。

"晋国在蜀地操练水军已经很长时间了，如今倾国而出，万里并进，必定会让整个益州的兵力都顺江而下。反观我们上游的军队，不仅素来缺少戒备，而且名将差不多都过世了，如今都是一些年少没有经验的将领担当重任，沿江的各个城池恐怕都无法抵御，晋国的水军百分之百会攻到这里来。"从军事训练到军力规模再到人员素质，沈莹的分析不仅全面而且客观。

"如此看来，我们应该集结所有力量，在此以逸待劳，与敌决一死战。如

果获胜，则大江以西不战自清，就算长江上游丢了，他日也可以收复。如今渡江迎战敌军，胜了未必能保住江东，倘若败了必定大事去矣。"有对策建议、有分析比较、有结果预期，沈莹的思路明确而清晰。

然而，主帅张悌的一句话就浇灭了沈莹的所有冀望："吴国将要灭亡，已经是众所周知明摆着的事情了，这一趋势人们并不是今天才看到的。"

随即，张悌阐述了自己坚持渡江抗敌的相关考虑："我担心蜀地之兵一旦到了这里，我军会陷入一片惊骇和恐惧之中，就不可能再整肃起来了。与其那样，不如现在渡江与晋决一死战。"

紧接着，张悌也对渡江作战的结果进行了分析比较："如果败亡，我们就一同为国献身，再没有什么可遗憾的了；假如能够取胜，那么北面的敌军就会奔逃，我军的声势就将倍增，然后我们乘胜向南折返，在半路上迎击西面的敌人，那就不愁不能破敌。"

最后，张悌再次预判和强调了沈莹主张的危害："要是依了你的计谋，恐怕兵士都将四散奔逃；然后我们坐等敌军到来，君臣一起投降，最终没有一个人死于国难，这难道不是耻辱吗？"

> 主题：北渡与南守
> 聊友：张悌＋沈莹
> 时间：公元 280 年
> 语录：坐待敌到，君臣俱降，无复一人死难者，不亦辱乎！
> 影响：吴军最后的主力走上了不归路。
> 启示：胜负事小，面子体大。
> 出处：《三国志·吴书·三嗣主传》注引《襄阳记》、《资治通鉴》卷八十一

表面看，张悌和沈莹的分歧在于渡江外线作战与倚江内线作战，似乎是战略战术上的争论，而仔细分析他们的聊天记录，真正的分歧却是对人心向背与国运兴衰的判断。

用惯常思维分析，沈莹的主张无疑是恰当的。据传，牛渚这个地方之所以得名是因为此处曾开采出五彩石，又因其形状如蜗牛，加之又有"金牛出渚"的传说，故得名牛渚。牛渚扼据大江要冲，水流湍急，绝壁临空，秦始皇东巡会稽时从此渡江，孙策东渡时在此与刘繇也发生过战斗，孙权也曾命令孙瑜在此驻过军，可以说这里很早就是一个易守难攻的兵家必争之地。日后，这个地方还有一个更响亮的名字：采石矶，并且与岳阳城陵矶、南京燕子矶一起，合称为"长江三矶"。在沈莹看来，此时的吴军尚可一战，只要依托牛渚的险要地形，加之以逸待劳的战术策略，就地消灭敌人还是有可能的。

然而，在张悌看来，让军队在自己的家门口作战，无疑是死路一条。渡江好歹能让将士背水一战，等在江边只会让他们临阵脱逃；渡江好歹还能表明一种抵抗的姿态，等在江边则好似坐以待毙。张悌不仅对下面的将士没信心，甚至对上面的皇帝更没信心，脱口就说出了那句"君臣俱降"的论断。既然将士的士气低落，既然胜利的希望渺茫，那么为什么不输得更光彩些呢？

于是，大军渡江北上。

渡江之后，吴军似乎看到了胜利的希望，因为他们很快就包围了魏城阳都尉张乔所率领的七千人马，逼得张乔请求投降。面对晋军的乞降，诸葛靓建议全部斩杀，以振士气，以绝后患。然而，张悌却出面进行了阻止："真正的强敌在前面，不适宜去做那些无关紧要的事情，况且杀降也不吉利。"

对于主帅张悌的这一观点，诸葛靓并不认同，随即他忧心忡忡地说："这些人是因为救兵未到，力量不足抵挡不住，因此才暂且伪降以拖延时间，他们并不是真正屈服了。如果我们放过他们继续前进，他们必定会成为后患。"

这番话并没有使张悌改变主意，除了对被包围的晋军进行了一番安抚之外，张悌并没有采取任何防范措施。

主题：杀降与受降

聊友：张悌 + 诸葛靓

时间：公元 280 年

语录：舍之而前，必为后患。

影响：吴军在自己背后留了一把刀。

启示：永远不要背对敌人。

出处：《三国志·吴书·三嗣主传》注引《晋纪》、《资治通鉴》卷八十一

不久后的一切，验证了诸葛靓观点的正确性。

当沈莹率领手下的五千丹杨精兵手持大刀盾牌向面前的晋军主力连续发起三次冲锋而依然没有撼动敌人的阵营时，吴军随即就陷入了腹背受敌的状态，前方的晋军主力如铁流般压了上来，张乔也从背后反戈一击，失败已经变得不可避免。

在一片仓皇南逃的烟尘中，诸葛靓一边撤一边派人去接张悌，可张悌却坚决不走，急得诸葛靓只好亲自跑过来，一边拉着张悌的胳膊一边急切地说："存亡自有气数，不是您一个人所能支撑的，为什么要自己求死呢？"

"仲思（诸葛靓的字），今天是我死的日子了！况且在我还是幼儿的时候，就被你家丞相诸葛恪所赏识和提拔，因此我常常怕死得没有意义，辜负了名贤的知遇和眷顾。我今天以身殉国，还有什么可说的呢！"张悌一边流泪一边说道。

就这样，无论诸葛靓怎么拉扯，张悌就是不走，最终诸葛靓流泪放开了手。当诸葛靓走出百余步时，他忍不住回了回头，此时，张悌已被晋军斩杀。在这次战役中，与张悌一同殉国的，还有一同渡江的孙震、沈莹以及其余七千八百多名将士。随着这支吴军主力的覆灭，吴国这座大厦也变得摇摇欲坠。

主题：求生与寻死

聊友：张悌 + 诸葛靓

时间：公元 280 年

语录：常恐不得其死，负名贤知顾。

影响：吴国哀伤的挽歌中留存了一段激昂的旋律。

启示：你永远救不活一个寻死的人。

出处：《三国志·吴书·三嗣主传》注引《襄阳记》、《资治通鉴》卷八十一

原文节选：

吴主闻王浑南下，使丞相张悌督丹杨太守沈莹、护军孙震、副军师诸葛靓帅众三万渡江逆战。

至牛渚，沈莹曰："晋治水军于蜀久矣，上流诸军，素无戒备，名将皆死，幼少当任，恐不能御也。晋之水军必至于此，宜畜众力以待其来，与之一战，若幸而胜之，江西自清。今渡江与晋大军战，不幸而败，则大事去矣！"

悌曰："吴之将亡，贤愚所知，非今日也。吾恐蜀兵至此，众心骇惧，不可复整。及今渡江，犹可决战。若其败丧，同死社稷，无所复恨。若其克捷，北敌奔走，兵势万倍，便当乘胜南上，逆之中道，不忧不破也。若如子计，恐士众散尽，坐待敌到，君臣俱降，无复一人死难者，不亦辱乎！"

三月，悌等济江，围浑部将城阳都尉张乔于杨荷。乔众才七千，闭栅请降。诸葛靓欲屠之，悌曰："强敌在前，不宜先事其小，且杀降不祥。"

靓曰："此属以救兵未至，少力不敌，故且伪降以缓我，非真伏也。若舍之而前，必为后患。"

悌不从，抚之而进。

……

诸葛靓帅数百人遁去，使过迎张悌，悌不肯去，靓自往牵之曰：

"存亡自有大数，非卿一人所支，奈何故自取死！"

悌垂涕曰："仲思，今日是我死日也！且我为儿童时，便为卿家丞相所识拔，常恐不得其死，负名贤知顾。今以身徇（殉）社稷，复何道邪！"

靓再三牵之，不动，乃流泪放去，行百馀步，顾之，已为晋兵所杀，并斩孙震、沈莹等七千八百级，吴人大震。

——《资治通鉴》卷八十一

4.8 煮熟的鸭子嘴硬——孙晧对话司马炎

相对于当初刘禅缺心少肺的应答，孙晧剜心剔肺的回击，似乎更沁人心肺。

面对如波涛般涌来的晋军，东吴的将士们却无心抵抗，一副随时准备倒戈投降的状态。看到孙晧还不明就里，搞不清状况，大殿中的数百名近臣亲兵齐刷刷地跪了下来，叩头启奏道："北军越来越逼近了，但我们的军队却兵不举刀，毫无斗志，陛下您看如何是好？"

这时候，孙晧哪里有什么办法，只能反问："怎么会这样？"

众人异口同声："杀掉岑昏。"

听到大家并没有回答自己的问题，而是直接给出了解决方案，孙晧全明白了。恍惚之间，孙晧像是告诉众人，又好像自言自语地说："如果是这样，那就用这个奴才向天下百姓谢罪吧。"

话音未落，孙晧就得到了一声齐刷刷的回应："遵命！"

过了一会儿，孙晧后悔了，急忙派人去追回成命，但这时岑昏早已成了一堆肉酱。

岑昏的死除了进一步凸显孙晧的无情之外，并没能换来吴军将士的忠心。晋军兵锋所指，吴军望风而降。

主题：昏君与奸臣

聊友：孙皓＋众将士

时间：公元280年

语录：若尔，当以奴谢百姓。

影响：奴才如同一杯水，晋军则是一车薪，一切枉然。

启示：伴君如伴虎，与虎谋皮结果被虎扒了皮。

出处：《三国志·吴书·三嗣主传》注引《晋纪》、《资治通鉴》卷八十一

五月初四，晋武帝将凡是拥有爵位的文武官员和所有番邦使者都召集到了皇宫，在大殿上接受孙皓及其手下降臣的叩头朝拜。在这样一个具有标志性意义的场合，晋武帝指着御座下面的一个座位，颇为霸气地对孙皓说："朕设这个座位等待你已经很久了。"

"我在南方，也设了这个座位以等待陛下。"虽然身体已经臣服，但孙皓的这张嘴却丝毫没有服输的味道。

看到孙皓如此嘴硬，一旁的贾充转移话题，直戳孙皓的伤疤："听说你在南方，又是凿人的眼睛，又是剥人的脸皮，这是哪一等级的刑法？"言外之意，没见过像你这样残暴的君主。

"为人臣子的，杀了他的君主以及奸恶不忠的，就会处以这种刑法。"这句话直击贾充软肋，弄得贾充沉默无语，无地自容，而孙皓的脸上却没有丝毫羞愧之色。

主题：虚位以待

聊友：司马炎＋孙皓＋贾充

时间：公元280年

语录：臣于南方，亦设此座以待陛下。

影响：晋国君臣自讨没趣。

启示：你针尖，我麦芒；你半斤，我八两。

出处：《资治通鉴》卷八十一

晋武帝问孙晧："听说南方人都喜欢唱《尔汝歌》，你还能唱吗？"当时，当众献唱都是低贱的倡优之类干的事，晋武帝的这一询问看似无心，实际上则带有明显的羞辱意味。

此时，孙晧正在拿着酒杯往嘴里送，听晋武帝这么一说，便举起酒杯一边敬酒一边吟唱道："当年与你相邻，如今向你称臣。敬你一杯酒，祝你长寿万年春。"

在古代，"尔"和"汝"都是"你"的意思，除非特别亲近，用"汝"称呼他人是带有明显的轻蔑意味。如今，孙晧四句话中，一口一个"汝、汝、汝、汝"的，瞬间令司马炎威严扫地，后悔不迭。谁让你让我用"汝"唱歌的，这不是搬起石头砸你自己的脚吗？

> 主题：你你你你
> 聊友：司马炎 + 孙晧
> 时间：公元 280~283 年之间
> 语录：上汝一杯酒，令汝寿万春！
> 影响：晋武帝再次自讨没趣。
> 启示：你说你能不能长点心。
> 出处：《世说新语·排调第二十五》

也许是不长记性，也许是自认为没有恶迹，后来，晋武帝司马炎在与大臣王济下棋的时候，又忍不住对一旁观战的孙晧提出了同样的问题："你为什么那么喜欢剥人的脸皮？"

对此，孙晧依旧用同样的策略予以回应："看到那些对君主傲慢无礼的人，我就忍不住要剥了他。"此时，王济正把他的脚伸到了棋盘下，恰好给了孙晧一个借题发挥的机会。

> 主题：孙剥皮
> 聊友：司马炎 + 孙晧

时间：公元 280~283 年之间

语录：见无礼于君者则剥之。

影响：晋武帝第三次自讨没趣。

启示：卤水煮寒鸭——肉烂嘴不烂。

出处：《晋书·王济传》

太康四年（公元 283 年），归命侯孙皓去世，终年四十三岁。

原文节选：

皓殿中亲近数百人叩头请皓曰："北军日近，而兵不举刃，陛下将如之何！"

皓曰："何故？"

对曰："坐岑昏。"

皓独言："若尔，当以奴谢百姓。"

众因曰："唯！"

遂并起收昏。皓骆驿追止，已屠之也。

——《三国志·吴书·三嗣主传》注引《晋纪》

引见归命侯及吴降人。登殿稽颡。

帝谓曰："朕设此座以待卿久矣。"

曰："臣于南方，亦设此座以待陛下。"

贾充谓孙皓曰："闻君在南方凿人目，剥人面皮，此何等刑也？"

皓曰："人臣有弑其君及奸回不忠者，则加此刑耳。"

充默然甚愧，而皓颜色无怍。

——《资治通鉴》卷八十一

晋武帝问孙皓："闻南人好作尔汝歌，颇能为不？"

皓正饮酒，因举觞劝帝而言曰："昔与汝为邻，今与汝为臣。上
汝一杯酒，令汝寿万春！"帝悔之。

——《世说新语 · 排调第二十五》

帝尝与济弈棋，而孙皓在侧，谓皓曰："何以好剥人面皮？"
皓曰："见无礼于君者则剥之。"济时伸脚局下，而皓讥焉。

——《晋书 · 王济传》

第二篇

司马食槽

得之以此失亦此，谁知三马食一槽。

——宋·欧阳修

第5章
一槽三马：从谋士到谋国

如果把司马氏取代曹魏看成是一段个人奋斗史的话，那么司马懿从入仕到掌权，一共用了四十年。

如果把这一事件看成是一段家族奋斗史的话，那么司马家从各奔东西到江山一统，一共用了九十年。

如果把这一事件看成是一段士族奋斗史的话，那么从弘农杨氏、汝南袁氏等士族崛起到以司马氏为代表的士族政权建立，这一过程一共用了二百年。

5.1 一个家族，两条道路——曹操对话司马防

一匹马不能同一时间在两个槽里就食，但三匹马可以。

接下来，聊聊司马家族的崛起。

聊司马家族的崛起必须从司马防聊起，而聊司马防又绕不开建安二十一年（公元216年）五月他与曹操的那次聊天。

曹操刚出道时曾经请托过司马防，结果勉强得到了一个洛阳北部尉的差

使。成为魏王之后，曹操又找来司马防，问自己如今适合不适合再去当北部尉。大概率推测，曹操当时说这句话的目的是想通过司马防的回答获得更多心理上的满足感，毕竟那时他已经大权在握、予取予夺，别说当一个北部尉，就算想当皇帝也是一念之间的事情。

然而，司马防却并没有说半句恭维的话，而是直突突地冒出了一句："昔举大王时，适可作尉耳。"结果，曹操不仅没生气，反而大笑了起来。这就有点意思了，一个毫不客气，一个毫不介意，究竟是什么情况？

> 主题：今夕与往昔
> 聊友：司马防＋曹操
> 时间：公元216年
> 语录：昔举大王时，适可作尉耳。
> 影响：司马家族在曹魏的土壤中播种、生根、发芽、开花、结果。
> 启示：司马防是个好"园丁"。
> 出处：《三国志·魏书·武帝纪》注引《曹瞒传》

要搞清其中缘由，首先要从司马防的个性特点说起。据史书记载，司马防性格"质直公方"，是一个做人讲操守、做事讲原则、对自己高标准严要求的人。司马防对自己严格要求到什么程度？据说，即使在宴会这样本应放松的场合，他也保持着"威仪不忒"的姿态。这样一个人，在面对意得志满的曹操时，当然不会见风使舵。

进一步探究，司马防的这一性格，很大程度上源自他的出身。据载，司马防的十一世祖司马卬因为随项羽灭秦而受封殷王并建都河内，从此司马家族就世代居住在河内温县（今河南温县）。有汉一朝，司马家族始终英才辈出，司马防的曾祖父司马钧是汉安帝时的征西将军，祖父司马量曾担任豫章太守，父亲司马儁曾担任颍川太守。作为官宦世家的一员，司马防深受良好家风的熏陶，始终保持着名门望族的清誉。这样的家世背景，在面对宦官之后的曹操时，司马防自然要坚持己见。

当然，还有一点，那就是司马防的履历。凭着显赫的出身和方直的名声，司马防在仕途上可以说平步青云，先是在州郡任职，没过多久就担任了尚书右丞、京兆尹这样的重要职务。曹操找司马防帮忙的那一年，年方二十岁，而司马防也仅二十六岁，曹操那时还只是个候任郎官，但司马防已经治理一方，相较之下，司马防绝对是大汉帝国的宠儿。朝廷的重用不仅使司马防心存感激，而且把他与汉室的命运紧紧地绑在了一起，汉献帝被董卓劫持到长安时，他是西迁大臣中的一员；汉献帝为李傕、郭汜而所迫逃离长安时，他是东返队伍中的一员。多年来，大汉天子走到哪儿，司马防就跟到哪儿，即使筚路蓝缕，哪怕九死一生，司马防都一路相随。如此经历，在面对有意篡汉的曹操时，司马防又怎能随意附和？

不过，司马防虽然没有顺着曹操的话说，但也没有顶撞曹操，而是用各说各话的方式，表达了"今是昔不非"的观点，就是说，今天你贵为魏王，可以随心所欲，这没什么问题；但今天的你并不能否定昨天的你，正因为有了当初的北部尉，才有了如今的大魏王。借着这种回答，司马防也在提醒曹操，当初没有我推荐，也许你连北部尉都未必当得上。

当然，对于司马防的性格、家世、经历以及如今要表达的意思，曹操全都了然于胸，即使稍显不恭，也无碍大局，毕竟他是自己的引荐人，毕竟他已是半截入土的人了，毕竟他的几个儿子司马朗、司马懿、司马孚都在为自己效力。因此，对于司马防的回答，曹操放声大笑。

没错，这就是司马防，一个维护汉室正统、捍卫自身清誉的高族名士。然而，就在此前不久，他的次子、同时也是曹操身边的丞相主簿司马懿却借着孙权称臣的机会，认为"汉运垂终"，劝说曹操顺应天命。三年后的建安二十四年（公元 219 年），司马防去世，司马懿却升任太子中庶子，成为曹操接班人曹丕最得力的助手之一。

从司马防的为人处世来看，儿子紧贴曹家父子的做法，似乎并不是司马防所希望的。但据史书记载，司马防的家教是十分严格的，即使儿子们都已长大成人，对待父亲依然毕恭毕敬，"不命日进不敢进，不命日坐不敢坐，不指有所问不敢言"。既然连进退举止都全听父亲的吩咐，怎么老爹终生拥汉，儿子们却效力曹魏呢？

事实上，让人纳闷的还不止于此。司马防一共有八个儿子，按照长幼依次为司马朗，字伯达；司马懿，字仲达；司马孚，字叔达；司马馗，字季达；司马恂，字显达；司马进，字惠达；司马通，字雅达；司马敏，字幼达。因为兄弟八人的表字中都有一个"达"字，于是被人称为"司马八达"。后来，儿子们的选择也是四通八达，甚至截然相反。初平元年（公元 190 年），司马防随汉献帝西迁，长子司马朗却沿着相反的方向，悄悄回到了家乡温县；建安年间，司马防始终不离汉献帝左右，而他的儿子们却纷纷投入曹操的麾下；曹操晚年，曹丕与曹植因为继嗣而明争暗斗，二儿子司马懿当时是曹丕身边的太子中庶子，而三儿子司马孚则是曹植近旁的文学掾；曹魏末年，司马懿父子开启了代魏夺权的模式，而司马孚则至死都以"大魏之纯臣""有魏贞士"自称。一句话，总有人在天平的这端，也总有人在天平的那端。

那么，为什么会这样呢？

原文节选：

及公为王，召建公到邺，与欢饮，谓建公曰："孤今日可复作尉否？"

建公曰："昔举大王时，适可作尉耳。"

王大笑。

——《三国志·魏书·武帝纪》注引《曹瞒传》

5.2 父西子东，无问西东——司马朗对话董卓

面对无法遮掩的事实，有时候与其百般抵赖倒不如实话实说。让对方感受到自己的苦衷与善意，说不定有意想不到的效果。

初平元年（公元 190 年），面对关东风起云涌的局势，外表凶狠的董卓却选择了回避，急急忙忙地要把大汉的都城从雒阳迁到长安。作为朝廷的治书御史，司马防一家也在西迁之列。

此次西走，山高水长，前途未卜。作为朝廷官员，前往长安是司马防的分内职责，但让一家人跟着自己奔赴未知却不是他想看到的。于是，他悄悄地把二十岁的长子司马朗叫到了自己身边，交代他带领家属返回家乡温县。然而，正当司马朗整理行装、即将启程之际，却被人告发，并以逃亡的罪名被押送到了董卓面前。

看着眼前这位青年，董卓格外生气地说："你和我死去的儿子同岁，怎么会如此辜负我！"能将自己已经离去的儿子与眼前试图离去的司马朗作比较，可见董卓心中的惋惜、怅然以及不悦。为什么？为什么？为什么这么多年轻人离我而去？

"明公用您高尚的美德，在灾难重重的危难之时，为国家清除秽乱，广泛举荐贤才，可以说您的确是虚心深虑地想复兴治世太平啊，您的威德因此昌隆，您的功业由此卓著。"一张口，司马朗就把董卓吹捧成了一个盖世英雄。

"但是，如今兵灾战乱却日渐严重，地方州郡如鼎沸般动荡，连京城附近的老百姓都不能安家乐业，纷纷抛弃房屋田产，四处流亡躲窜。虽然四方关口均已禁止通行，即使用重刑加以杀戮处罚，但还是不能阻绝逃亡的风潮，这就是我为什么会想要回到家乡的原因。"言下之意，虽然您用力了，但仍不起作用；既然大家都在逃，我也跟着随了大流。

"希望明公您观览借鉴过去的经验，稍微多加思虑，就会使您的名声和荣誉像日月那样光辉，就算商朝的伊尹和周朝的周公也不能与您相比了。"在批评的同时提出建议，在鼓励的同时加以吹捧，经过这么一番包装，原本难听的话听起来却是那么舒服。

随着司马朗的回答，董卓陷入了沉思，良久之后才缓缓地说："我也感悟到了这些，你说得很有道理。"既然认同了司马朗的说法，董卓就没有理由再处罚他了。再说了，自己一个当朝相国与一个毛孩子置气，未免有些小题大做了。于是，司马朗一家化险为夷。

司马朗说的句句都是实话，他不仅解答了董卓的疑问，而且为自己加以开脱；不仅直接批评了董卓，而且引发了董卓的思考，甚至让董卓感觉到了自己的善意。如此看来，司马朗的确了得。

主题：赞美与批评
聊友：司马朗 + 董卓
时间：公元 190 年
语录：少加三思，即荣名并于日月。
影响：司马家族躲过一劫。
启示：恶人也有讲道理的时候。
出处：《三国志·魏书·司马朗传》

虽然躲过了一劫，但司马朗并没有感到安全。随后，他用手中的财物买通董卓身边的官吏，一溜烟儿地跑回了家乡。就这样，司马防一家父西子东，在函谷关两侧各求生存与发展。

一回到地处中原腹地的家乡温县，司马朗就敏锐地感觉到身处四战之地同样无安全可言。随即，他又带领全家一路东行，到了黄河北岸的黎阳（治所在今河南浚县东）躲避战火。过了几年，看到中原稍稍安定，司马朗才带着家人返回温县，在老家"收恤宗族，教训诸弟"。建安元年（公元 196 年），在曹操的征辟下，司马朗成为曹操司空府中的一名官员，后来又先后担任了成皋县令、堂阳县长、元城县令，还入朝担任过丞相主簿，直至成为兖州刺史。

在地方官的任上，司马朗的治理理念是"治务宽惠"，他很少使用鞭刑、杖刑等重罚，百姓因此也很少犯法。据说，有一次朝廷向成皋县征调战船，当时一些已经外迁的成皋县民听说后，唯恐县令因为完不成任务而受处分，竟然接连不断地回来帮忙造船，可见司马朗多么受百姓爱戴。此外，司马朗在恢复秩序、复兴农业方面也有自己独到的见解。面对地方州郡日常防务薄弱的情况，他认为各州郡都应建立各自的地方武装部队（州郡并置兵），一则"外备四夷"，二则"内威不轨"。针对土地撂荒、农业凋敝的情况，他认为"宜复井田"，通过集体经济振兴粮食生产。

也许正是因为司马朗治民理政的这些才干，所以才会得到曹操的赏识，不断加以提升重用，甚至看作心腹肱股。也许正是因为看到了司马朗的才干，所以曹操不久又把他的弟弟司马懿、司马孚等人也纳入了自己的麾下。渐渐地，司马家族开始在三国的历史舞台上潜滋暗长，生根发芽。

原文节选：

> 或有告朗欲逃亡者，执以诣卓，卓谓朗曰："卿与吾亡儿同岁，几大相负！"
>
> 朗因曰："明公以高世之德，遭阳九之会，清除群秽，广举贤士，此诚虚心垂虑，将兴至治也。威德以隆，功业以著，而兵难日起，州郡鼎沸，郊境之内，民不安业，捐弃居产，流亡藏窜，虽四关设禁，重加刑戮，犹不绝息，此朗之所以于邑也。愿明公监观往事，少加三思，即荣名并于日月，伊、周不足侔也。"

卓曰："吾亦悟之，卿言有意！"

——《三国志·魏书·司马朗传》

5.3 隐忍待时，弯道超车——司马懿对话曹操

及时转换跑道、适时弯道超车，这些都是司马懿的拿手好戏。

与哥哥司马朗欣然应征不同，面对曹操的征辟，司马懿最初的表现是拒绝。建安六年（公元 201 年），二十三岁的司马懿被河内郡举荐为上计掾，也就是专门赴上级单位或京师汇报工作、呈递各类统计报表的官吏。对于州郡中的士族子弟而言，被举荐为上计掾或者孝廉似乎是一个必经程序。然而，不知道是因为家族的名望还是因为个人的名声，郡里举荐没多久，司空曹操也直接对他进行了征辟。不过，此时的司马懿虽然知道"汉运方微"，但依然不想"屈节曹氏"，因此就以自己患有痛风，行动不便为由，婉拒了曹操。就这样，司马懿在家乡又待了七年。

建安十三年（公元 208 年），已经成为丞相的曹操，再次对司马懿进行了征辟，并且让使者带话："若复盘桓，便收之。"就是说，你如果再盘桓推脱，磨磨唧唧，就不是来征辟你，而是来收捕你了。这种情况下，司马懿"惧而就职"，成了曹操手下的文学掾。

单看史书上的记载，司马懿似乎是因为害怕而被迫出仕的；实际上，却不排除司马懿自身更深层次的考虑。建安十三年，是一个历史的转折点。这一年，曹操不仅志得意满地就任了丞相一职，而且自信满满地启动了对南方的征伐，甚至还满不在乎地杀掉了名士孔融。曹操能否饮马沧海、一统河山，司马懿也不知道，但曹操对于东汉朝廷和北方地区的绝对控制，已经成了无可颠覆的事实。如果说，这一年孔融的被杀给司马懿带来的是"杀鸡骇猴"的恐惧，那么大局走向的明朗则给了司马懿一种时不我待的紧迫感。在这种

情况下，三十岁的司马懿走进了曹操的幕府。

此后的十年，司马懿从文学掾起步，先后担任过黄门侍郎、议郎、丞相东曹属、丞相主簿等职。与哥哥司马朗在中央和地方反复交叉任职不同，司马懿不仅从未离开过中央，甚至大多数时间都在丞相府。对他来说，这样的经历有利也有弊。从有利的一面讲，他离曹操很近，更容易得到赏识；从生弊的一面讲，他不仅少了地方的历练，而且待得久了也容易让曹操看到他身上的缺点和不足。据载，经过长时间的观察，曹操就发觉司马懿不仅"有雄豪志"，并且还有豺狼身上才有的"狼顾相"。因此，曹操很是顾忌，甚至嘱咐太子曹丕："司马懿非人臣也，必预汝家事。"

此时的司马懿是否在用豺狼般的目光盯着曹魏江山，我们不得而知，但他具有远大志向，却是很明显的。早在司马懿还是一名少年时，同为河内郡人的南阳太守杨俊就认为司马懿有"非常之器"。而朝廷里既主管选人用人又以善识人断人著称的崔琰就曾经对司马朗说："君弟聪亮明允，刚断英特，非子所及也。"就是说，你弟弟无论智商、情商都比你强。那时，崔琰与司马朗是很好的朋友，得出这一结论，不仅没给好友面子，也与当时的实际情况有很大的反差。要知道，那时的司马朗已经在多个岗位都干出了可圈可点的成绩，而小他八岁的司马懿当时还没有出道，更别提什么业绩了。

实际上，在很长一段时间内，司马朗都是兄弟八人的榜样，司马懿从曹操幕府到朝廷议郎再到丞相主簿的任职履历，更像是对大哥过往经历的一种重复，抑或说，正因为曹操对司马朗的认可，才想到让他的弟弟来接替。然而，历史没有给兄弟二人更多比较的机会，司马朗的生命终结在了建安二十二年（公元 217 年）。这一年，兖州刺史司马朗跟随夏侯惇一道征伐东吴，大军到达居巢（今安徽巢湖市东北，一说在今安徽六安市东北）时发生了严重的疫病，司马朗亲自巡视病情并给士兵们发放医治的药物，结果自己却不幸染疾而亡。

不知道司马朗的早亡给司马家族造成了什么样的影响，但毫无疑问的是，作为次子的司马懿此后无疑被推到了家族领头羊的位置，而此时的他也迎来了自己仕途上的重大转折。从入幕成为文学掾开始，司马懿就与爱好文学的曹丕一起"游处"，时间长了便建立了深厚的友谊。建安二十四年（公元219年），司马懿升迁为太子中庶子，这意味着他从曹操的幕府成员成了曹丕的重要幕僚，此后他"每与大谋，辄有奇策，为太子所信重，与陈群、吴质、朱铄号曰四友"。

咦！这下就有些奇怪了，曹操不是觉得司马懿有"狼顾相""非人臣"吗？怎么转过头就让他辅佐太子，"必预汝家事"了？没错，曹操是对司马懿有所提防不假，但这种提防更多的是对世家大族、名流高士的一种普遍性防备，颍川荀氏（荀彧）、弘农杨氏（杨彪、杨修）、清河崔氏（崔琰）、京兆杜氏（杜畿）都在曹操警觉的目光中，真要求曹操见微知萌，早早地就预言司马懿将篡位夺权，那既高估了曹操，也抬高了司马懿。要知道，即使曹操后来杀掉了曾经与司马懿同为丞相府主簿的杨修，他的罪名也只是"前后漏泄言教，交关诸侯"这些跑风漏气、团团伙伙的行为，曹操要是发现身边还有一匹更狠的豺狼，留他条性命都不放心，怎么可能把他安排到太子身边？所谓"尽信书，不如无书"，如此看来，所谓"狼顾相""非人臣"多半是后世修史者对司马懿的一种修饰，甚至是一种"低级红"。

实际上，那时的司马懿所能做的、所要做的就是为曹家的天下添砖加瓦。建安二十年（公元215年），司马懿随曹操征讨张鲁。在顺利取得汉中的情况下，司马懿不失时机地向曹操进言："刘备以诈力虏刘璋，蜀人未附而远争江陵，此机不可失也。今若曜威汉中，益州震动，进兵临之，势必瓦解。因此之势，易为功力。圣人不能违时，亦不失时矣。"撇开对于敌我形势的精准判断和精辟分析不谈，单从"机不可失""不能违时，亦不失时"这些表达中，就可以看到司马懿对于曹魏的拳拳之心。

第二年，司马懿又随曹操征伐东吴，没多久，孙权"遣使乞降，上表称臣，陈说天命"，劝曹操称帝。看到表章，曹操只说了一句话："此儿欲踞吾著炉炭上邪！"这小子摆明了是想把我放到火上烤。然而，司马懿却并不认同主公的这一观点，反而劝进道："汉运垂终，殿下十分天下而有其九，以服事之。权之称臣，天人之意也。虞、夏、殷、周不以谦让者，畏天知命也。"撇开司马懿提到的上古成例和当今形势不谈，单从"天人之意""畏天知命"这样的用词看，司马懿就是铁杆的拥曹派。

主题：天命

聊友：曹操 + 司马懿

时间：公元 217 年

语录：权之称臣，天人之意也。

影响：通过表忠心，司马懿逐渐获得了曹操的认可。

启示：天命在乎人意。

出处：《晋书·宣帝纪》

　　有了这些表现，司马懿在曹操那里也得到了更多认可。其中一个重要的标志，就是他不久后又被任命为军司马。军司马虽然名义上只是大将军手下的一名属官，地位比校尉还低，但却拥有实实在在的领兵权。成为军司马，某种程度上表明了曹操对于司马懿军事能力的认可，同时也给了司马懿军事方面的更多历练，这对司马懿日后的发展具有决定性的影响。

　　一旦走出幕府，司马懿很快就在军事战略上展现了自己独到的眼光。

　　首先是在军事保障上。针对军队数量众多、军粮消耗巨大的状况，司马懿认为"今天下不耕者盖二十余万，非经国远筹也"，建议"虽戎甲未卷，自宜且耕且守"。对于这一耕战结合的建议，曹操很快采纳，随后大规模的军屯在曹魏施行开来。据载，此后"务农积谷，国用丰赡"，再也不用为军粮发愁了。

　　其次是在军事部署上。鉴于荆州地处魏蜀吴的交界地带，军事形势更为严峻，司马懿对荆州的人事安排也提出了建议，他认为荆州刺史胡修和南乡太守傅方，一个"粗暴"、一个"骄奢"，都应该予以调整。但是，曹操对于这一建议却不予理会。后来，胡修和傅方在面对关羽北上的兵锋时，竟一起倒戈投降了。

最后是在军事判断上。面对关羽节节胜利的军事形势，曹操一度产生了迁都邺城的想法。为此，司马懿和蒋济一起进行了劝阻，并提出让孙权"挬其后，则樊围自解"的建议。后来，结果确如所料，随着孙权对关羽的背后一击，曹魏的危机随即解除。

据载，在成功献策解了樊城之围后，司马懿对于曹魏荆州地区的安稳也有智力贡献。经过与关羽一战，曹操对荆州百姓以及汉水两岸的屯田户都产生了一定的疑忌，准备把这些人都迁到其他地区。看到这种情况，司马懿又出来说话了："我们在荆楚一带的力量既松散又脆弱，很容易发生动荡，如今关羽刚刚被消灭，那些当初参加叛乱作恶的人，或藏匿，或逃窜，都在等待观望。一旦迁徙了那些善良的百姓，不仅伤害了他们，而且还会让那些逃走的人再也不敢回来了。"

"你说得对！"对此，曹操欣然接受。

后来，不管是藏匿的，还是逃走的，都返回来了。

主题：**移民**

聊友：**曹操 + 司马懿**

时间：**公元 219 年**

语录：**徙其善者，既伤其意，将令去者不敢复还。**

影响：**司马懿在曹操面前不断得分。**

启示：**对领导要敢于提建议。**

出处：**《晋书·宣帝纪》、《资治通鉴》卷六十八**

就这样，司马懿在曹操时代不断输诚献策，最终取得了由文到武、由内而外的些许突破。一旦曹操离世，业已搭上曹丕这驾车的司马懿更是进入了个人发展的快车道。建安二十五年（公元 220 年），魏文帝曹丕即位，司马懿

随即被封为河津亭侯，转任丞相长史；年底，曹丕代汉称帝，改元黄初。投桃报李，论功行赏，司马懿被任命为尚书，随后又转任督军、御史中丞，封安国乡侯；黄初二年（公元 221 年），司马懿又升迁为侍中、尚书右仆射。一年多的时间，司马懿从参谋型的幕僚变身成了具有决策性的重臣，迅速奔向了帝国权力舞台的中心。

此时，曹丕与司马懿已经建立了高度的信任关系。一个显著的例证就是每次曹丕御驾亲征时，都会将留守的重任交给司马懿，甚至每次还要聊上几句以示信任。黄初五年（公元 224 年），曹丕南征前，命令司马懿"留镇许昌"，同时让他转任抚军并假节，拥有独立的领兵权。面对司马懿的一再推辞，曹丕告诉他"此非以为荣，乃分忧耳"，就是说，这不是什么可拿来夸耀的荣誉而是不可推卸的责任，你是在替我分忧。黄初六年（公元 225 年），曹丕再次征吴，又命令司马懿"居守"，并且下诏告诉他："吾深以后事为念，故以委卿。曹参虽有战功，而萧何为重。使吾无西顾之忧，不亦可乎！"显然，此时的曹丕已把司马懿当成汉初的第一功臣萧何来看待了。而回到洛阳不久，曹丕又下诏对司马懿说："吾东，抚军当总西事；吾西，抚军当总东事。"如果说行前确有必要托付和交代的话，那返回后的这些话则完全是一种认可和交底了。字里行间，曹丕似乎在说，你就是我的分身，你就是另一个我！

从亭侯到乡侯、从幕僚到重臣、从分忧到抚军，如果按照这种趋势发展下去，真不知道曹丕还会不会赋予司马懿更多的权力。要知道，连萧何为重、我东你西这样的话都说了，还真不知道有什么更大、更高的委托？

不过，还真别说，没过多久这更大的托付就来了。黄初七年（公元 226 年）五月，病重中的魏文帝曹丕把中军大将军曹真、镇军大将军陈群、征东大将军曹休、抚军大将军司马懿召到了跟前，将辅佐接班人曹叡的重任交给了这四个人，司马懿的新征程由此开启。

原文节选:

从讨张鲁，言于魏武曰："刘备以诈力虏刘璋，蜀人未附而远争江陵，此机不可失也。今若曜威汉中，益州震动，进兵临之，势必瓦解。因此之势，易为功力。圣人不能违时，亦不失时矣。"

魏武曰："人苦无足，既得陇右，复欲得蜀！"言竟不从。

既而从讨孙权，破之。军还，权遣使乞降，上表称臣，陈说天命。魏武帝曰："此儿欲踞吾著炉炭上邪！"

答曰："汉运垂终，殿下十分天下而有其九，以服事之。权之称臣，天人之意也。虞、夏、殷、周不以谦让者，畏天知命也。"

——《晋书·宣帝纪》

操嫌荆州残民及其屯田在汉川者，皆欲徙之。

司马懿曰："荆楚轻脆易动，关羽新破，诸为恶者藏窜观望，徙其善者，既伤其意，将令去者不敢复还。"

操曰："是也。"

是后诸亡者悉还出。

——《资治通鉴》卷六十八

六年，天子复大兴舟师征吴，复命帝居守，内镇百姓，外供军资。临行，诏曰："吾深以后事为念，故以委卿。曹参虽有战功，而萧何为重。使吾无西顾之忧，不亦可乎！"

天子自广陵还洛阳，诏帝曰："吾东，抚军当总西事；吾西，抚军当总东事。"于是帝留镇许昌。

及天子疾笃，帝与曹真、陈群等见于崇华殿之南堂，并受顾命辅政。诏太子曰："有间此三公者，慎勿疑之。"

——《晋书·宣帝纪》

5.4 华丽转身，站稳脚跟——司马懿对话诸将

由文职到武职，由后方到前线，司马懿转变的不只是身份。

司马懿很清楚，能够以托孤大臣的身份进入曹叡时代，是先帝曹丕对自己的一种肯定和交代，而位列末席则让自己还需要持续修炼和等待。路漫漫其修远兮，假如曹丕不死，自己或许还能进一步进阶上位；如今新天子登基，一切都要重新开始，自己仍需上下求索。

在司马懿看来，前面的每一位托孤大臣都犹如一座难以逾越的大山。曹真、曹休都是谯沛集团的核心人物，他们都是曹操同族兄弟的儿子，曹操与他们恩若父子，最精锐的虎豹骑交给他们指挥，最重要的军事任务也总是由他们承担，他们是继曹仁、夏侯惇之后曹魏帝国当仁不让的军事砥柱。曹丕时代，曹真先是担任镇西将军，假节都督雍州、凉州军事；黄初三年（公元222 年）又被任命为上军大将军，都督中外诸军事，假节钺；同年，与夏侯尚一起攻克东吴军事重镇牛渚后，转任中军大将军，加授给事中一职。在曹丕继位后，曹休先是担任领军将军，接着又在夏侯惇去世后继任镇南将军，假节都督诸军事；在多次击败东吴军队后，曹休升迁为征东将军，兼任扬州刺史；曹丕征讨孙权时，曹休被任命为征东大将军，假黄钺，张辽等名将和各州郡军队均听从他的指挥。上面这些，归结为一句话，曹家最信任的还是曹家人，军事大权始终掌握在曹家人手中，曹真重点应对蜀汉，曹休重点应对东吴，以此确保曹魏江山社稷安稳。

除了曹真、曹休，陈群也是一座无法逾越的大山。出身颍川名门陈氏家族的他，不仅有过豫州刺史别驾、任柘县令等地方岗位的历练，而且深得曹操、曹丕的赞赏。曹操时代，他先后担任治书侍御史、参丞相军事、御史中丞、侍中兼丞相东西曹掾等职，可以说很早就进入了曹魏的核心层。早在曹

丕还是太子时，就将他称为自己的颜回，常常感叹说："自吾有回，门人日以亲。"可见在增加吸引力、壮大队伍方面，陈群贡献不小。曹丕即魏王位后，陈群很快获封昌武亭侯并转任尚书一职；曹丕称帝后，陈群升任尚书仆射，加官侍中，后改任尚书令，进封颍乡侯；曹丕征讨孙权时，任命陈群兼任中领军，回师途中授予陈群假节并都督水军，返回许昌后任命陈群为镇军大将军，兼任中护军，录尚书事。总而言之，此时的陈群不仅总管了朝廷行政事务，而且统领了京城防务。

上面这三人一个个看下来，留给司马懿的发展空间着实不大。军事防御上，西有曹真，东有曹休，京城有陈群；文官治理上，凭着完整的行政履历，陈群足以包揽所有事务。无论文武，不管内外，司马懿似乎都没有太合适的位置。

不过，不得不承认司马懿的运气。这边司马懿找不到方向和定位，那边孙权抓住曹魏权力交替的空当，不仅带兵包围了江夏，还派遣诸葛瑾、张霸等人进攻襄阳。这下司马懿有活干了，很快他就在魏明帝的委派下"督诸军讨权"，结果不仅迫使孙权"走之"，而且"败瑾，斩霸，并首级千余"。经过这次出师，司马懿不仅升迁为骠骑将军，而且在第二年的六月受命屯驻宛城，"加督荆、豫二州诸军事"，就是说，司马懿拥有了帝国中部战区的军事指挥权，在不东不西、不内不外的地方，拥有了一席之地。

按理说，中部战区的挑战和威胁并不大。其一，孙吴的战略重心在长江下游，双方攻防的重点也在江淮一带，地处中游的荆襄一带通常不会发生大的战事；其二，孙权刚刚进行了一次投机性的进攻，短时间应该不会再来寻衅滋事；其三，荆、豫二州仅在西南角的新城、上庸一带与蜀国接壤，来自西方的威胁也微乎其微。

然而，恰恰在这微乎其微的地方出现了问题。

魏太和元年（公元 227 年）十二月，司马懿突然收到了下属魏兴太守申仪的一封密报：他的上级新城太守孟达即将造反！对于孟达，司马懿很早就有判断。早在孟达由于害怕刘备追究自己对关羽见死不救的罪责而投降曹魏时，司马懿就认为此人"言行倾巧"，并因此向曹丕提出过孟达"不可任"的建议。然而，孟达倾巧的言行却很得曹丕欢心，叛蜀降魏的孟达不仅继续驻守上庸，曹丕甚至还将房陵、上庸、西城三郡合为新城，加封孟达为散骑常侍并兼任新城太守，"委以西南之任"。魏明帝即位后，孟达感到了些许不安，一则旧主不在，新主难测，自己在朝廷中的老关系桓阶、夏侯尚也都已故去，今后在曹魏的前途如何还真是没底；二则老东家此时不断在向自己招手，仅蜀汉丞相诸葛亮就来了好几封书信；三则自己与魏兴太守申仪也着实不对付，彼此甚至到了相互攻讦、水火不容的地步。多种因素叠加在一起，孟达便产生了叛魏返蜀的念头，开始"连吴固蜀，潜图中国"。

闻知这一消息，司马懿立刻给孟达送去了一封信。信中，司马懿首先肯定了孟达"昔弃刘备，托身国家"的义举，紧接着又申明了"国家委将军以疆场之任，任将军以图蜀之事"所给予的信任和重托，同时也提醒孟达别低估了蜀人"莫不切齿于将军"的仇恨以及"诸葛亮欲相破，惟苦无路耳"而可能设置的圈套。总之，司马懿以及整个朝廷对孟达仍然高度信任，孟达千万不要中了蜀汉的奸计。

实际上，在接到司马懿书信的同时，孟达也接到了诸葛亮的提醒：千万小心司马懿。然而，孟达对司马懿的书信虽然将信将疑，对于诸葛亮的提醒却并不在意。在给诸葛亮的书信中，孟达作出了自己的判断："宛城距离洛阳八百里，距离新城一千二百里，调动部队自己人打自己人这样的大事司马懿不可能不汇报，请示报告加上调集军队怎么着也要一个月，有这一个月我早就一切准备就绪、严阵以待了；并且新城地处魏蜀吴三国交界的深山险川之中，司马懿肯定不会自己来，别人来就更不怕了。"看来，孟达也是周密盘算过的。

不过，孟达给诸葛亮的下一封信，就没有那么乐观了："我起兵举事才八天，司马懿就兵临城下，简直是神速啊！"

其实，不仅孟达认为不可能，司马懿手下的将士之前也认为不可能。当时，大家都对司马懿说："依现在的形势看，吴蜀两个贼国都与孟达勾结，应该先观望观望再行动。"

对此，司马懿断然予以否决："孟达从来就没什么信义可言，现在正是他犹豫迟疑的时候，正应当趁他没下定决心时把他解决掉。"

就这样，紧随那封抚慰孟达的书信启程的，还有司马懿和他的平叛队伍。于是，出现了八天奔袭一千二百里山路的神速，于是又过了八天，孟达的首级被送往京师洛阳。

经此一役，司马懿在魏明帝时代站稳了脚跟。

主题：是否闪击孟达
聊友：司马懿 + 手下将领
时间：公元 227 年
语录：此其相疑之时也，当及其未定促决之。
影响：司马懿成功消灭孟达，恢复新城稳定。
启示：于无声处起惊雷。
出处：《晋书·宣帝纪》、《资治通鉴》卷七十

原文节选：

司马懿以书慰解之，达犹豫未决，懿乃潜军进讨。

诸将言："达与吴、汉交通，宜观望而后动。"

懿曰："达无信义，此其相疑之时也。当及其未定促决之。"

乃倍道兼行，八日到其城下。

——《资治通鉴》卷七十

5.5 分忧担难，杆头争先——司马懿对话曹叡

在别人跌跟头的地方捞甜头，这是司马懿搏出头的一个绝招。面对上级，一场聊得来、聊得深的聊天，可能比辛苦干出来的业绩还有效。

如果用聊天来描述上下级关系，那么从低到高可以分为四个层次：第一层次是聊得上，第二层次是聊得来，第三层次是聊得深，第四层次是聊得开。具体到魏明帝时代的君臣关系来看，即使"聊得上"这一基本层次也不是朝堂上的所有大臣都能享有，因为魏明帝曹叡"与朝士素不接"，即位后很长时间却只是与侍中刘晔聊。如此，能够进入"聊得来"这一层次的大臣就不多了。诸如陈群、辛毗这样的重臣，虽然能聊得上，但因为在不少事情上与魏明帝意见相左因此不能算聊得来，能算聊得来的也就是刘晔、刘放、孙资等为数不多的一班近臣；一旦能够"聊得来"，距离"聊得深"就不远了，刘晔在伐蜀问题上与魏明帝聊得很深，刘放、孙资在继嗣问题上与魏明帝聊得很深，聊得深入就意味着他们对魏明帝的决策具有重要影响。最难实现的是聊得开，也就是君臣之间能够放开了聊，大臣也可以主导方向，设置话题，一旦做到这一点，君臣虽然隔开千里也能够默契地进行交流。

就聊天层次而言，至迟在司马懿攻破孟达后，魏明帝与他就已经进入了"聊得深"的状态。

平定新城叛乱使魏国在人口资源上收获颇丰，除了司马懿把孟达的旧部七千余户迁往幽州外，蜀国的将领姚静、郑他等人也率领部属七千余人前来归降，魏蜀边境附近的蜀国居民更是纷纷迁往魏国，一时间，原本清晰可查的边郡户籍和人口变得模糊不清了。为此，魏明帝想对边郡户口加以核实，但又拿不太准，于是把都督荆豫二州的司马懿召回京城进行征询。

对于是否核实人口户数，司马懿并没有直接作答，而是讲了一番大道理：

"叛贼以严密繁苛的法令来网禁和约束下面，所以下面的民众都弃他而去。如今我们应该宽简地对待民众，那他们自然就安居乐业，不再四处迁徙了"。言下之意，与其"圈养"生弊，不如"放养"生利。

这番回答看似平常，实际上却蕴含了不少信息。按理说，新城一战完全是司马懿的功劳，作为战争红利，所有新增加的人口都是战胜带来的，对这些衍生品进行核算只会彰显司马懿的功劳，对他来说是个有利的事情。然而，司马懿却表示了不同意见，并且认为对于新迁人口的管理宜粗不宜细，这又是为什么呢？

实际上，司马懿的观点于国家、于荆州、于他个人都是一种更有利的事情。从国家的角度看，一旦对新迁人口进行严格的核查和管理，紧接着就会对其征收赋税，让其从事兵役和劳役，这些负担无疑会促使一些百姓"用脚投票"，要么藏匿起来，要么逃向吴蜀，于魏国而言这必定是一种损失。从荆州的角度看，一旦将新迁人口纳入户籍，增加了荆州的管理成本不说，朝廷还可能将多出来的人口中的一部分迁往他州，于荆州而言这也是一种损失。因此，只有放任肥水自流才能做到肥水自留。从个人的角度看，详细核实新增人口短期看可能会对司马懿的功绩起放大作用，但如上面所分析的，长远看严格管理必定会促使人口外迁，到那时功劳变成了苦劳不说，甚至还可能变成过失、过错。如此看来，司马懿话虽不长，但在来京的路上必定没少动脑筋。

主题：是否核查人口

聊友：魏明帝曹叡 + 司马懿

时间：公元 228 年

语录：弘以大纲，则自然安乐。

影响：司马懿进一步得到了魏明帝的赏识。

启示：有时候，否定领导也是必要的。

出处：《晋书·宣帝纪》

对于司马懿的回答，不知魏明帝如何理解，总之，他相当满意。随后，魏明帝又问出了一个更有深度的问题："您认为吴、蜀这两个寇虏，应该先消灭哪个？"

毫无疑问，这是魏国的一个老大难问题。说它"老"，是因为在此之前曹丕、曹叡已经问过不少人了，并且一问就问了十几年；说它"大"，是因为当时没有比三分一统更大的事了；说它"难"，是因为之前的反复尝试一再表明，在"一大对两小"的格局下任何一方都很难突破。对这个老大难问题，曹家天子一直想寻求破解之道，但从贾诩到陈群到辛毗，给出的答案都是"不可能"（详见《聊出来的三国：曹魏豪雨》）。这一次，曹叡得到了关于流动人口户籍管理问题的满意答案后，又慎重而不失时机地提出了这个更为艰深的问题。

对于魏明帝的新提问，司马懿很快进行了条分缕析地阐述："吴国认为我们北兵不习惯水战，所以才敢成群地盘踞在东关（今湖北鄂州市）一带。"围绕双方优劣和战略态势，司马懿进行了简单分析。

紧接着，司马懿提出了具体的战略战术和突破口："但凡攻打敌军，一定要扼住敌军的咽喉而撞击他们的心脏，而夏口（今湖北武汉市武昌黄鹄山）、东关就是吴军的心喉。"

最后，司马懿提出了声东击西的战役策略："如果在陆上攻打皖城，吸引孙权的水陆大军东下救援，随后派水师攻向夏口，乘敌人防守虚弱猛然发动攻击，就如同神兵天降，一定能大破吴军。"

主题：如何灭掉吴蜀
聊友：魏明帝曹叡 + 司马懿
时间：公元 228 年
语录：凡攻敌，必扼其喉而撞其心。
影响：司马懿进一步得到了魏明帝的信任。
启示：把简答题变成论述题，更容易得高分。
出处：《晋书·宣帝纪》

其他大臣都认为不可能的事情，在司马懿这里不仅觉得可行而且拿出了一套完整的方案，可行不可行倒是其次，仅仅是这份忧国忧君的心，就不禁令曹叡着实欣慰和惊喜。于是，曹叡命令司马懿返回宛城，积极备战。

后来，可能是由于诸葛亮北伐等原因，魏明帝将军事重点移向了西方，司马懿也被调往关中，因此，司马懿的这一计划并没有实施，史学家也没有给予更多的关注。实际上，深入分析这一计划，还是有些玄机在里面的。

首先，司马懿指出了敌我的优劣。敌人的优势是水战，我军的优势是陆战，想打赢敌人就需要扬长避短。

其次，司马懿抓住了敌人的要害。当时，东吴占据着长江中下游地区，中游以新首都武昌为中心，夏口是武昌的屏障，拔掉这个据点也就近乎摧毁了敌人的心脏。

再次，司马懿看出了敌人的弱点，东强西弱是敌人的基本状况，东攻西守是敌人的基本策略，要捏就要先捏软柿子。

最后，司马懿提出了克敌的方法。想消灭敌人就要先调动敌人，想打击敌人的心脏就要先牵住敌人的鼻子，而牵住鼻子的方法就是在长江中下游之间找一个便于陆地进攻又迫使敌人不得不救的打击目标，没错，这个目标就是皖城。皖城不仅是东吴孤悬在长江北岸的一块"飞地"，而且离长江也相对较远，有利于魏军陆上作战；同时，皖城处于武昌和建业的连接部，在上下游的交通联络尤其是对武昌的物资补给中其地位相当重要，拿捏这个敌人用来"喘气"的鼻子，孙权不可能无动于衷。

看得出来，面对天子的提问，司马懿虽然是临时应答，但之前必定做过不少思考和论证，因此他提出的这一计划也具有一定的可操作性。实际上，不仅司马懿琢磨着利用皖城牵动孙吴，孙权也盘算着利用这一区域调动曹魏呢。就在曹叡与司马懿聊天的这一年秋天，也就是魏太和二年（公元228年），吴番阳太守周鲂通过诱降把曹休的十万步骑引诱到了皖城一带，吴王亲率陆逊等大将，双方在石亭（今安徽舒城境内）展开厮杀，最终曹休大败。这场战役对魏吴的影响深远，几个月后曹休含恨而亡，此后终曹叡之世都没有主动在东线发起大规模的进攻。然而，这些对于司马懿倒不算是坏事，至少司马懿给魏明帝留下了勤于思考、敢于任事的深刻印象，他的计划或多或少都会凸显曹魏中部战区的重要价值，这无形中对司马懿的地位也是一种巩固和提升，而随着曹休的离世，司马懿在整个对吴防御中地位也更加重要了。

原文节选：

时边郡新附，多无户名，魏朝欲加隐实。属帝朝于京师，天子访之于帝。

帝对曰："贼以密网束下，故下弃之。宜弘以大纲，则自然安乐。"又问二虏宜讨，何者为先？

对曰："吴以中国不习水战，故敢散居东关。凡攻敌，必扼其喉而捣其心。夏口、东关，贼之心喉。若为陆军以向皖城，引权东下，为水战军向夏口，乘其虚而击之，此神兵从天而坠，破之必矣。"

天子并然之，复命屯于宛。

——《晋书·宣帝纪》

5.6 心有灵犀，不点自通——诸葛亮对话姜维、司马懿对话曹叡

高手过招，不在动而在静，不在多而在精。

如果说，司马懿与魏明帝关于人口管理的聊天算是聊得来的话，那么关于伐吴策略的聊天就算是聊得深了，而关于对蜀策略和征伐辽东的两场聊天，则绝对算君臣之间不言自明的默契了。

魏太和年间（公元 227 年至 233 年），随着诸葛亮的北伐，魏明帝逐渐把重心放到了关陇地区，司马懿也随之被调往西线，历史性地与诸葛亮

相遇了。

原本，司马懿是作为曹真伐蜀的助手或者说侧翼而加入对蜀作战的。太和四年（公元230年），司马懿升迁为大将军、加大都督、假黄钺，沿汉水逆流而上与出兵关中的大司马曹真共同伐蜀。这次重大军事行动，是在曹真的建议下展开的，可是曹真不仅没有取得胜利而且在伐蜀后的第二年就去世了。接下来对付强敌诸葛亮的重任，自然就落到了司马懿身上。面对诸葛亮的持续进攻，魏明帝不仅让司马懿接替曹真"屯长安，都督雍、梁二州诸军事，统车骑将军张郃、后将军费曜、征蜀护军戴凌、雍州刺史郭淮等讨亮"，而且颇为信任地说："西方有事，非君莫可付者。"这句话，清楚地确认了司马懿军事上"曹魏一哥"的地位。

通过军事接触，司马懿很快做出了论断："亮每以粮少为恨，归必积谷，以吾料之，非三稔不能动矣。"就是说诸葛亮的致命弱点是军事供应困难，难以持久作战三年。为此，司马懿的策略很简单："登山掘营，不肯战"，你想玩，我不跟你玩，任凭你如何挑衅，我自岿然不动。

司马懿有耐心，众将却按捺不住了。面对司马懿的窝囊龟缩，他们不仅纷纷请战，甚至还说："公畏蜀如虎，奈天下笑何！"大家视蜀如"鼠"，您却视蜀如"虎"，怎能不让天下人取笑？就算是病猫，我们也该发威了。对于这番不满言论，司马懿的态度也很简单：既然你们都想打，那我们就打打看。于是，魏军不仅丢盔卸甲，甚至损失了名将张郃。

然而，司马懿"欲擒故纵"这招管得了一时，却管不了多时。时间一久，众将又好了伤疤忘了疼，积极应战的声音又甚嚣尘上，弄得司马懿也有点架不住。其实这也难怪，从来都是猫捉老鼠，哪有猫躲老鼠的道理。更气人的是，诸葛亮甚至给司马懿送来了一整套女人的服装首饰，言下之意，你司马懿就是个扭扭捏捏、犹犹豫豫的小女人。

这下，不仅众将不干了，就连司马懿脸上挂不住了，立刻上表向魏明帝请战，并且一份接着一份上表，一副不出征就不是爷们的架势。这下，天子也坐不住了，立刻派卫尉辛毗作为军师前来督军。辛毗向来以刚直著称，是朝廷有名的骨鲠之臣，他来就代表了天子的意志和决心。

到来后，辛毗立刻宣布了天子的旨意：坚决不出战。为了防止有人擅自行动，辛毗甚至一度拿着天子授予的节杖站到了军营的大门口。这下，魏军上下马上消停了，谁也不敢再言一个"战"字。

听说辛毗到来，蜀军也有人嗅到了新的气息，姜维就向丞相诸葛亮汇报了自己的判断："既然辛毗都拿着皇帝的符节来督军，看来魏贼是不会再出来应战了。"

听了姜维这番话，诸葛亮笑着说："司马懿本来就没打算应战，之所以一再向曹叡申请出战，就是想在三军面前做做样子，告诉众人他不是怂货，不怕打。孙子兵法讲，将在外，君命有所不受。倘若他真想打、真敢打，怎么会向千里之外的主公去请战呢！"

通过对手阵营的这番聊天，我们终于搞明白了，原来这不过是司马懿与魏明帝联袂上演的一出双簧，这才叫真默契。

主题：真想打还是假请战
聊友：诸葛亮＋姜维
时间：公元234年
语录：彼本无战情，所以固请战者，以示武于其众耳。
影响：司马懿借助魏明帝稳定了军心，拖垮了诸葛亮。
启示：下属的请示件未必都要签同意。
出处：《晋书·宣帝纪》、《三国志·蜀书·诸葛亮传》注引《汉晋春秋》、《资治通鉴》卷七十二

当然，默契的还不止于此。

景初二年（公元238年）春，已经耗死了诸葛亮的司马懿又接到了一个重大任务：攻打辽东。

相比于对垒蜀汉，征伐辽东是个更不好干的苦差事。位于帝国东北方向的辽东郡，自初平元年（公元 190 年）公孙度担任辽东太守开始，经历公孙康、公孙恭直到公孙渊，近半个世纪一直游离于中央政府的管控之外，当年曹操端了乌桓的老巢也没去碰公孙康，魏文帝曹丕则拜公孙恭车骑将军以示安抚。到了魏明帝时代，公孙渊不仅挫败了魏幽州刺史毌丘俭的进攻，而且趁势自立为燕王，俨然已经成为三分之外的第四国。

在这种情况下，魏明帝再次使出了司马懿这一撒手锏。然而，司马懿进入辽东时，却正赶上夏季的大霖雨，河水暴涨不说，三军行动起来也很是不便。有鉴于此，朝中的大臣们"咸欲罢兵"。在这样一个进退抉择的时刻，魏明帝却异常坚定："司马懿临危制变，禽渊可计日待也。"一句话，大家瞧好吧，司马懿肯定行。

魏明帝的坚定，一方面基于他长期以来对司马懿的观察，另一方面则源于他与司马懿的那次行前谈话。

看着风尘仆仆从长安赶回的老臣，魏明帝说："这件事情本来不足以劳烦您，但为了做到万无一失，所以才拿这事麻烦您。"一上来，曹叡先说了句客套话。

"您觉得，公孙渊将用什么计策迎战您？"随即，转入正题。

"公孙渊放弃守城先期逃走，坚壁清野拖垮我军，是上策；依托辽水抗拒我军，是中策；如果死守襄平城（今辽宁辽阳市老城），就必被生擒了。"很显然，司马懿早已对可能面临的形势进行了缜密的分析研判。

"那么，他最终会选择哪种策略？"曹叡接着追问。

"只有明智的人，才能深刻地度量敌我双方的力量。预先有所舍弃，这不是公孙渊的才智所能达到的。如今，我们孤军远征，他一定会认为我们不能支撑长久，必定会先在辽水抵抗，然后退守襄平，这是中下策。"司马懿不仅进行了深入的分析，而且做出了大胆的判断。

"往返需要多少时间？"曹叡将话题转向战争周期。

　　"进军一百天，返回一百天，攻战一百天，用六十天休整歇息，这样的话，一年足够了。"司马懿迅速回答。

　　这是一次十分高效的交流，曹叡问得直接，司马懿答得干脆。曹叡先问敌方策略这一至关重要的问题，听到司马懿已进行了周密思考，曹叡并没有追问我方的战略策略，而是直接转向战争周期。表面看，曹叡的问话只有四个字："往还几时？"实际上却大有深意。战争意味着消耗，战争时间的长短关系物资储备和后勤供应的规模和种类，是准备一年的军粮还是三年的军粮，是准备两季的军衣还是准备四季的军衣，这些都是重大事项。

　　事实上，在此之前就有大臣对军队的人员规模和军事供应提出过"四万兵多，役费难供"的异议，而魏明帝则以"四千里征伐，虽云用奇，亦当任力，不当稍计役费也"作为回应，但不管怎么说，他还是要跟司马懿聊聊。对于朝廷上下的担心，深谙兵事的司马懿当然心知肚明。所以，他没有笼而统之，而是把不同阶段的时长都进行了详细的汇报，以便后方相应地进行物资供应和一系列支持。通过这段对话，不难看出君臣之间的高度默契，我只问你敌人将做什么以及我可以为你做什么，而根本不问你要做什么。

主题：多久灭辽东
聊友：魏明帝曹叡 + 司马懿
时间：公元 238 年
语录：惟明者能深度彼己，豫有所弃。
影响：对于辽东之战，魏明帝放心，司马懿专心。
启示：聊天要聊关键。
出处：《晋书·宣帝纪》、《资治通鉴》卷七十四

原文节选：

　　亮自至，数挑战。宣王亦表固请战。使卫尉辛毗持节以制之。

姜维谓亮曰："辛佐治仗节而到，贼不复出矣。"

亮曰："彼本无战情，所以固请战者，以示武于其众耳。将在军，君命有所不受，苟能制吾，岂千里而请战邪！"

——《三国志·蜀书·诸葛亮传》注引《汉晋春秋》

及辽东太守公孙文懿反，征帝诣京师。

天子曰："此不足以劳君，事欲必克，故以相烦耳。君度其行何计？"

对曰："弃城预走，上计也。据辽水以距大军，次计也。坐守襄平，此成擒耳。"

天子曰："其计将安出？"

对曰："惟明者能深度彼己，豫有所弃，此非其所及也。今悬军远征，将谓不能持久，必先距辽水而后守，此中下计也。"

天子曰："往还几时？"

对曰："往百日，还百日，攻百日，以六十日为休息，一年足矣。"

——《晋书·宣帝纪》

5.7 快就是慢，慢就是快——司马懿对话陈珪

法如筏，法尚可舍，何况非法。

后来的战争进程与司马懿的预测基本一致。六月，眼看曹魏大军即将进入辽东境内，公孙渊立即派重兵布防于魏辽边境的辽隧（治所在今辽宁海城市西北高坨子附近），并且围城挖掘了长达二十多里的壕沟，一副拒敌于国门之外的架势。

对此，魏军将士的第一反应就是攻城，不拔掉这颗钉子怎能显示我大魏

军队的战力？对此，司马懿却并不认同："敌人之所以坚守不出，就是想把我们拖疲拖垮，现在进攻，正好落入了他们的圈套。而且敌人的主力都集中于此，他们后方的老巢必然空虚，现在直指襄平，攻破它是百分之百的事情。"随后，司马懿绕过了公孙渊构筑的"马奇诺防线"，直接杀到了襄平。

不出司马懿所料，面对大军围城，公孙渊并没有弃城而逃，而是选择了据城坚守。促使公孙渊作出这一决策的重要因素来自上天，此时持续不断的暴雨已经让城外变成了一片泽国，而魏军则成了水中的鱼鳖。

面对这意想不到的天灾，魏军变得焦虑恐慌，甚至有的计划把营垒迁移到高一点的地方，等雨季过后再进行合围。对此，司马懿下令："敢有言徙者斩！"谁再说迁营，我就斩了谁！言出必行，说话间抗命的都督令史张静就人头落地了。然而，令人奇怪的是，司马懿不许自己人迁营，却纵容敌人出城砍柴和放牧，难道敌人就是可以放火的"州官"，我们就是不能点灯的"百姓"吗？莫非司马大将军脑袋里也进了水不成？

对此，司马懿身边的司马陈珪用对比的方式提出了自己心中的疑惑："从前攻打上庸，八支部队同时进发，昼夜不停，所以能只用十六天就拔掉了那座坚城，斩杀了叛将孟达。如今我们远征而来，反而更加安闲迟缓，我私底下真是感到疑惑。"快也是你，慢也是你，到底哪个才是真正的你？

听了这些，司马懿耐心地为部下释疑解惑："那时，孟达虽然兵少但存粮却可以支撑一年，而我军兵将四倍于孟达但粮食却不能支撑一个月。以一个月去攻打一年，怎能不迅速？以四打一，就算损失一半拿下敌城，也应该这么干，所以才会不计死伤地强攻，这是在与粮食赛跑。"速度快慢取决于力量对比和军粮储备，在上庸生命诚可贵，粮食价更高。

"如今，敌众我寡，敌饥我饱，并且大雨如此，有力难使，虽然应当速攻，但却无可奈何！"运用同一逻辑，司马懿对辽东的情况进行了分析，如果说当初是以生命换时间，现在则是以时间换空间，以粮食换生命。

"自打从京师出发，我们担心的并不是敌人进攻，而是敌人逃走。如今敌人粮食即将耗尽而我们的包围圈还没有闭合，如果抢掠他们的牛马，抄夺他们的樵夫，这是故意促使他们逃走。"分析完基本态势，司马懿又解释了纵敌砍柴、放牧的原因。

"用兵是一种诡道，要善于因应事态的变化。敌人凭仗人多雨大，所以就算饥困窘迫，也不肯束手就擒，我们应当通过显示无能来麻痹他们、稳住他们。如果贪图小利而打草惊蛇，这不是好的计策。"一句话，欲擒故纵。

> 主题：**速攻与慢围**
> 聊友：**司马懿 + 陈珪**
> 时间：**公元 238 年**
> 语录：**不忧贼攻，但恐贼走。**
> 影响：**有效地麻痹了敌人，拖垮了对手。**
> 启示：**看菜吃饭，量体裁衣。**
> 出处：**《晋书·宣帝纪》、《资治通鉴》卷七十四**

听了司马懿的解释，陈珪恍然大悟；看到大雨过去，公孙渊才如梦方醒。城外魏军如虎、矢石如雨，城内粮草已尽、人各相食，无奈之下，公孙渊派出了相国、御史大夫组成的乞和团。然而，司马懿却以礼数未到、诚意不够而拒绝。为了表示诚意，公孙渊又派侍中捎去口信，准备送儿子作为人质。这次，司马懿说得更绝："军事要旨有五条：能打就打，不能打就守，不能守就跑；剩下的两条，就只有降和死了。公孙渊既然不肯自己把自己绑了过来投降，就是决心去死了，根本不需要送人质。"

连投降都被拒绝，但公孙渊又不想死，就只有逃跑了。可这时再跑，又怎么可能成功？不久，魏军就在城外斩杀了逃亡的公孙渊父子，随即魏军不仅进入了襄平城，而且将辽东、带方、乐浪、玄菟等四郡全部平定。为了斩草除根，永绝后患，司马懿下令诛杀辽东公卿以下官吏和士兵七千多人，并将尸体堆在一起封上土，做成了一座座骇人的"京观"。

至此，时间已经进入了八月末，从正月出师算起，整个征伐过程用了大约270天，比预定时间提前了大约一个月，节约下来的时间就留给士兵多休整一段吧。虽然提前完成了任务，但整个过程司马懿还是颇为安适和从容的，据载，在离京北上的途中，司马懿在家乡温县还颇为惬意地待了几天。这几天，司马懿会见了郡守典农以下的官员，而且与家乡的父老故旧在一起好好地宴饮了一番。然而，此时司马懿已年过六旬，入仕为官也已超过三十载，望着眼前的一切，回顾经历的点滴，司马懿不禁兴尽悲来，醉吟成调，随口吟诵道：

"天地开辟，日月重光。遭逢际会，奉辞遐方。将扫逋秽，还过故乡。肃清万里，总齐八荒。告成归老，待罪舞阳。"

如今，司马懿已经取得了"肃清万里，总齐八荒"的光辉功业，等待他的虽然不太可能是"待罪舞阳"，但却有可能是"告成归老"。此时的他，虽然心有不甘，但也做好了"飞鸟尽，良弓藏"的心理准备。

原文节选：

帝令军中敢有言徙者斩。都督令史张静犯令，斩之，军中乃定。贼恃水，樵牧自若。诸将欲取之，皆不听。

司马陈珪曰："昔攻上庸，八部并进，昼夜不息，故能一旬之半，拔坚城，斩孟达。今者远来而更安缓，愚窃惑焉。"

帝曰："孟达众少而食支一年，吾将士四倍于达而粮不淹月，以一月图一年，安可不速？以四击一，正令半解，犹当为之。是以不计死伤，与粮竞也。今贼众我寡，贼饥我饱，水雨乃尔，功力不设，虽当促之，亦何所为。自发京师，不忧贼攻，但恐贼走。今贼粮垂尽，而围落未合，掠其牛马，抄其樵采，此故驱之走也。夫兵者诡道，善因事变。贼凭众恃雨，故虽饥困，未肯束手，当示无能以安之。取小利以惊之，非计也。"

——《晋书·宣帝纪》

5.8 一回生，二回熟——曹叡托孤司马懿

一个时代的结束往往是另一个时代的开始。

班师返回中原后，司马懿先后接到了两份截然不同的诏书，一开始先是诏令他不必回到洛阳而是直接返回长安，继续镇守关中；途中，他又接到诏书，命其即刻奔赴京师洛阳，并且在接下来的三天里，又接到了五份类似的诏书。其中一份诏书中甚至有"视吾面"这样一句，就是说，你到了京城就直接来见我，不能有任何耽搁，形势之紧急可想而知。于是，司马懿乘着最快的追锋车直奔长安。

直到司马懿来到了曹叡跟前，他才知道发生了什么。只见曹叡紧握着他的手，哽咽着说："我把以后的事就托付给您了，您与曹爽一起辅佐我的幼子。"

随后，曹叡又动情地说："死亡是可以忍受和延迟的，我强忍着不死就是为了等您，如今见到您了，我也就没什么可遗憾的了！"延续一贯的风格，魏明帝曹叡言简意赅、直奔主题。

接着，曹叡又把年幼的齐王曹芳和秦王曹询叫到了跟前，指着曹芳对司马懿说："就是这个，您仔细看看，别弄错了！"一边说着，曹叡一边让曹芳去抱司马懿。随即，听话的曹芳抱住了司马懿的脖颈。

此时此刻，此情此景，司马懿只有"顿首流涕"的份儿了。

一番痛哭之后，眼见魏明帝依旧强忍着，顽强地与"死神"进行着对抗，司马懿宽慰道："陛下您没看到先帝是怎么把陛下托付给臣的了吗？"

听了这句话，曹叡放心地闭上了眼睛。

与以往的聊天不同，在这次事关重大的聊天中，曹叡一直是诉说者，而司马懿则是个被动的倾听者和接受者。自始至终，司马懿除了顿首和流涕，就只有一句话，而恰恰是这仅有的一句话，表明了司马懿当时的地位和心态。

　　托孤这种小概率事件，不仅一般的大臣没有这种待遇，就算是享受了这种待遇的人也很难第二次遇到，而司马懿却遇到了不止一次。接受魏文帝曹丕的托孤后，司马懿击退孙权、奇袭孟达、抵御诸葛、扫平辽东，可以说兢兢业业，尽职尽责，出色地完成了所托付的重任。所谓"一回生，二回熟"，如今再次面对魏明帝曹叡的托孤，通过这句"陛下不见先帝属臣以陛下乎？"可以看得出，司马懿虽然悲戚但并不慌乱，有信心也有能力把后面的事情办好。

　　然而，司马懿接受托孤的这句话，却完全不同于诸葛亮接受刘备托孤时的那句"臣敢竭股肱之力，效忠贞之节，继之以死！"，他的回答并不是这种情景下常出现的肯定句，而是出人意料地说出了一个反问句。也许司马懿是想通过反问的方式让曹叡对托孤更放心，但同样的内容，变成"臣一定会像当年先帝把陛下托付给臣时那样竭股肱之力，效忠贞之节，继之以死！"这样的肯定句，效果也不会减弱，意思反而会更完整。可是，司马懿并不是诸葛亮，他并没有说出任何表忠心的话，甚至没有使用一个肯定的句式。

主题：托孤

聊友：魏明帝曹叡＋司马懿

时间：公元 239 年

语录：陛下不见先帝属臣以陛下乎？

影响：司马懿已经具有了掌控曹魏的心理优势。

启示：话中有变化，语中有寰宇。

出处：《三国志·魏书·明帝纪》裴松之注引《魏氏春秋》、《晋书·宣帝纪》、
　　　《资治通鉴》卷七十四

为什么会这样？

因为今时已不同往日。

当初，司马懿在曹丕指定的四人托孤团队中处于队尾，经过十多年自强不息地努力，他不仅取得了辉煌的业绩，而且把其他三个伙伴都熬走了。曹

休故于十一年前，曹真故于八年前，陈群故于两年前。与这些人相比，司马懿付出了更多的努力。他没有如曹真、曹休那样的宗室身份和天然信任，只能通过持续不断的军功来谋求军权、统帅一方；他没有如陈群那般作为士族领袖的崇高威望，也没有创制九品中正制那样的制度贡献，只能通过镇居京外来获得认可。然而，长期的军事生涯却树立了他在军队中的威望，远离政治中心也使他躲过了很多明枪暗箭。

实际上，撇开已离世多年的曹真、曹休不说，哪怕陈群依旧在世，恐怕也难以取代司马懿在曹叡心中乃至整个曹魏帝国的地位。晚年的陈群已经谈不上与魏明帝曹叡聊得来了，在营治宫室等诸多方面君臣二人都存在分歧，即使二人原本有些共识的事情，后来也没聊到一起。

据载，魏明帝在听到张郃不幸去世的消息后，忍不住当着众臣的面叹息道："蜀国还未平定而张郃却故去了，这可怎么办！"

听到这话，陈群也颇有共鸣地说："张郃的确是一名良将，是国家的依靠。"

此时，一旁的辛毗不干了："陈公，你这是什么话！建安末年，天下不可以一日没有武皇帝；等到文皇帝受命，天下又说不可以没有文皇帝；可一旦文皇帝离去，陛下又龙兴而起。现在国家所缺少的，岂止一个张郃？"

听了辛毗这番话，陈群说道："的确就像您说的那样。"

听到这里，魏明帝又说话了："陈公可真是善变啊！"

如果将陈群的第一句话看作有感而发，而将第二句话看作理性认同的话，一切是解释得通的，多半魏明帝自身也经历了这样一个认知变化。但是，此时的魏明帝却由此认定陈群善变，君臣之间的隔阂可见一斑。

主题：一个张郃，两个陈群
聊友：魏明帝曹叡 + 陈群 + 辛毗
时间：公元 231 年
语录：陈公可谓善变矣。
影响：陈群在曹叡心中的地位有所下降。

启示：理智与情感一旦混杂，也就没了对错高下。

出处：《三国志·魏书·辛毗传》注引《魏略》

　　此外，由于陈群对魏明帝的进谏多半是私下里进行的，并不为外界所知，因此朝中的一些大臣也对陈群的沉默颇有微词。当年与陈群、司马懿同为"四友"的吴质，此时就认为"骠骑将军司马懿，忠智至公，社稷之臣也"，而陈群只不过是个"从容之士，非国相之才，处重任而不亲事"。

聊备一览

吴质其人

　　出身寒门的吴质是通过文采和谋略逐步上位的。作为曹丕最倚重的谋士，曹丕不仅曾用大竹篓偷偷把吴质运入府中一起谋划，而且多次以书信的方式尽诉衷肠，而在曹丕登基之后，吴质也被委以节度幽、并诸州军事的重任。曹叡继位后，吴质被调入朝担任侍中，成为辅弼大臣。

　　在朝中，吴质不仅折损士族领袖陈群，攻击起其他朝廷重臣来，也毫不留情。据载，有一次他在同为曹丕"四友"之一的朱铄家，看到曹真和朱铄一胖一瘦坐在一起，就故意地聊起了胖瘦问题。对此，不仅气得胖曹真"拔刀瞋目"，连好友朱铄都"拔剑斩地"，把吴质宰了的心都有了。

　　还有一次，吴质对家乡济阴不怎么待见自己这一情况很不满意，竟然跑到同为济阴人的董昭家，气呼呼地说："我准备回老家撒泡尿，臊一臊那些济阴人。"听到这句臊人的话，董昭连忙说："你就省省吧，我都是八十岁的人了，总不能让我为你接尿吧。"

　　吴质对同僚的攻击最终得到了"回馈"，魏太和四年（公元 230 年），吴质病故，经过群臣评议，吴质被谥为"丑侯"。

当年，面对曹真、曹休、陈群这些随同曹操一起出生入死的创业者，司马懿只能扮演一个后来者的角色；如今，面对的是曹真、曹休的儿子们，即使仍旧位居曹爽之后，但他的地位和作用都摆在那里，即使前面不是曹爽，而是曹宇或者曹肇，司马懿的地位和作用也不会有多大变化，说白了，他才是整个托孤团队的压舱石。因此，他才能够以略显平淡甚至于略带不恭的语气对曹叡说出那个反问句？

当然，可能连司马懿自己也没有意识到自己内心的傲慢以及这句话的不恭，而他不久前做过的一个梦却明白无误地印证了这一点。据载，司马懿还在辽东时，曾经做过一个梦，梦见天子曹叡像孩子一般枕在自己的膝头，对自己说："视吾面。"就是说，看我的脸。随着这句话，司马懿"俯视有异于常"。后来，果真有了曹叡"视吾面"的手诏。《晋书》之所以记载下这个梦，多半是想表明"视吾面"的巧合。

但是，这个梦的一些细节，却透露出另一种信息。虽然按年龄来说曹叡是司马懿的子侄辈，但按照君臣关系来讲，天子曹叡绝对不可能跑到司马懿的膝上去，而司马懿再怎么放肆也不可能俯视天子。司马懿做没做过这个梦不知道，与现实尊卑关系相反的一个梦境却能够流传开并且被正史白纸黑字地记载下来，多半是出自司马懿之口，而这个梦除了要表明某种天定的安排之外，似乎也表明了司马懿内心对天子态度的变化——此时，已经不是司马懿需要天子，而是天子需要司马懿了。

原文节选：

初，帝至襄平，梦天子枕其膝，曰："视吾面。"俯视有异于常，心恶之。

先是，诏帝便道镇关中；及次白屋，有诏召帝，三日之间，诏书五至。手诏曰："间侧息望到，到便直排阁入，视吾面。"帝大遽，乃乘追锋车昼夜兼行，自白屋四百余里，一宿而至。

引入嘉福殿卧内，升御床。帝流涕问疾，天子执帝手，目齐王曰："以后事相托。死乃复可忍，吾忍死待君，得相见，无所复恨矣。"

与大将军曹爽并受遗诏辅少主。

——《晋书·宣帝纪》

帝执宣王手，目太子曰："死乃复可忍，朕忍死待君，君其与爽辅此。"

宣王曰："陛下不见先帝属臣以陛下乎？"

——《三国志·魏书·明帝纪》裴松之注引《魏氏春秋》

诸葛亮围祁山，不克，引退。张郃追之，为流矢所中死。

帝惜郃，临朝而叹曰："蜀未平而郃死，将若之何！"

司空陈群曰："郃诚良将，国所依也。"

毗心以为郃虽可惜，然已死，不当内弱主意，而示外以不大也。

乃持群曰："陈公，是何言欤！当建安之末，天下不可一日无武皇帝也，及委国祚，而文皇帝受命，黄初之世，亦谓不可无文皇帝也，及委弃天下，而陛下龙兴。今国内所少，岂张郃乎？"

陈群曰："亦诚如辛毗言。"

帝笑曰："陈公可谓善变矣。"

——《三国志·魏书·辛毗传》注引《魏略》

5.9 忍不可忍——司马懿对话孙礼、李胜

忍是一种功力，也是一种演技。

魏明帝去世后，八岁的太子曹芳即位，天下大权掌握在了两位托孤大臣手中，而曹爽和司马懿也可谓尽心尽责，二人的关系也算得上亲密。曹爽、司马懿各自领兵三千轮流到宫中进行宿卫，作为首席辅政大臣的曹爽，每当遇到事情也都及时拜访并咨询司马懿的意见。

然而，一旦内外局势安稳，双方的蜜月期就结束了。随着曹爽的主政，他的身边逐渐聚拢起了一批抱负远大、不拘一格的青年才俊。这其中包括：以夏侯霸、夏侯玄为代表的宗室成员，以何晏、王弼、诸葛诞为代表的玄谈名士，以贾充、辛敞、丁谧为代表的高门子弟。在魏明帝时期他们中的许多人被陈群、董昭等人称为"浮华之士"，一度受到打压，如今他们终于有了出头之日，要影响曹魏的政治走向了。

在何晏、丁谧的建议下，司马懿被加封为太傅，曹爽的三个弟弟曹羲、曹训、曹彦分别担任了中领军、武卫将军和散骑常侍。原本，司马懿与曹爽一同加侍中一职，同时授符节、黄钺，都督中外诸军事，录尚书事，双方的权力是均衡的，只不过曹爽排名在前。如今，司马懿虽然被抬高成了太傅，也就是皇帝的老师，其他职务也没有免，但却是明升暗降，无形之中被削弱了实权。此后，曹爽虽然外表恭敬，实际政务却很少再与司马懿沟通了。

眼见自己在朝中被逐渐边缘化，司马懿表面上虽然不动声色，实际上却一直在寻找出口。正始二年（公元241年）夏，孙权兵分四路大举攻魏。朝中不少大臣认为边境防御十分稳固，敌人不久就会不击自退，但司马懿却认为绝不能"边城受敌而安坐庙堂"，甚至将此上升到了"社稷之大忧"的高度；这还不算，为了表示自己负责任的态度，司马懿还请求亲自率军迎击。

于是，在帝国最重要的东线战场上司马懿又找到了一个新的舞台。在这里，司马懿"休战士，简精锐，募先登，申号令"，挫败吴军的进攻；在这里，他"穿广漕渠，引河入汴，溉东南诸陂"，"大兴屯守，广开淮阳、百尺二渠，又修诸陂于颍之南北"，借由这些农田水利工程，他进一步展现了治国理政的才德，赢得了军心民心；在这里，他补足了江淮一线的任职经历，成

为在帝国所有方向上均担任过军事指挥官的第一人；在这里，他"勋德日盛，
而谦恭愈甚"。总之，在朝廷失意之后，他并没有忍受眼前的苟且，而是另辟
蹊径，奔向了辽阔的远方。

在司马懿守御江淮的同时，曹爽也没有闲着。为了"立威名于天下"，曹
爽"发卒十余万人"大规模伐蜀，结果即使"争险苦战"，依然"失亡甚重"，
甚至整个"关中为之虚耗"。此消彼长之间，曹爽与司马懿之间的矛盾逐渐加
剧。正始五年（公元 244 年），在伐蜀的问题上，双方意见分歧，最终证明司
马懿的判断是正确的；正始六年（公元 245 年），在京城防御部队的建制上，
曹爽不顾司马懿的反对，强行将中垒营、中坚营这些精锐部队划归自己的弟
弟曹羲统领；正始七年（公元 246 年），在魏吴边境流民的处理问题上，曹
爽丝毫不理会司马懿的建议，硬生生将已经北渡沔水的上万户百姓迁回南方，
结果无论在军事防御和流民管理上都产生了很大的麻烦。正始八年（公元 247
年），曹爽又在心腹的建议下将郭太后迁到了永宁宫，一时之间，曹氏兄弟权
势熏天。

在这番较量中，司马懿虽然赢得了道理，但却输在了实力上。所谓福无
双至，祸不单行。正始八年（公元 247 年）四月，与司马懿相依相伴的夫人
张春华离开了他，一个月后，老迈的司马懿也"称疾不与政事"，从此淡出了
人们的视线。

司马懿居家养病，似乎有意淡忘人事纠葛和世事纷纭。然而，不管是人
事还是世事都没有遗忘他。比如，一个叫孙礼的人就扣开了司马懿的府门。

孙礼原本是冀州刺史，但因为一起土地纠纷，被革职不说，还差点摊上
牢狱之灾。长期以来，冀州境内的清河郡与平原郡就因为地界的划分问题而
起冲突，作为颇有些责任感的官员，孙礼想出了一条平息争执的捷径。平原
郡曾经是魏明帝曹叡作为平原王时的封地，想必那时候划明的地界一定是准
确的、权威的、无争议的，如果能够从皇家档案馆中把那时的地图找过来，
问题不就迎刃而解了吗？

心动不如行动，很快孙礼就向上提出了申请。然而，孙礼只知办事却没搞明白状况，清河郡既然敢对从前的平原王封地提出边界异议，没有强有力的后台能行吗？实际上，清河郡的后台正是大将军曹爽。

一看到孙礼的上疏，曹爽心中就老大的不乐意，不仅毫无理由地拒绝了孙礼的请求，甚至还加以斥责。接下来，孙礼越申辩越麻烦，最终被曹爽以对朝廷心怀不满而弹劾，判罪五年。当然，刑不上大夫，孙礼没有被关进大牢，但却因此丢了冀州刺史一职。坐了一段时间冷板凳后，孙礼改任并州刺史，临行之际，孙礼走进了司马懿的府门。

原本孙礼是来找司马懿聊天的，但见面后，他却面带忿然之色，一言不发。看到这种情形，司马懿开腔了："你是嫌并州地盘小委屈了你，还是对当初边界问题处理不公仍有情绪？"

一听这话，孙礼不干了，愈发忿然地说："明公您说话为何如此乖戾反常！我孙礼虽然没有什么德能，但怎么会对官位和往事耿耿于怀呢！我本来想说，明公您应该沿着商朝时伊尹、周朝时吕尚的足迹，匡正辅佐大魏朝政，对上报答明帝的重托，向下建立万世不朽的功勋。如今国家社稷将要遭受危难，天下骚动不安，这才是我不高兴的原因！"说着说着，孙礼已经泪流满面。

面对眼前的这一幕，司马懿依旧保持着一贯的镇定，平静地宽慰道："先不要悲痛，要学会忍受那些无法忍受的事情（忍不可忍）。"

就这样，孙礼忍不可忍地踏上了去并州的官道，而司马懿则依旧恬淡地栖居于府中。

主题：忿然何来
聊友：司马懿＋孙礼
时间：公元 248 年
成语：忍不可忍
语录：且止，忍不可忍！

影响：司马懿逐渐聚集了一批人。

启示：孰不可忍也要忍，忍到无须再忍。

出处：《三国志·魏书·孙礼传》、《资治通鉴》卷七十五

同样叩开司马府大门的，还有曹爽的亲信李胜。

与孙礼前来拜会的原因相同，他也是在离京赴任之前过来向司马懿辞行的，只不过辞行只是个表面的由头，刺探司马懿病情的真假才是其真正的目的。

与会见孙礼时察言观色、主动聊天的状态不同，此时的司马懿状况欠佳不说，甚至于到了丧失自理能力的地步。走出内堂时是由两个婢女搀扶出来的，更换衣服时甚至失手把衣服掉在了地上，更可怜的是，当婢女端稀粥给他时，他却连碗都拿不动，只能让婢女端着碗喂给他吃。结果，不喂还好，这一喂，粥就从他的嘴边往外流，弄得满胸前都是汤汤水水，往日令人肃然起敬的尊长，瞬间变成了一个邋里邋遢的糟老头。就这样折腾了半天，才轮到李胜说话。

只听李胜恳切地说："大伙都焦虑地议论，说您中风的老毛病又犯了，没想到您的身体变得这样糟！"

听到李胜谈起自己的病情，司马懿似乎攒了很大的劲，才气喘吁吁地说："如今我年老体弱、一病不起，看来是命在旦夕了。你屈就到并州，并州靠近胡地，要好好地加以防备！恐怕咱们不会再见面了，我就把我的两个儿子司马师和司马昭托付给你了。"先解释病因，生就会老，老就会病，病就会死，生老病死人之常情；接着谈及李胜的新岗位，而且不忘关切地加以叮嘱；随后托付家事，体现出与李胜的感情。司马仲达虽然气息紊乱，但说起话来却逻辑清晰、兼具情理，只是在他的口中，李胜原本要去的荆州变成了并州。

"我是回家乡荆州任职，并非是去并州。"看到司马懿南辕北辙，李胜连忙加以纠正。

"你刚刚去过并州?"司马懿依旧神志错乱地发问。

"我是回荆州。"李胜加重语气,再次重复。

"哦、哦、哦,明白了。年龄一大,人就糊涂了,没听明白你的话。如今你回到家乡,正好可以轰轰烈烈地展现才德,建立一番大功勋。"这下,司马懿终于弄明白了。

思维还是司马懿的思维,身体已经不是司马懿的身体了。有了这番判断后,李胜一离开司马懿的府邸就立即向曹爽报告:"司马公虽然身体还有那么一口气,但身形与精神已经分离了,不用再因他而忧虑了。"

也许是觉得上次说得不够直白,也许是因司马懿的托付和叮嘱而动情,没过几天,李胜又抹着眼泪对曹爽说:"太傅的病体看来不可能再恢复了,实在是令人怆然感伤。"

这下,曹爽放心了,从此不再对司马懿加以防备。

主题:你还好吗

聊友:司马懿 + 李胜

时间:公元 248 年

语录:司马公尸居余气,形神已离,不足虑矣。

影响:司马懿成功骗过曹爽等人。

启示:人生如戏,全靠演技。

出处:《三国志·魏书·曹爽传》注引《魏末传》、《晋书·宣帝纪》、《资治通鉴》卷七十五

原文节选:

往见太傅司马宣王,有恙色而无言。

宣王曰:"卿得并州,少邪?恚理分界失分乎?今当远别,何不欢也!"

　　礼曰："何明公言之乖细也！礼虽不德，岂以官位往事为意邪？本谓明公齐踪伊、吕，匡辅魏室，上报明帝之托，下建万世之勋。今社稷将危，天下凶凶，此礼之所以不悦也。"因涕泣横流。

　　宣王曰："且止，忍不可忍。"

——《三国志·魏书·孙礼传》

　　帝亦潜为之备，爽之徒属亦颇疑帝。会河南尹李胜将莅荆州，来候帝。帝诈疾笃，使两婢侍，持衣衣落，指口言渴，婢进粥，帝不持杯饮，粥皆流出沾胸。

　　胜曰："众情谓明公旧风发动，何意尊体乃尔！"

　　帝使声气才属，说"年老枕疾，死在旦夕。君当屈并州，并州近胡，善为之备。恐不复相见，以子师、昭兄弟为托。"

　　胜曰："当还忝本州，非并州。"

　　帝乃错乱其辞曰："君方到并州。"

　　胜复曰："当忝荆州。"

　　帝曰："年老意荒，不解君言。今还为本州，盛德壮烈，好建功勋！"

　　胜退告爽曰："司马公尸居余气，形神已离，不足虑矣。"

　　他日，又言曰："太傅不可复济，令人怆然。"

　　故爽等不复设备。

——《晋书·宣帝纪》

第 6 章
福兮祸兮：从三分到一统

从失势到掌权需要付出多少？司马懿、司马师、司马昭给出了答案。

从三分到一统需要付出多少？邓艾、钟会、羊祜、杜预给出了答案。

从兴盛到衰亡需要付出多少？贾充、司马炎给出了答案。

从失势到掌权、从三分到一统、从兴盛到衰亡，一共需要多少时间？

答案是：三十年。

6.1 驽马恋旧槽——司马懿对话蒋济、曹爽对话桓范

所谓"司马"，顾名思义，就是管理驾驭马的人。司马家对付良马尚且应裕自如，更别说曹爽这匹驽马了。

一旦司马懿淡出了人们的视线，天下人的目光就专注地盯在了曹爽兄弟与他的那些心腹身上。

实际上，曹爽阵营中并非没有清醒者。兄弟之中，曹羲就"深以为忧"，甚至到了哭谏的地步，但毫无作用。臣属之中，也不乏劝谏者，比如，针对

曹爽兄弟经常集体出游的行为，大司农桓范就提醒："您总理万机，掌典禁兵，几个兄弟不应该同时出去，如果有人一旦关闭城门，又有谁在城内接应呢？"对此，曹爽不以为然地说："谁敢这样！"

实际上，曹爽阵营中并非没有进取者。以夏侯玄为例。作为征南大将军夏侯尚的儿子、曹爽的表弟，宗室成员夏侯玄不仅"少知名"，而且积极作为。被曹爽任命为散骑常侍、中护军后，他积极"拔用武官，参戟牙门"，后来这些被选拔的人"多牧州典郡"。除了在选人用人方面"立法垂教"外，夏侯玄在推动政治改革方面也颇有见地。一次，司马懿问起夏侯玄对时事的看法时，夏侯玄就提出了"限制中正官权力""除重官""改服制"等改革措施。再以何晏为例。作为后汉大将军何进的孙子、曹操的养子，何晏"少以才秀知名，好老庄言"，一身的名士风范，但被曹爽任命为吏部尚书后，他在选人用人方面却展示了非凡的才能。比如，任命李胜为洛阳令、河南尹，结果"前后所宰守，未尝不称职"；同时，以夏侯玄为"征西将军，假节，都督雍、凉诸军事"，以诸葛诞"镇南，都督豫州"，以王凌和他的外甥令狐愚"专淮南之重"，以毌丘俭"镇东，都督扬州"，以文钦为"扬州刺史、前将军"，形成了外防吴蜀、内卫朝廷的缜密人事布局。

不过，曹爽阵营在权力布局和处世方式上的一些做法却成了人们诟病的焦点问题。权力上，大将军曹爽"专擅朝政，兄弟并典禁兵，多树亲党，屡改制度"的行为成了非议的重点；同时，合并郡县、裁减官吏等一些改革举措，也让人们感到"变易朝典，政令数改，所存虽高而事不下接"，搞得"众莫从之"。生活中，曹爽"骄奢无度""作窟室，绮疏四周，数与其党何晏等纵酒其中"的生活作风进入了人们的视线，"饮食衣服，拟于乘舆""尚方珍玩，充物其家""私取先帝才人以为伎乐"的僭越之举成了关注的焦点；心腹中，"何晏性自喜，粉白不去手，行步顾影。尤好老、庄之书，与夏侯玄、荀粲及山阳王弼之徒，竞为清谈，祖尚虚无，谓《六经》为圣人糟粕"的种种做派成了街谈巷议的热点。一时之间，巷陌中流传着"何、邓、丁，乱京城"

的民谣。

正如曹爽的权势持续蔓延开来一样，反对曹爽的力量也在不断集结。除了上面提到的并州刺史孙礼、太尉蒋济、司徒高柔、太仆王观等人也不约而同地聚集在了司马懿的周围，同时，陈群之子陈泰、荀彧之子荀颛、荀攸族子荀勖、锺繇之子锺毓和锺会等高门子弟都加入了司马懿的阵营。实际上，此时的司马懿虽然深居简出，但他的力量并没有真正被削弱。虽然不再拥有"录尚书事"这一行政权，但司马懿作为太傅，却依然保有"持节统兵都督诸军事如故"的军事指挥权；同时，他的三弟司马孚是尚书令，他的两个儿子司马师、司马昭则分别担任中护军和议郎。于是，一旦准备就绪，司马懿就如苍鹰搏兔般出击了。

聊备一览

隐形人司马孚

与司马懿父子在历史舞台上频频出镜相比，司马懿的小弟弟司马孚仿佛是个隐形人。然而，如同车之两轮、鸟之双翼一般，在司马家崛起的道路上，司马孚始终扮演着另一个轮子和另一只翅膀的角色。

曹操时代，当司马懿投身太子曹丕的时候，司马孚却被曹植选中担任文学掾；曹丕时代，当司马懿被曹丕视作自己的分身的时候，司马孚却因为切言直谏被外放到了地方；曹叡时代，当司马懿成为边境大员的时候，司马孚却被任命为朝廷中掌管财政的度支尚书；曹爽时期，当司马懿逐渐淡出人们视线的时候，司马孚却是负责朝廷日常行政事务的尚书令。"高平陵之变"中，司马孚与司马师一起屯兵司马门，控制京师。之后，随着司马氏的掌权，司马孚的职位从司空变成了太尉又变成了太傅；并且，在防御吴国诸葛恪和蜀国姜维的进攻时，司马孚都是统领诸军的主帅。

司马懿去世后，司马孚成了司马家族中辈分最高的人，但就是这样一位尊长，却在司马家族夺权的道路上扮演了曹魏政权守护者的角色。曹髦被害时，司马孚"枕尸于股，哭之恸"，万分懊悔地说："杀陛下者臣之罪。"司马炎代魏时，司马孚拉着曹奂的手"流涕歔欷，不能自胜"。

晋朝建立后，司马孚晋封为安平王，进拜太宰、持节、都督中外诸军事。

正始十年（公元 249 年）正月初六，曹爽兄弟带着皇帝曹芳浩浩荡荡地出了京城，前往高平陵也就是魏明帝的陵墓进行祭扫。眼看时机成熟，司马懿出手了。首先，司马懿以皇太后的名义下令关闭了京城的各个城门；同时，他率兵占据了武器库；紧接着，他又派兵守住了城外的洛水浮桥；接下来，他命令司徒高柔持节代理大将军的职务，迅速占领了曹爽的军营，又让太仆王观代理中领军一职，迅速占领了曹羲的军营。

一切实质性的工作都到位之后，司马懿向尚在城外的天子提交了一份奏章。奏章先从自己先后接受魏文帝曹丕和魏明帝曹叡两次托孤说起，一方面讲先帝曹叡"深以后事为念"，另一方面讲"万一有不如意，臣当以死奉明诏"，并且提到当时在场的"黄门令董箕等"以及一干"才人侍疾者"作为证人，似乎自己今日的所作所为都是在按照当初曹叡的托付，"以死奉明诏"。随后，司马懿历数了曹爽"背弃顾命，败乱国典，内则僭拟，外专威权"的种种做法，尤其提到他与黄门张当"专共交关，看察至尊，候伺神器"的僭越之举；紧接着，司马懿以"赵高极意，秦氏以灭"的历史教训和"吕、霍早断，汉祚永世"的历史经验收尾，再次申明自己行为的合理性，强调这是"皇太后令敕臣如奏施行"；最后，司马懿要求曹爽等人自行解除兵权，乖乖地回到府第当侯爷，不得稽留天子车驾，并且威胁"敢有稽留，便以军法从事"。

与这份奏章相呼应，司马懿自己"以洛水为誓"，承诺对曹爽兄弟"唯免官而已"，而尚书陈泰、侍中许允、殿中校尉尹大目这些曹爽往常十分信任的人也成了劝说曹爽兄弟"以侯就第"的说客。有了上述措施，司马懿坚信，曹爽兄弟必定会乖乖就范。

然而，正当司马懿认为一切尽在掌握的时候，却传来了一个并不令人乐观的消息：大司农桓范出城了。

听说还有桓范这个漏网之鱼，司马懿顿时担心起来，不无忧虑地对蒋济说："智囊跑去了！"

蒋济则颇为乐观："桓范有智谋没错，但就像劣马留恋槽里的草料一样，曹爽必定会因为眷恋京城里的家室和荣华而不采纳桓范的计谋。"

主题：智囊有用吗

聊友：司马懿＋蒋济

时间：公元 249 年

成语：驽马恋栈

语录：驽马恋栈豆，爽必不能用也。

影响：桓范的出走使政变产生了变数。

启示：起决定作用的永远是内因。

出处：《三国志·魏书·曹爽传》注引《晋书》、《晋书·宣帝纪》、《资治通鉴》卷七十五

桓范一来到曹爽的军营，就劝曹爽兄弟将天子带到许昌，并在那里调集四方兵马作为辅翼，形成与司马懿对峙之势。

看到曹爽一直犹疑不决，桓范有点着急了，随即将说服对象转向了曹羲："事到如今该怎么办是显而易见的，你读了这么多书是干什么用的！在当前的形势下，以你们的门第和身份，想求得贫贱平安的生活可能吗？况且普通百姓家有个人被劫持尚且有着强烈的求生欲，希望能够活下来。你们今天有天子在身边，号令天下，谁敢不从！"

曹爽兄弟依然一言不发。

桓范再次对着曹羲说话："你的别营近在城南，洛阳典农的办公地也在城外，招呼调遣起来都很方便。现在到许昌去，不过两天两夜的路程，许昌的军械库也足够武装整个部队。值得忧虑的也就是粮食问题，但大司农的印章在我身上，调遣军粮也不在话下。"从军事调遣到行军路程，从武器装备到军粮供应，桓范都有着周密的考量。

然而，曹爽、曹羲兄弟就如同吃了哑药，任凭桓范如何棒喝，愣是不置一词。就这样，从晚上七八点一直到第二天清晨四五点钟，曹家兄弟一直就干坐着，既不说行，也不说不行，急得桓范恨不得去掰开他们的嘴。

眼看着从白天到了夜晚，再从夜晚到了白天，曹爽也不愿意再这样坐以待毙了！只见曹爽站起身，把手中的刀狠狠地望地上一扔，一脸坚定地说："就算认怂，我也不失为一个富家翁！"当年，自己让司马懿成了悠游事外的富家翁，如今彼此调换个位置，自己靠边站还不行吗？

眼看着从白天到了夜晚，再从夜晚到了白天，如今时间回到了原点，事情似乎也回到了原点，曹家兄弟也急于回到原点，但这怎么可能？

"曹真这样的伟丈夫，却生下了你们这群如猪牛般没出息的兄弟！没承想，我今天受你们连累要被满族抄斩了。"原本可以是一场势均力敌的较量，结果却变成了缴械投降，一时间，桓范欲哭无泪。

主题：**何去何从**

聊友：**桓范 + 曹爽 + 曹羲**

时间：**公元 249 年**

语录：**我亦不失作富家翁！**

何图今日坐汝等族灭也！

影响：**曹爽集团放弃了最后的机会。**

启示：**与其任人摆布不如放手一搏。**

出处：**《三国志·魏书·曹爽传》注引《魏氏春秋》、《资治通鉴》卷七十五**

接下来的事情，似乎并不像桓范所预见的那样糟糕。当桓范跟着曹爽兄弟来到洛水浮桥时，一望见司马懿，他就"下车叩头而无言"。看到这幅情景，司马懿一边奔过去搀扶，一边愧疚地说："桓大夫这是做什么，这可使不得。"随即天子车驾入宫，下诏桓范依旧担任大司农的职务。回来后，曹爽兄弟也只是回到家里被监控起来，并没有什么惩罚措施。这样看来，时间似乎又回到了原点，好像什么事都没有发生过一样。

然而，这一切只是暴风雨来临前的片刻宁静。正月初十，有关部门奏告："黄门张当私自把选择的才人送给了曹爽，怀疑他们之间有不可告人的奸谋。"乍一看，这并不是什么新闻，张当送才人给曹爽这件事人尽皆知，二人之间的亲密关系也是公开的秘密，这些事哪还要劳烦有关部门检举揭发。

可是，一旦将张当拘捕审讯，事情似乎就不那么简单了。据张当供述，曹爽与尚书何晏、邓飏、丁谧，还有司隶校尉毕轨、荆州刺史李胜等人，密谋造反，计划在三月中旬起事。

面对如此大案，司马懿怎能坐视不管？于是，曹爽、曹羲、曹训、何晏、邓飏、丁谧、毕轨、李胜再加上桓范，统统都被逮捕入狱，随后以大逆不道被弹劾治罪，与揭发者张当一起"俱夷三族"。

司马懿的这一雷霆手段，无疑对曹爽阵营产生了致命打击。受这一事件的影响，夏侯玄被解除了征西将军的职务，入朝担任了大鸿胪，而他的堂叔、右将军兼讨蜀护军夏侯霸则直接从关中逃到了蜀国。

司马懿的这一雷霆手段，同时也对自己阵营产生了巨大影响。看到当初"以洛水为誓"的司马懿如今却大开杀戒，蒋济"病其言之失信"，同年四月在忧郁和自责中去世；为了避开朝廷中的残酷斗争，陈泰也主动要求外出任职，随即他被派往关中担任雍州刺史，成了对蜀作战的一线指挥官。

无论昔日的对手还是今日的盟友，如今都在朝廷中给自己"让"出了一个广阔的空间，于是，司马懿在权力的道路上一路狂奔。

正始十年（公元249年）二月，天子策命司马懿为丞相，封安平郡公，享有"奏事不名"的特权。对此，司马懿"固让丞相"，一副战战兢兢、诚惶诚恐的模样。

同年十二月，天子加司马懿九锡之礼，享有"朝会不拜"的特权。对此，司马懿"固让九锡"，一副却之不恭、受之有愧的姿态。

第二年正月，天子策命司马懿可以"立庙于洛阳"，同时设置左右长史，增加府中掾属的数量并且每年推荐掾属担任御史、秀才等职。对此，司马懿虽谈不上欣然接受，但也没有继续"固让"。

从此以后，司马懿以长期生病为由不再入宫朝请，一旦遇有大事发生，天子就"亲幸第以谘访"。从拜见天子到天子拜见，改变的不仅是形式，而是形势。

原文节选：

> 大司农桓范出赴爽，蒋济言于帝曰："智囊往矣。"
>
> 帝曰："爽与范内疏而智不及，驽马恋栈豆，必不能用也。"
>
> 于是假司徒高柔节，行大将军事，领爽营，谓柔曰："君为周勃矣。"

——《晋书·宣帝纪》

> 范至，劝爽兄弟以天子诣许昌，发四方兵以自辅。
>
> 爽疑未决，范谓羲曰："此事昭然，卿用读书何为邪！于今日卿等门户，求贫贱复可得乎！且匹夫质一人，尚欲望活；卿与天子相随，令于天下，谁敢不应也！"
>
> 俱不言。
>
> 范又谓羲曰："卿别营近在阙南，洛阳典农治在城外，呼召如意。今诣许昌，不过中宿，许昌别库，足相被假；所忧当在谷食，

而大司农印章在我身。"

义兄弟默然不从，自甲夜至五鼓，爽乃投刀于地曰："我亦不失作富家翁！"

范哭曰："曹子丹佳人，生汝兄弟，犊犊耳！何图今日坐汝等族灭也！"

——《资治通鉴》卷七十五

6.2 一切为了国家——司马懿对话王凌

谁相信感情，谁就输了。

回顾曹爽与司马懿的这场斗争，曹爽败就败在不够坚决。表面上曹爽拔掉了司马懿这根"大毒草"，实际上他的影响力和号召力依然摆在那里，他的弟弟和儿子依然身居高位，他背后所代表的士族群体依旧纤毫未损。相较于曹爽的肤浅和幼稚，深谙权斗之道的司马懿和他的两个儿子，不仅要斩了曹爽兄弟这些杂草，而且要除掉那些盘着的根、错着的节，甚至还要以此为养分为司马家族的野蛮生长提供优渥的土壤。

很难想象，在帝国的东方，那个叫作寿春的地方，曹爽竟然留下了很深的根系，并且这样的根还不是一条，而是三条，为了铲除这三条根，司马懿、司马师、司马昭父子三人接力挥铲。

第一个露头的根蔓是车骑将军王凌。

出身太原祁县的王凌，是汉司徒王允的侄子，显赫的家族身份、干练的行政能力使他在曹操时代从中山太守变成了丞相掾属，而过人的军事才能则让他在曹丕时代从散骑常侍变成了兖州刺史、青州刺史。曹叡时代，因在夹石大战中力战突围、救出曹休，王凌转任扬州、豫州刺史。魏正始元年（公元240年），因抗吴有功，王凌升迁为征东将军、假节、都督扬州诸军事，第二年又升迁为车骑将军，仪同三司，而他的外甥令狐愚此时也成为兖州刺史。说了那么多，归结为一句话：王凌是曹魏帝国在东部战线的台柱子，是一个有资格与司马懿分庭抗礼的人。

对于这位年长自己七岁、当初同为丞相掾属、如今掌控帝国一方的同僚，司马懿与王凌原本有着良好的互动往来，但如今却有些不同了。有一次，司马懿就问蒋济对于王凌的看法，对此，蒋济的回答十分简短："凌文武俱赡，当今无双。广等志力，有美于父耳。"就是说，王凌文武双全、当世无双，而他的儿子王广等兄弟更是既有志向又有能力，比他们的父亲还厉害。蒋济说的没错，王凌的能力就摆在那里，无须多言。而他的几个儿子王广、王飞枭、王金虎，据载，也都"才武过人"。

这下，司马懿焦虑了。毕竟王凌曾经是曹爽极力拉拢的当朝重臣，毕竟如今他手中的权力相当大程度上是曹爽赋予的，原本王凌和令狐愚这种"舅甥并典兵，专淮南之重"的局面已经够让人伤脑筋了，如果再加上王凌那几个如狼似虎的儿子那就更让人担心了。

焦虑怎么办？担心又如何？想来想去，司马懿做出了决定，升迁王凌为太尉，假节钺。也许对于都督扬州诸军事的王凌来说，"太尉"的头衔只是一个名号，但它至少表明了司马懿对王凌的尊崇与安抚。

然而，没有这个太尉，王凌可能还没觉得什么，一旦被安上这个名号，王凌反而忧心忡忡、坐立不安了。眼看年过七旬的司马懿依旧老当益壮地带着儿子们去诛除曹爽兄弟，年近八旬的王凌此时也忍不住找来外甥、儿子，准备将皇帝从年幼又无能的曹芳换成既年长又有才干的楚王曹彪。

一番密谋之后，王凌与令狐愚分头行动，一边联络曹彪，一边组织人马，紧锣密鼓地展开了行动。然而，没等与曹彪接上头，令狐愚就病亡了。争取支持的情况同样不顺，不仅新任兖州刺史黄华拒绝造反，就连王凌派去说服黄华的将军杨弘也站到了王凌的对立面，而身在朝廷的儿子王广也奉劝他"废立大事，勿为祸先"，千万不要当了被打的出头鸟。

这下王凌被动了。没等王凌有实质性军事行动，司马懿就带着大军沿淮水顺流而下，一直抵达了距离寿春不远的百尺堰（今河南沈丘县西北）。除了大队人马，同时抵达的还有赦免诏书和劝谕信件，诏书无疑是以皇帝名义下达的，而信件则是以王广的名义发出的，兵和马是硬威慑，诏与书则是软争取。

看到这一切，自知大势已去的王凌，派人拿着官印、符节前去谢罪，自己则独自乘船向西迎接司马懿。淮河岸边，只见王凌跪在河畔，反缚双手，隔河向司马懿请罪。远远地看到王凌如此自刑，司马懿立刻让自己的主簿过去给他松了绑。眼见司马懿如此有温度的做法，想着与司马家的旧交，王凌心头一热，径直就要乘小船去见司马懿。可以想象，在王凌的脑海中浮现的想必是一种"渡尽劫波兄弟在，相逢一笑泯恩仇"的动人场景。然而，小船还没到河中间，迎面就被几艘大船挡住了去路。这下，王凌似乎有些明白了，司马懿虽然解除了绑在自己身上的绳子，但从没有解除缠在心中的那根绳子。于是，二人遥望着进行了一场简短的聊天。

王凌首先开口："您就是直接写封便函召我过来，我又怎敢不来呢？没想到您还亲自率大军来了。"

司马懿回答："您哪里是一封便函就能请得动的人。"言外之意，你别说得太容易了，也别把自己想得太容易了。

听到这里，王凌不再遮掩，直接说道："你辜负了我！"

王凌之所以没有说"你欺骗了我"，一则是不愿让自己成为理亏的一方，二则是不想过于贬低自己的智商，三则是依然怀有对于司马懿的那么一点点幻想。

"我宁肯辜负你，也不能辜负国家！"司马懿大义凛然地说。

主题：谁负了谁

聊友：司马懿 + 王凌

时间：公元 251 年

语录：我宁负卿，不负国家。

影响：第一次淮南叛乱被平息。

启示：卖狗肉一定要挂羊头。

出处：《三国志·魏书·王凌传》注引《魏略》、《资治通鉴》卷七十五

　　紧接着，王凌被六百步骑兵组成的押送队伍送到了京师洛阳，而司马懿自己则率军继续向东，直抵寿春。事情至此，按说王凌应该死心了，然而此时的他还是不敢相信司马懿能够如此绝情，于是，狱中的他向司马懿提出了索要棺材钉子的请求。如果司马懿给，那么自己的死就板上钉钉了；如果司马懿不给，那么事情还有转圜的余地。结果，王凌如愿地收到了所求的钉子。不久，绝望中的他服毒自杀了。

　　得知王凌已死的消息后，身在寿春的司马懿并没有一了百了、轻轻放过，而是疾风骤雨般对王凌一党展开了大清洗。原本已经被埋入地下的王凌、令狐愚的尸首被重新挖了出来，劈开棺材在附近的街市暴尸三天，然后再裸埋地下。他们用过的官印、绶带等物品一律烧掉，与他们有关联的人员一律诛灭三族。

　　不过，即使进行如此残酷的清算，司马懿依然很注重真凭实据，并不妄下论断。其中，对兖州别驾单固和治中杨康的处理就是一例。

　　原本，单固和杨康都是兖州刺史令狐愚的心腹幕僚，也参与了令狐愚的密谋。然而，没过多久杨康却被征聘到了朝廷。所谓屁股决定脑袋，一到洛阳杨康就把令狐愚给出卖了。这样，司马懿要核实的就只剩下单固一个人了。于是，司马懿一到寿春，就与单固进行了一场问询式的聊天。

　　"王凌谋反的事你知道吗？"司马懿询问。

　　"不知道。"单固毫不犹豫地回答。

　　"眼前的事就这样了。我问你，令狐愚有没有打算谋反？"司马懿又问。

"没有。"单固的回答更加坚决。

于是，杨康被叫出来与单固对质。

随着揭发与辩护的内容越来越广、越来越深，不仅单固瞒不住了，杨康也露馅了。词穷之下，单固不再辩解，而是咬牙切齿对杨康说："你这老奴！既背叛了使君，又灭我家族，你以为你还能活吗？"

单固说的没错，原本杨康还想通过揭发别人而邀功封侯，现在却只能与单固一起被押往刑场了。

刑场之上，单固再次破口大骂："你个狗奴才！你死真是活该。如果死者有知，看你还有什么面目在地下行走混迹！"

主题：谁参与了谋反
聊友：司马懿＋单固＋杨康
时间：公元251年
语录：老庸既负使君，又灭我族，顾汝当活邪！
影响：背叛者杨康最终害人害己。
启示：看到别人落井，就急忙去找石头的人，到头来砸到的往往是自己。
出处：《三国志·魏书·王凌传》注引《魏略》、《资治通鉴》卷七十五

原文节选：

凌知见外，乃遥谓太傅曰："卿直以折简召我，我当敢不至邪？而乃引军来乎！"

太傅曰："以卿非肯逐折简者故也。"

凌曰："卿负我！"

太傅曰："我宁负卿，不负国家。"

……

到寿春，固见太傅，太傅问曰："卿知其事为邪？"

固对不知。

太傅曰："且置近事。问卿，令狐反乎？"

固又曰无。而杨康白，事事与固连。遂收捕固及家属，皆系廷尉，考实数十，固故云无有。太傅录杨康，与固对相诘。

固辞穷，乃骂康曰："老庸既负使君，又灭我族，顾汝当活邪！"

……

临刑，俱出狱，固又骂康曰："老奴，汝死自分耳。若令死者有知，汝何面目以行地下也。"

——《三国志·魏书·王凌传》注引《魏略》

6.3 何苦不能再忍忍——尹大目对话文钦、郭太后对话司马师

面对困局，郭太后先是选择隐忍，然后不失时机地进行了局部反击；同样面对困局，文钦先急不可耐地出击，后又丢盔弃甲地逃离。

与父亲司马懿的果决相比，司马师在面对魏正元二年（公元 255 年）的又一次淮南叛乱时，似乎要磨叽了一些。

魏嘉平三年（公元 251 年）秋，也就是平息王凌叛乱的几个月后，七十三岁的司马懿安静地离开了人世，曹魏帝国的控制权随即落到了他的长子司马师手中。又过了四年，代替王凌执掌帝国东部战线的镇东将军毌丘俭和前将军、扬州刺史文钦在寿春发动了叛乱。与王凌的被动应对不同，毌丘俭、文钦不仅向各州发出了讨伐司马师的檄文，而且率军渡过淮河，向西抵达了项县（河南省沈丘县城区西南郊），这一地点与之前司马懿讨伐王凌时所驻扎的百尺堰近在咫尺。

聊备一览

唬人的毌丘俭

　　单看毌丘俭的履历，已经相当傲人。从平原侯身边的文学掾起步，先尚书郎，后羽林监，再洛阳典农中郎将，荆州刺史、幽州刺史加度辽将军、左将军领豫州刺史、镇东将军都督扬州。这样一看，毌丘俭的履历倒与司马懿颇为相似，放眼曹魏也没几个人能比。

　　再看毌丘俭的阅历，更是着实耀人。曹魏两次征辽东，第一次毌丘俭是主帅，第二次他是司马懿的副手；曹魏两次征高句骊，作为主帅的毌丘俭硬是将曹魏的势力推进到了今天的俄罗斯滨海地区，是中原王朝对东北地区有史以来最远的一次征讨。后来，诸葛诞与诸葛恪"战于东关，不利"，朝廷又让毌丘俭去救火，将他与诸葛诞进行了岗位互换。

　　面对这样一个担任过四州刺史，资历堪与自己老爹匹敌的家伙，司马师怎能不忌惮和心忧？

　　不过，资历强并不代表能力强。实际上，毌丘俭的高位靠的不仅是能力，还有运气：毌丘俭陪伴的那个平原侯，不久就成了魏明帝，如此毌丘俭"以东宫之旧，甚见亲待"，才有了以后的一路亨通。此外，毌丘俭挂帅的第一次征辽东，结果也是"不利，引还"，后来还是司马懿帮他擦了屁股。

　　面对来势汹汹的叛军，司马师急忙向河南尹王肃求计问策。

　　对于询问，王肃并没有直接谈如何在军事上解决叛军，而是关心起叛军士兵的家属来："当初关羽在汉水之滨虏获了于禁，有向北争夺天下的志向，后来孙权袭取了荆州，控制了关羽手下将士的家属，关羽的部众一下子就瓦解了。如今淮南将士的父母妻儿都居住在内地州郡，只要迅速派兵保护，不让他们团聚和接触，他们必然也会像关羽的手下那样土崩瓦解。"

王肃的建议可谓釜底抽薪，一下子就抓住了淮南叛军的命门。司马师听后，迅速部署实施。然而，对王肃接下来让自己亲自出征的建议，司马师却颇为犹豫。当时，司马师患有严重的眼疾，刚刚割掉了眼部的一个大肿瘤，创口很大，一时半会还难以愈合，在这种情况下出征，必然会有不小的风险。因此，大多数将领都反对司马师亲自东征，只有王肃和中书侍郎锺会等少数几个人认为司马师应该亲自出马。

最终，尚书傅嘏的一段分析，帮助司马师下定了决心。傅嘏说："淮楚地区士兵的战斗力十分强劲，并且毌丘俭等人自恃力量强大才远征死斗，其锋锐之势并不容易抵挡。如果诸将的战斗出现失利，大势一旦失去，那您的事业就要颓败了。"

敌人很凶悍，战役很关键，事关成败的时候您不出马，说不定就没有出马的机会了。听到这里，司马师斩钉截铁地说："我要乘车迅速东征。"

主题：身疾与国患
聊友：司马师 + 王肃 + 傅嘏
时间：公元 255 年
语录：我请舆疾而东。
影响：司马师亲征为平定第二次淮南叛乱打下基础。
启示：江山是要拿命换的。
出处：《三国志·魏书·王朗传》、《三国志·魏书·傅嘏传》注引《汉晋春秋》、
　　　《资治通鉴》卷七十六

一旦司马师选择了亲征，接下来战争的进程就如同他的面部表情一样，阴晴喜怒似乎都在自己的掌控之中了。叛军的锐气很快就被打掉了，叛军的将校开始接连不断地投诚，望着各地赶来的平叛大军，文钦甚至有些不知所措了。

不过，事情当然不会那么简单。危情时刻，文钦十八岁的儿子文鸯向父亲提出了一个退敌之策："趁他们现在还没有聚合，咱们不如猛力出击，攻破

他们。"这一办法虽然简单直接，但却往往十分有效，当年张辽在对付孙权进攻合肥时就是采取了这一策略。

这一次，文家父子发起的半夜奇袭，虽然由于文钦的迟到而没有达到一战破敌的效果，但仅凭文鸯一路人马也着实把司马师的军队吓得不轻。据载，睡梦中的司马师当时惊恐得眼珠子都要崩出来了，要不是他紧咬着被子，不让自己叫出声来，整个军队土崩瓦解也未可知。直到天明，随着魏军的逐渐聚合，加之文钦未能接应，文鸯才不得已突围而去。

看到战事陷入胶着状态，一个跟随在司马师身边叫尹大目的官员毛遂自荐要去劝说文钦归降。在服务司马师之前，尹大目长期侍奉在皇帝身边，并且与文钦的私交不错，他之所以提出要去做说客，多少是一定把握的。所谓有枣没枣先打一竿子，说不定尹大目过去能聊出个奇迹来呢。于是，不久后尹大目与文钦就在战场上展开了一次对聊。

由于是敌我双方，所以两人隔得很远，只能扯着嗓子说话。一上来，尹大目就没头没尾甚至有些不合常理地说了句："君侯您何苦不能再忍耐几天呢？"

这句话一语双关，表面上是让文钦认清形势，暂时迁就和忍受司马氏的当权，潜台词却是让文钦再坚持坚持，说不定情况就会出现变化。

可是，尹大目这句带有明显暗示性的话却是对牛弹琴，文钦不但一点没明白，反而愈发来气，认为尹大目不是个东西，更加厉声地骂道："你是先帝的家里人，却不想着报恩，反而跟着司马师一起叛逆作乱，你不顾及上天，上天也不会保佑你！"

一边说着，文钦一边张弓搭箭要射尹大目。

看到这种情景，尹大目绝望了，满含热泪地说道："世事将要败亡了，您好自为之吧！"

很明显，这是一次极为失败的聊天，心向曹氏的尹大目自认为已经把话说得再清楚不过了，而义愤填膺的文钦却认为他清清楚楚地站到了逆臣一边。

究其原因，则是因为二人缺乏共同的谈话基础。一是信任基础，文钦并不觉得尹大目是自己人；二是信息基础，文钦并不知道司马师已经伤情严重；三是信念基础，文钦并不觉得一时半会可以战胜司马师。因此，就算尹大目的信号再明确，文钦的理解也会南辕北辙。

于是，局面不可逆转地向有利于司马师的方向发展了，文钦逃到了吴国，毌丘俭在逃亡中被杀。数日之后，司马师病亡。

主题：要不要忍
聊友：尹大目 + 文钦
时间：公元 255 年
语录：何苦若不可复忍数日中也！
影响：第二次淮南叛乱失败。
启示：听话听音，看人看心。
出处：《三国志·魏书·毌丘俭传》注引《魏末传》、《资治通鉴》卷七十六

如果说，平息第二次淮南叛乱是司马师生前最大的军事作为的话，那更换皇帝则算得上他执政时期最大的政治举动了。

正元元年（公元 254 年）春，司马师诛杀了中书令李丰。据传，李丰在担任中书令的两年多时间里，与夏侯渊的侄孙夏侯玄、皇后的父亲张缉等人过从甚密，甚至还纠合了宫内外一帮人准备在公主大婚之时劫持天子、诛杀大将军司马师。然而，这些都是相关人员事后的供述，实际情况是司马师找李丰来问话，询问他皇帝召见他时都聊了些什么，而李丰却支支吾吾、闪烁其词，明显在掩盖什么。盛怒之下，司马师竟然用刀把上的铁环生生捶死了李丰。李丰死后，司马师才命人把尸体送到了廷尉那里进行审问。

不过，甭管李丰谋反是真是假，李家人、张家人以及夏侯家人都被诛灭了三族，随后皇后也被废掉了。所谓杀鸡骇猴，李丰的死无疑对皇帝曹芳产生了影响，原本就深怀怨气的皇帝这下更加"意殊不平"了。

九月，安东将军司马昭因为要讨伐蜀国的缘故，从许昌领兵来到洛阳，按计划皇帝要在宫内的平乐观检阅这支即将开拔的军队。此时，皇帝身边的人献上一计，劝他在阅兵时借机杀掉司马昭，然后率领这支精锐部队击溃司马师。对于这一计策，曹芳听了不免有些心动，安排人提前写好了诏书，只等阅兵日的到来。然而，二十三岁的曹芳还是胆子小，事到临头还是打了退堂鼓，此事就此作罢。

虽然曹芳最终没有动手，但他计划动手的消息以及那份起草好的诏书，却传到了司马师那里。于是，司马师毫不犹豫地决定废掉曹芳，立高贵乡公曹髦为皇帝。

据载，司马师废曹芳的速度很快，但曹髦的上位的过程却较为曲折，其中，更离不开郭太后与司马师的一番间接聊天。

当时，司马师先是以郭太后的名义召集群臣开会，以"荒淫无度，亵近倡优"为名废掉了皇帝曹芳，随后才派自己的爪牙、散骑常侍郭芝前去通知曹芳和郭太后。

当郭芝闯进来时，郭太后与皇帝曹芳正面对面坐着聊天。看到二人都在，郭芝直截了当地宣布了司马师的决定："大将军准备废掉陛下，立彭城王曹据为帝！"

也许早有思想准备，也许明白多说无用，曹芳一句话没说，站起来就走了。现场只剩下了郭芝和太后。

面对太后，郭芝同样不客气："太后有儿子却不能教育，现在大将军主意已定，又领兵在外以防备非常之事发生，只要顺着办就行了，哪还有什么可说的！"

对于郭芝的威胁，太后毫不理会，淡定地说："我要见大将军，有话亲口对他说。"

郭芝显得有些不耐烦了，更加厉声地说："有什么可见的，赶快把玉玺取出来！"

经过这个回合的试探，太后知道此时此刻是无法与司马师当面说上话了，于是便让身边的侍从取来玉玺，放在了自己的座位边。

亲眼看到玉玺后，郭芝觉得不会有什么意外发生了，于是立即向司马师进行报告。司马师得知消息后，二话不说就派人送走了废帝曹芳。可是，旧的送走了，新的还要来，而新人来的前提就是拿到那颗象征权力的玉玺。于是，发觉存在漏项的司马师再次派人向太后索要玉玺。

这次郭太后不再要求见司马师了，而是让人转告司马师说："彭城王是我的小叔子，如今他被立为天子，我该到哪儿去？并且明皇帝就这样永绝后嗣了吗？"侄子的继任者是叔叔，叔叔能当侄子的继嗣吗，叔叔会祭祀侄子吗？叔叔当皇帝，侄媳妇当太后，礼法上怎么办？郭太后抛出的这些问题的确有点麻烦。

要说太后就是太后，郭太后不仅提出了问题，而且给出了解决方案："高贵乡公是文皇帝的长孙，明皇帝弟弟的儿子，按照礼制，小宗的后代继承大宗的统绪是完全讲得通的，请你们再详细商议商议。"

就这样，曹髦进入了继任者的行列。

主题：谁为天子
聊友：郭太后 + 郭芝 + 司马师
时间：公元 254 年
语录：小宗有后大宗之义。
影响：天子人选从曹据换成了曹髦。
启示：玉玺是一个筹码。
出处：《三国志·魏书·三少帝纪》注引《魏略》、《资治通鉴》卷七十六

也许郭太后仅仅是为了保持丈夫和自己的地位，也许她还有更深层次的考虑；也许司马师觉得郭太后说的确实有道理，也许他还觉得立一个年龄大的皇帝对自己也不利。但不管怎么样，曹髦的命运却从此发生了巨大的转折。

没过多久，司马师就再次召集群臣，传达太后的命令，决定派人迎接曹髦进京。在此期间，司马师仍没有忘记那颗玉玺，又派人前来索要。但郭太后依然紧抓不放，对来人说："我要见到高贵乡公，他小的时候我就认识他，等他来了，我要亲手把玉玺授给他。"很明显，郭太后是不见兔子不撒鹰，连过过手的机会都没有给司马师，唯恐司马师转手就给了别的人。

事实证明，不管郭太后选择曹髦的原因是什么，一到京城，十四岁的曹髦就显示出了自己的非常之处。

十月初四，曹髦到达洛阳城外的玄武馆，群臣上奏请他入住前殿，曹髦却认为那是先帝的旧居，为了表示恭敬，他住在了西厢配殿；群臣请求用皇帝的车驾来迎接，曹髦依旧拒绝。

十月初五，曹髦进入洛阳，看到群臣在西掖门南边跪拜迎接，曹髦赶忙下车答拜。司仪看到这种情形，对曹髦说："按照礼仪，您不必答拜。"

曹髦答道："我也是天子之臣，怎能不答拜。"

到了止车门，曹髦准备下车步行入宫。左右又有人提醒："按照旧仪您可以乘车进入。"

曹髦回答："我受到皇太后的征召，还不知道要干什么呢。"

很显然，曹髦是个守制度、懂规矩的人，组织流程一刻没有走完，自己一刻就还是那个高贵乡公，虽然只差一张纸、一句话，但制度就是制度，规矩就是规矩。

曹髦的这一言行，无疑让原本消沉的群臣看到了新的气象，当曹髦在太极前殿即位时，"百僚陪位者皆欣欣焉"，每个人脸上都露出了欣慰和期待的笑容。

主题：新天子进京
聊友：曹髦+身边大臣
时间：公元254年

语录：吾被皇太后征，未知所为。

影响：新天子带来了新希望。

启示：让别人守规矩，自己要先示范。

出处：《三国志·魏书·三少帝纪》、《资治通鉴》卷七十六

原文节选：

明年春，镇东将军毌丘俭、扬州刺史文钦反，景王谓肃曰："霍光感夏侯胜之言，始重儒学之士，良有以也。安国宁主，其术焉在？"

肃曰："昔关羽率荆州之众，降于禁于汉滨，遂有北向争天下之志。后孙权袭取其将士家属，羽士众一旦瓦解。今淮南将士父母妻子皆在内州，但急往御卫，使不得前，必有关羽土崩之势矣。"

景王从之，遂破俭、钦。

——《三国志·魏书·王朗传》

殿中人姓尹，字大目，小为曹氏家奴，常侍在帝侧，大将军将俱行。大目知大将军一目已突出，启云："文钦本是明公腹心，但为人所误耳，又天子乡里。大目昔为文钦所信，乞得追解语之，令还与公复好。"

大将军听遣大目单身往，乘大马，被铠甲，追文钦，遥相与语。大目心实欲曹氏安，谬言："君侯何苦若不可复忍数日中也！"欲使钦解其旨。

钦殊不悟，乃更厉声骂大目："汝先帝家人，不念报恩，而反与司马师作逆；不顾上天，天不祐汝！"

乃张弓傅矢欲射大目，大目涕泣曰："世事败矣，善自努力也。"

——《三国志·魏书·毌丘俭传》注引《魏末传》

景王将废帝，遣郭芝入白太后，太后与帝对坐。

芝谓帝曰："大将军欲废陛下，立彭城王据。"

帝乃起去。太后不悦。

芝曰："太后有子不能教，今大将军意已成，又勒兵于外以备非常，但当顺旨，将复何言！"

太后曰："我欲见大将军，口有所说。"

芝曰："何可见邪？但当速取玺绶。"

太后意折，乃遣傍侍御取玺绶著坐侧。芝出报景王，景王甚欢。又遣使者授齐王印绶，当出就西宫。帝受命，遂载王车，与太后别，垂涕，始从太极殿南出，群臣送者数十人，太尉司马孚悲不自胜，余多流涕。

王出后，景王又使使者请玺绶。

太后曰："彭城王，我之季叔也，今来立，我当何之！且明皇帝当绝嗣乎？吾以为高贵乡公者，文皇帝之长孙，明皇帝之弟子，于礼，小宗有后大宗之义，其详议之。"

景王乃更召群臣，以皇太后令示之，乃定迎高贵乡公。是时太常已发二日，待玺绶于温。

事定，又请玺绶。太后令曰："我见高贵乡公，小时识之，明日我自欲以玺绶手授之。"

——《三国志·魏书·三少帝纪》注引《魏略》

高贵乡公讳髦，字彦士，文帝孙，东海定王霖子也。正始五年，封郯县高贵乡公。少好学，夙成。齐王废，公卿议迎立公。十月己丑，公至于玄武馆，群臣奏请舍前殿，公以先帝旧处，避止西厢；群臣又请以法驾迎，公不听。

庚寅，公入于洛阳，群臣迎拜西掖门南，公下舆将答拜，傧者请曰："仪不拜。"

公曰："吾人臣也。"

遂答拜。至止车门下舆。

左右曰："旧乘舆入。"

公曰："吾被皇太后征，未知所为！"

遂步至太极东堂，见于太后。其日即皇帝位于太极前殿，百僚
陪位者欣欣焉。

——《三国志·魏书·三少帝纪》

6.4 司马昭之心——诸葛诞对话贾充、曹髦对话王经

司马昭的心思，不管路人知不知道，贾充是知道的。进一步说，贾充甚
至就是司马昭之心的一部分。

如果说前两次淮南之叛是领军大臣主动谋划的结果，那么第三次叛乱很
大程度上则是被逼反的。

正元二年（公元 255 年）春，司马师病逝于许昌，终年四十八岁，他的
弟弟司马昭被诏令为大将军、录尚书事，全盘接下了父兄留下的政治遗产。
最初两年，刚刚执政的司马昭均忙于应对吴蜀的进攻，并没有进行过多的内
部清洗。而一旦腾出手来，司马昭就开始把目光移向了内部人事上。

此时，作为司马昭身边的长史，贾充不失时机地建议司马昭派人去慰劳
征东、征南、征西、征北四将军，借机对他们进行考察试探，评判他们的忠
诚度。根据安排，贾充来到了淮南，与征东大将军诸葛诞进行了一次检验性
的聊天。

对时势进行一番畅谈之后，贾充顺势提出了那个致命的问题："洛阳城中
的各位贤达都希望进行禅让，您认为怎么样？"再怎么聊都是次要的，只有这

个关乎政治立场的问题才是本次聊天的核心。

原本二人聊得还算投机，可一听到这个问题，诸葛诞立刻变得严肃起来，厉声质问贾充："你不是贾豫州的儿子吗？你们家世代受到大魏的恩惠，怎么能撺掇着把国家社稷送给别人呢？"

贾充的父亲是曾经担任豫州刺史的贾逵，因此被称为贾豫州。作为三朝元老，贾逵深受曹操、曹丕、曹叡的赏识和重用，曹操曾感叹"使天下二千石悉如贾逵，吾何忧"，曹丕曾赞扬"逵真刺史矣"，曹叡更在贾逵去世后评价"逵存有忠勋，没而见思，可谓死而不朽者矣"。一个如此忠勋的名臣，竟然培养了一个以不忠为勋业的后代，诸葛诞的确有些诧异和愤怒。

"假如洛阳有难，我必将以死相拼。"虽然已经用斥责的方式表达了自己的态度，但诸葛诞还是要再次郑重申明自己的立场。

于是，这场聊天戛然而止。

主题：如何看待改朝换代
聊友：诸葛诞 + 贾充 + 司马昭
时间：公元257年
语录：若洛中有难，吾当死之。
影响：一场聊天诱发了一次叛乱。
启示：不聊还好，一聊，把命聊没了。
出处：《三国志·魏书·诸葛诞传》注引《世语》、《晋书·贾充传》、《资治通鉴》卷七十七

一回到京师洛阳，贾充立刻向司马昭汇报了自己的观察并提出了建议："诸葛诞在扬州，深得士众的拥戴。如今召他来，他一定不会来，然而他这时反叛危害还不是很大；如果不召他，那么他早晚还会反叛，到那时麻烦就大了。因此，不如召见他。"

很明显，贾充建议的是一种先下手为强的策略。为避免后下手遭殃，权

衡之下，司马昭以皇帝的名义下诏，任命诸葛诞为司空，即刻来京师赴任。

接到诏书，诸葛诞虽然恐惧但并不意外。作为魏明帝时代就闻名天下的名士，诸葛诞与包括夏侯玄在内的很多宗室、权贵都关系密切，魏明帝曹叡曾经以"修浮华，合虚誉"将他免职，到了曹爽执政时才得以复职并出任扬州刺史，因为在王凌和毌丘俭的两次叛乱中平叛有功，诸葛诞得以更进一步，成为独当一面的封疆大吏。眼见王凌、毌丘俭、夏侯玄等人纷纷被诛，诸葛诞不免有唇亡齿寒之感，因此也做了许多以防不测的工作。他拿出府库中的财物进行赈济施舍，逾越刑律去赦免一些有罪之人，畜养数千名侠义之士作为护卫自己的敢死队，所有这一切都是在为那终将到来的一天而积蓄力量。

如今这一天终于来了，诸葛诞也不再彷徨与遮掩。他很快杀掉了扬州刺史乐綝，把淮南淮北能招募的十四五万人马都聚集到了寿春，并且囤积了足够吃一年的粮食，甚至还把小儿子诸葛靓送到了东吴，以此争取东吴的援助。很显然，能够迅速完成以上动作，诸葛诞前期是做了充分准备的。因此，相较于前两次叛乱，这次叛乱是持续时间最长、也是最令司马家劳心费神的。

尽管司马昭带上皇帝曹髦御驾亲征，尽管司马昭前后投入了三十余万人马，但面对"城固而众多"的寿春，这次平叛还是从甘露元年（公元257年）六月一直持续到了第二年正月，最终司马昭采取的分化离间策略发挥了关键作用。

诸葛诞的反叛使吴国看到了将淮南收入囊中的重大机会，于是派出了包括文钦在内的一干将领，这些将领一股脑地冲入了寿春城。一开始，大家还能同仇敌忾地抵御敌人的进攻，但时间一久，意见分歧就出来了。看着粮食逐渐减少，诸葛诞手下的心腹谋士蒋班、焦彝建议他尽快突围，而文钦却认为应该以守待变，等待时机。结果，诸葛诞支持了文钦的主张，甚至准备杀掉蒋班、焦彝以安军心，吓得二人越城投降。几个月后，面对越来越窘促的形势，文钦也提出了突围的主张，甚至建议为了节省粮食，让所有北方人都出城投降，只留下吴国人坚守。这下，诸葛诞不干了，当初让我坚守的是你，现在让我突围的还是你，你到底安的什么心？于是，本有矛盾的二人隔阂更深了；于是，文钦被杀了；于是，文钦的儿子文鸯出城投降了；于是，寿春城陷了；于是，诸葛诞被夷了三族。

聊备一览

得人心的诸葛诞

诸葛诞被斩首后，他当初"厚养"的那些死士，如今也到了选择生死的时刻。结果，这数百人异口同声地说："为诸葛公死，不恨。"

随后，这数百人被排成一列，每斩杀一人，就询问下一个降不降。结果，直至杀尽，没有一个软骨头。《三国志》中评价："其得人心如此。"

如果说，剪除诸葛诞是司马昭一早就规划好的事情，那么干掉皇帝曹髦则纯属意外中的意外了。

当政以来，司马昭始终敏锐而警觉地盯着周围的所有人，这其中也包括皇帝曹髦。一次朝会之后，在与心腹谋臣钟会的聊天中，司马昭就聊起了曹髦。

司马昭问："你觉得当今圣上是怎样的一位君主？"

钟会回答："文才等同于陈思王曹植，武略类似于太祖曹操。"

司马昭说："如果真像你说的，那真是江山社稷的福气。"

主题：如何评价曹髦

聊友：司马昭＋钟会

时间：不详

语录：才同陈思，武类太祖。

影响：司马昭加强了对曹髦的监控和约束。

启示：夸人的同时也可能是在害人。

出处：《三国志·魏书·三少帝传》注引《魏氏春秋》

　　一场关于曹髦的聊天就这样结束了，但此后司马昭对曹髦却更加关心关注了。说起"才同陈思"，曹髦的确有不少地方与之相匹配，据载，每次研读了《易经》《尚书》《礼记》之后，曹髦总会向大臣们提出一些别出心裁的问题，比如，在探讨《易经》时，曹髦就曾经发问，为什么如今流传的《易经》不把孔子所作的《彖传》《象传》等与正文放在一起，而郑玄所作的注文却与《易经》正文放在了一起，为什么如此厚此薄彼？再比如，在讨论《尚书》时，曹髦就问臣下尧帝明明早就知道舜的贤德，为什么还要等到四岳举荐后才重用舜，这哪里是真正的重视人才、体恤百姓？凡此种种，史书上还有不少，曹髦的深究每每都把博学的臣子们问得哑口无言，说曹髦有文才不是没有根据的。

　　不过，说起"武类太祖"，能够提供的例证就没那么多了。一个显著的例证就是司马师在许昌病逝时，曹髦所进行的一次夺权尝试。当时，借着司马兄弟正处在权力交接的过渡期，曹髦一面诏命司马昭留守许昌，让尚书傅嘏"率六军还京师"，一面积极筹划发动宫廷政变，夺回原本属于曹家的实权。然而，司马昭并没有乖乖地待在许昌，而是迅速率军回到了洛阳，这次小小的算计最终落了空。除此之外，曹髦就没有更多展现武略的机会了。

　　不过，甭管有没有文才和武略，此时的曹髦似乎成了司马昭心爱的一顶草帽，不仅平时紧盯不放，即使东征淮南，也要把他和太后带在身边。

　　司马昭对曹髦很关注，曹髦对司马昭却很不满。在曹髦的眼中，司马家已经从自己手中攫取了太多太多。魏正元元年（公元254年）十月，刚刚即位的曹髦授予司马师专司征伐的黄钺，并且拥有"入朝不趋，奏事不名，剑履上殿"的特权；魏甘露元年（公元 256 年）四月，赐给司马昭帝王才能使用的"衮冕之服，赤舄副焉"；同年八月，又为司马昭"加号大都督，奏事不名，假黄钺"；甘露三年（公元 258 年），司马昭自导自演了一出戏，让曹髦给自己下了九道加封他为晋公的诏书，司马昭又假模假式地辞让了九次；魏甘露五年（公元 260 年）正月，在曹髦的多次诏命下，司马昭终于接受了加封，进位"为相国，封晋公，加九锡"。

不在沉默中爆发，就在沉默中灭亡。魏甘露五年（公元 260 年）五月初七，"不胜其忿"的曹髦终于不再沉默了。

这一天，魏帝曹髦把几位近臣召到了身边，他们分别是侍中王沈、尚书王经、散骑常侍王业。见到三人后，曹髦没有丝毫铺垫或迂回，直接对他们说："如今，司马昭之心，路人皆知。我不能坐等被废黜的耻辱，今天就要与你们一起出去讨伐他。"

面对皇帝突如其来的发狠举动，三人顿时有点不知所措：支持皇帝的决定吧，成功的概率为零；提出反对意见吧，看样子皇帝已经吃了秤砣。

沉默半晌，最终还是王经站了出来："古时鲁昭公因不能忍受季氏的专权，结果讨伐失败而逃亡，丢掉了国家不说，还被天下人耻笑。"皇帝说话不讲究可以，但身为臣子的，说话必须讲技巧，尤其是在这种生死抉择、千钧一发的时刻。因此，王经一开始先搬出历史教训作为铺垫。

"如今权柄掌握在司马昭的手里已经很久了，朝廷之内、四方之臣都为他效命而不顾及君臣逆顺之理，这也已经不是一天两天了。并且，宫中的宿卫也少得可怜，装备水准和战斗水平也很差，陛下如何使用他们呢？"一句话，宫里宫外都没有干一票的本钱。

"您一旦这样做，岂不是想要除去疾患却反而加重病情了吗？祸患难以预测，结果不堪设想，请您重新审慎考虑。"后果的严重性，王经不得不讲。

面对王经的反对和另外两人的缄默，曹髦更绷不住了，狂躁的他从怀中取出早已写好的诏书，一边猛地掷向地面一边决绝地说："就这样定了！纵然死了又有什么可怕的，何况不一定会死呢！"

主题：沉默还是爆发
聊友：曹髦＋王沈、王经、王业
时间：公元 260 年
成语：司马昭之心，路人皆知
语录：行之决矣。正使死，何所惧？况不必死邪！
影响：曹髦扔掉了皇权的倒数第二块遮羞布。
启示：实力面前不要幻想奇迹。
出处：《三国志·魏书·三少帝传》注引《汉晋春秋》、《资治通鉴》卷七十七

很明显，曹髦的举动看似突然，实际上却在心中压抑很久了，这一点从扔出的黄绸诏书和斩钉截铁的话语中就可以知道。为了皇家的荣誉，曹髦并不怕死，也并不认为自己必死，但是对于如何走向活路，他却没有向三人说明。绝望中的希望何在？三人不免惶惑与茫然。

随后，曹髦进入内宫向太后禀明自己的决定。借着这个空当，王沈和王业开始谋划自身的活路了。毫无疑问，如果想活命，就必须离开曹髦这艘即将沉没的小船，跳到司马昭那艘大船上。但是，这就意味着，他们必须抛弃王经所说的"逆顺之理"，背上不忠不信的骂名。

怎么办？一个办法，拉上王经！有王经垫底，他俩就可以五十步笑百步了。

然而，王经拒绝了。既然刚才正面站出来反对，如今也不能背身反水。于是，王沈、王业并肩奔向了司马昭的府邸。

作出决定时，曹髦曾说此行未必是一条死路；踏上那条不归路时，奇迹似乎真的出现了。一群宿卫、苍头、官僮组成的乌合之众鼓噪着就出了东止门，迎面正好碰上了司马昭的弟弟屯骑校尉司马伷，在曹髦左右对司马家族的一番痛斥之后，司马伷的手下如鸟兽散般奔逃。瘦死的骆驼比马大，皇家的威仪看来还是管用，逆顺之理似乎依然有效。

接下来，就轮到中护军贾充的队伍了。有了骂散兵卒的牛刀小试，曹髦越战越勇，直接挥剑上阵，在御辇上左砍右刺，杀得贾充手下直往后退却，谁也不敢阻挡皇帝的车驾。

惊慌失措的人群之中，太子舍人成济算是一个有点头脑的人，关键时刻知道要请示上级。为此，他跑到了贾充跟前："事情紧急了，这可怎么办？"

"司马公豢养你们这些人，不就是为了今天吗？今天的事，有什么可问的！"成济的请示换来了一个不容置疑的结论，至于这个结论是什么、具体怎么做，贾充一个字也没有说，但成济却心领神会，食君之禄，忠君之事，把事办好就行。

于是，成济操起长戈，逆流而上，奔着魏帝就冲了过去。结果，一刺而中，曹髦当场殒命车下，时年十九岁。

主题：皇帝"造反"怎么办

聊友：贾充＋成济

时间：公元260年

语录：今日之事，无所问也。

影响：皇帝死了。

启示：越是不用问，越要问清楚。

出处：《三国志·魏书·三少帝传》注引《汉晋春秋》、《资治通鉴》卷七十七

事就这样办好了。如果知道这件事如此简单利落，不知道会不会还有人准备去试试。可是，消息传来，司马昭却不淡定了，一下子扑倒在地上，悲天怆地地说："事情到了这个地步，天下人会怎么议论我啊！"随后，司马昭召集群臣紧急商议应变之策。在纷至沓来的群臣之中，独独缺少了一个人的身影，这个人就是尚书左仆射陈泰。作为陈群的长子、士族的代表，陈泰不来，事情就少了一个关键的背书人。为此，司马昭施加了各种压力，不仅让陈泰的舅舅荀颚去叫他，而且陈泰的子们"内外咸共逼之"。没办法，陈泰来到了司马昭面前。

看到陈泰悲痛欲绝的样子，司马昭也对着他流泪："玄伯（陈泰的字），

您对我的态度是什么？我又该怎么办？"

陈泰说："只有斩了贾充，才能稍稍谢罪于天下。"

司马昭沉思了很久才说："您再想想，看还有没有其他办法。"

陈泰并没有让步："我能说的只有这些，不知道其他。"

这下，司马昭不说话了。

主题：皇帝死了怎么办

聊友：司马昭＋陈泰

时间：公元 260 年

语录：惟有进于此，不知其次。

影响：士族集团产生了分歧乃至分化。

启示：狗是主人的狗。

出处：《三国志·魏书·陈泰传》注引《晋纪》、《资治通鉴》卷七十七

最终，为所有事情提供合理性解释和有效解决办法的是皇太后的诏令。当天，郭太后以诏令的方式对整个事件进行了回顾。

事情的渊源是曹髦恶劣的品质。面对曹髦"情性暴戾"并且"日月滋甚"的情况，太后虽然"数呵责"但曹髦却"更忿恚"，随即太后"密有令于大将军"建议废掉曹髦，结果司马昭"以其尚幼"并没有接受。

事情的近因是曹髦恶毒的行为。曹髦不仅用箭射击太后居住的西宫，而且暗中祷告这些箭射到太后的脖颈。面对这种情况，太后又数次建议大将军废掉曹髦。曹髦听说后，又企图毒死太后。事情败露后，曹髦最终踏上了出宫作死的不归路。

描述之余，诏令也发布了对涉事人员的处理意见。王沈、王业"驰语大将军"，即使不奖励也不会惩罚；王经"凶逆无状"，自然要把他和他的家人都抓起来问罪；曹髦虽然已死，但也应该先废为庶人，再用普通百姓的规格进行安葬。

这个诏令虽然发布仓促，但却精心润色、仔细推敲。诏令有效地规避了失权者曹髦与实权者司马昭之间的矛盾，将所有的矛盾集中到了曹髦与太后身上，这一转换表面看无关紧要，实际上却使事件的性质发生了根本变化。如果矛盾出现在曹髦与司马昭之间，不管对错责任都在司马昭，因为以下犯上本身就是问题，就是不忠；一旦矛盾发生在曹髦与太后之间，不管对错责任都在曹髦，因为以子犯母本身就是问题，就是不孝。于是，曹髦的绝地反击就变成了自寻绝路。

有了皇太后的这封诏令，接下来司马昭就好做工作了。第二天，司马昭与一干臣等进言太后以诸侯王的规格安葬曹髦；五月二十六日，司马昭又上奏太后，既从自己的角度对事件进行了回顾，又提出了善后的处理方案。首先，司马昭表明自己在面对曹髦对自己的攻击时，始终十分克制，一直敕令手下将士"不得有所伤害"；其次，所谓君让臣死臣不得不死，就算曹髦不对，司马昭也打算"委身守死，唯命所裁"。但是，鉴于曹髦的"本谋乃欲上危太后，倾覆宗庙"，司马昭才进行了正当防卫。然而，没想到的是成济竟然"遽入陈间，以致大变"，因此，罪过在于成济，应该把成济及其家人全部斩首。

对于司马昭的上奏，太后的态度就三句话：第一句，事情的起因是曹髦不孝在先，其他人都没有错；第二句，既然大将军说要问责成济，我也没意见；第三句，把大将军的这份奏章发给远近之人，让大家都知道这件事的来龙去脉。

司马昭与太后这一来一往的折腾，就算笔者做了很多简化，看起来依然很啰唆，但啰唆归啰唆，隐含的意思却很明确：司马昭变着花样在说，曹髦的死跟我没关系；太后也反复强调，曹髦的死的确跟你没关系。既然没关系，那就只有让自作主张的成济背下所有罪名了。

原文节选:

帝新执朝权,恐方镇有异议,使充诣诸葛诞,图欲伐吴,阴察其变。充既论说时事,因谓诞曰:"天下皆愿禅代,君以为如何?"

诞厉(厉)声曰:"卿非贾豫州子乎,世受魏恩,岂可欲以社稷输人乎!若洛中有难,吾当死之。"

充默然。

及还,白帝曰:"诞在再扬州,威名夙著,能得人死力。观其规略,为反必也。今征之,反速而事小;不征,事迟而祸大。"

帝乃征诞为司空,而诞果叛。

——《晋书·贾充传》

公神明爽俊,德音宣朗。

罢朝,景王私曰:"上何如主也?"

锺会对曰:"才同陈思,武类太祖。"

景王曰:"若如卿言,社稷之福也。"

——《三国志·魏书·三少帝传》注引《魏氏春秋》

帝见威权日去,不胜其忿。乃召侍中王沈、尚书王经、散骑常侍王业,谓曰:"司马昭之心,路人所知也。吾不能坐受废辱,今日当与卿等自出讨之。"

王经曰:"昔鲁昭公不忍季氏,败走失国,为天下笑。今权在其门,为日久矣,朝廷四方皆为之致死,不顾逆顺之理,非一日也。且宿卫空阙,兵甲寡弱,陛下何所资用,而一旦如此,无乃欲除疾而更深之邪!祸殆不测,宜见重详。"

帝乃出怀中版令投地,曰:"行之决矣。正使死,何所惧?况不必死邪！"

于是入白太后，沈、业奔走告文王，文王为之备。帝遂帅僮仆数百，鼓噪而出。文王弟屯骑校尉伷入，遇帝于东止车门，左右呵之，伷众奔走。中护军贾充又逆帝战于南阙下，帝自用剑。

众欲退，太子舍人成济问充曰："事急矣。当云何？"

充曰："畜养汝等，正谓今日。今日之事，无所问也。"

济即前刺帝，刃出于背。文王闻，大惊，自投于地曰："天下其谓我何！"

　　　　　　　　——《三国志·魏书·三少帝传》注引《汉晋春秋》

王待之曲室，谓曰："玄伯，卿何以处我？"

对曰："诛贾充以谢天下。"

文王曰："为我更思其次。"

泰曰："泰言惟有进于此，不知其次。"

文王乃不更言。

　　　　　　　　——《三国志·魏书·陈群传》注引《晋纪》

6.5 黄雀之后——司马昭对话邵悌

居于食物链顶端的司马昭，考虑的不仅是"螳螂捕蝉，黄雀在后"，而且在黄雀之后也铺开了一张大网。

魏景元四年（公元263年），当司马昭力排众议决定伐蜀时，司马家族已经为此做了持续而充分的准备。撇开为稳定国内政局而进行的严酷努力不说，仅仅在人才储备上，司马家族就已经布局良久。

从初次与姜维过招算起，六十七岁的邓艾已经是前后与姜维打了二十年交道的"蜀汉通"了。除却在帝国东方主政兖州的经历，余下的时间里，邓艾的主要时间和精力都放在了如何对付姜维身上。尤其是最近这八年，邓艾从以代理安西将军的身份率军在狄道解雍州刺史王经之围，到被正式任命为安西将军、假节、兼任护东羌校尉专门对付姜维的北侵及其对羌族的裹挟，再从被任命为镇西将军、都督陇右诸军事，到升迁为征西将军，邓艾的主要政治资本都是从姜维身上获取的。

这一次大规模伐蜀，邓艾也被放在了最吃劲的位置上。按照部署，此次伐蜀兵分三路，征西将军邓艾率领三万人从狄道奔赴甘松、沓中，以牵制姜维；雍州刺史诸葛绪率领三万多人从祁山奔赴武街、桥头，断绝姜维的退路；钟会统兵十万余人分别从斜谷、骆谷、子午谷奔赴汉中；同时，由廷尉卫瓘持符节监督邓艾、钟会的军事行动。从兵力数量上看，邓艾所率的人马最少；但从对手实力上看，邓艾要啃的骨头又最硬。好在与邓艾打配合、负责切断姜维后路的诸葛绪是邓艾的老下属、老搭档，邓艾在担任兖州刺史时，诸葛绪是泰山太守，那时他就曾受邓艾的指派承担阻击过吴军救援诸葛诞叛军的任务，成为雍州刺史后二人也是上下级关系。如此看来，与其说魏军三路伐蜀倒不如说是两路并进，东面的钟会所率领的中央军团主要负责拿下汉中，而西面邓艾、诸葛绪所率领的雍凉地方军则主要负责对付沓中的姜维。

与邓艾相比，承担主攻任务的钟会身上的担子似乎更重一些，不过钟会直接指挥的人马更多，魏军对于汉中也并不陌生，面对的敌方将领也都属于二三流的水平。因此，按照司马昭的安排，这次伐蜀的主角无疑是钟会。

实际上，翻看邓艾和钟会的履历，二人都是曹魏当时顶尖级的将领，谁去打主力，谁去打配合，谁来主攻，谁来助攻，从战役效果上看也许没有太大的区别。那么，司马昭为什么要做这样的部署呢？

聊备一览

邓艾和锺会的小事

　　邓艾和锺会都是有故事的人。据《世说新语》记载，邓艾是个口吃，因此说起来总是出现"艾艾""艾艾"的连词。有一次，晋文帝司马昭就调侃他："你老是艾艾、艾艾个没完，你告诉我到底有几个'艾'？"听到这一提问，邓艾引用《论语》中的"凤兮凤兮，何德之衰？往者不可谏，来者犹可追"作答道："凤兮凤兮，故是一凤。"后来，邓艾口中的"艾艾"与西汉口吃丞相张昌口中的"期期"共同组成了一个成语：期期艾艾。

　　同样据《世说新语》记载，锺会少年时与哥哥锺毓一起，得到了魏文帝曹丕的召见。结果，锺毓在皇帝面前满头大汗，而锺会则一点汗都没有。于是，曹丕问锺毓："你怎么脸上都是汗？"锺毓紧张地回答："战战惶惶，汗出如浆。"紧接着，曹丕又问锺会："你怎么脸上没出汗？"锺会镇静地回答："战战栗栗，汗不敢出。""战战栗栗"出自《韩非子·初见秦》，就情景贴合度而言，锺会的回答无疑更有水准。

　　不过，《世说新语》中的这两则故事至少是关于锺会的那则故事，并不可信。因为魏文帝曹丕卒于公元 226 年，而锺会出生于 225 年，二人的交集只有一年时间，不管多么聪颖，一岁的锺会也不可能有如此回答。相较之下，魏明帝（卒于公元 239 年）召见锺会或许更靠谱一些。

　　具体原因，可能有如下几点：

　　其一，邓、锺二人的阅历不同。邓艾长驻雍凉地区，更熟悉老对手姜维，也更能对付姜维，因此邓艾的任务要跟着姜维走，姜维在沓中，邓艾无疑要深入羌中。邓艾的任务一旦确定，锺会就没得选了，只剩下率军夺取汉中这一使命了。

　　其二，邓、锺二人的地位不同。原本，邓艾只是一名从事农业工作的一名小吏，虽然他喜好军事，"每见高山大泽，辄规度指画军营处所"，但这一兴趣爱好除了增加一些时人的讥笑外，似乎并没有更大的用处。就这样，邓艾一直在基层的农业管理岗位上工作了二十多年，职位虽然偶有升迁，但始终未有大的起色，直到魏正始二年（公元241年）他遇到了司马懿。这一年，尚书郎邓艾在考察了豫州和扬州部分地区的农业发展情况后，按程序向太尉司马懿进行汇报。汇报中，邓艾不仅向司马懿提出了军屯的建议，而且经过测算得出结论，一旦实施军屯，"六七年间，可积三千万斛于淮上"。这项兵民合一、农战结合的建议不由地让同样注重农业生产的司马懿眼前一亮，他不仅采纳了邓艾的建议，而且发现了一位奇才。并且，他发现的不仅是邓艾经略农业的才能，还有他的军事潜质。正是由于司马懿的赏识和提携，邓艾才得以脱颖而出，此后无论在抵御蜀汉还是在防范匈奴以及防制诸葛诞叛乱中，他对曹魏、对司马家族都有贡献。如此说来，邓艾某种意义上算是司马家族的家臣了。

与邓艾不同，如果用"臣"来界定，钟会只能算作司马家族的友臣。作为太傅钟繇的小儿子，钟会出身于颍川士族钟氏，有颍川这个盛产名士的宝地加持，有钟繇对曹魏政权的巨大贡献铺路，钟会一出道便光鲜亮丽、前程似锦。五岁时，蒋济就评价他"非常人也"；弱冠之年，就与玄学代表人物王弼一道知名于世；二十一岁任秘书郎，二十三岁任尚书郎，二十五岁任中书侍郎，钟会的仕宦之路顺风顺水。

就在钟会二十五岁这年，司马懿发动了高平陵之变，掌握了曹魏的军政大权，凭借家族地位和个人才能，钟会成为司马家族的重要幕僚。此后，在毌丘俭和文钦发动叛乱时，钟会不仅力劝司马师亲征，而且随军"典知密事"；在司马师病亡、皇帝命令司马昭留驻许昌时，钟会不仅帮助司马昭"谋谟帷幄"，献计献策，而且与司马昭一道快速回到了距离京城不远的洛水南岸屯驻，形成势不可当之势；在司马昭征召诸葛诞入朝担任司空的当口，正在家中服丧的钟会不顾礼制迅速赶到司马昭身边力陈可能出现的风险，诸葛诞反叛后，钟会又随司马昭东征，结果，"寿春之破，会谋居多，亲待日隆，时人谓之子房"。

其三，邓、钟二人的态度不同。据载，当司马昭提出伐蜀的动议时，邓艾最初是持反对意见的。邓艾认为，当下蜀国并未发生什么变乱，并不是伐蜀的最佳时机，为此"屡陈异议"。面对前线指挥官的一再坚持，司马昭不禁深为忧虑，想来想去，把自己幕府中的主簿师纂派去给邓艾当司马，在其身边反复劝谕，如此这样，邓艾"乃奉命"。直到这时，司马昭才放心地"征四方之兵十八万"，大举伐蜀。

与邓艾截然不同，钟会一开始就是坚定的伐蜀派。在司马昭准备"大举图蜀"的时候，钟会不仅是群臣中唯一认为"蜀可取"的人，而且与司马昭一起"筹度地形，考论事势"。而数年前姜维与夏侯霸的一次聊天，则更表明了钟会对伐蜀的态度。

那时，夏侯霸刚刚背魏投蜀不久，姜维问他："司马懿既然已经把持了魏国的内政，他会不会有再次入侵的想法？"

对于姜维的这一担忧，夏侯霸很快予以排除："他现在正忙着壮大自己，根本无暇顾及对外事务。"

原本，说完这句话姜维就可以放心了，但没想到夏侯霸紧接着又补了一句话："曹魏有个叫钟会的，人虽然还年轻，但终究会是吴蜀两国的忧患，不过没有一个非常之人是不会用他的。"

夏侯霸是在魏嘉平元年（公元249年）逃到蜀国的，当时钟会只有二十五岁，伐蜀也是十四年之后的事情，但当时钟会就能引起夏侯霸的关注并且把这一忧虑传递给姜维，可见钟会的能耐。

当然，夏侯霸也看到了钟会身上的弱点：不好用，并且也设置了启用钟会的前提条件：非常之人。

如今看来，司马昭就是这个"非常之人"。一边是扭扭捏捏、极不情愿的邓艾，一边是跃跃欲试、义无反顾的钟会，换作是你，该选谁当主帅？

主题：谁是蜀国之患
聊友：姜维＋夏侯霸

时间：公元 249 年

语录：有锺士季者，其人虽少，终为吴、蜀之忧。

影响：锺会谋划伐蜀已经不是一天两天的事情了。

启示：不怕贼偷，就怕贼惦记。

出处：《晋书·文帝纪》、《资治通鉴》卷第七十八

　　然而，对于司马昭的这一决策，幕府的西曹属邵悌却提出了不同意见，他提醒司马昭："锺会这个人难以信任，不能派他去。"

　　听了邵悌这番话，司马昭笑着道出了自己的思考："取蜀这件事情本来易如反掌，而群臣却都说不可行，只有锺会和我的想法一致。"言下之意，不派锺会还能派谁？

　　接着，司马昭又透露了自己的一点判断："消灭蜀国之后，中原将士人人都盼望着归来，蜀国的遗民仍然心怀震恐，纵然锺会有异志邪念，最终也不会有什么作为。"

主题：如何使用有异心的下属

聊友：司马昭 + 邵悌

时间：公元 263 年

语录：纵有异志，无能为也。

影响：司马昭既派出了螳螂，也准备了黄雀。

启示：不能因噎废食，更不能因噎废士。

出处：《三国志·魏书·锺会传》注引《汉晋春秋》、《晋书·文帝纪》、《资治通鉴》卷第七十八

　　这段聊天记录既解释了司马昭之所以委锺会以重任的原因，也透露了他对伐蜀之后相关情形的判断：其一，灭蜀易如反掌；其二，锺会不足为患。

　　之后，发生的一切都没有跳出司马昭的预期范围。

　　虽然蜀道艰难，但在锺会的严令下，大军还是顺利到达了汉中地区，包围了

蜀汉的重要据点汉城和乐城，并一举拿下了阳平关，打通了入蜀的关键通道。虽然邓艾、诸葛绪未能在沓中截住姜维回军的脚步，但他们的牵制也使姜维失去了救援汉中的机会，最终只能退守剑阁，抵御钟会。虽然钟会大军受阻于剑阁，但邓艾却率领三万人马从剑阁以西一百里的阴平小道，穿越七百多里的无人之地，奇迹般地抵达了蜀汉腹地并最终迫使蜀汉投降。这一切，都印证了司马昭的第一个判断：灭蜀并没有想象的那样困难，缺少的只是决心与决断。

如果说第一个判断的实现靠的是对敌方军事实力的精准分析，那第二个判断的实现则是对魏军将领心理的准确把控。虽然钟会通过构陷成功地将邓艾押入了囚车，虽然钟会与姜维两股势力合流到了一起，虽然钟会把魏军将领以及原来的蜀汉官吏都关了起来，虽然各处魏军没有了将领的指挥，但魏军士兵自发的暴动同样对钟会造成了致命的打击，钟会终究未能逃脱身首异处的命运。这一切，都印证了司马昭的第二个判断：魏军是不会跟着钟会背井离乡瞎折腾的，钟会只不过是聪明反被聪明误罢了。

当然，即使司马昭对形势有着精准的判断，但他依然没有在具体行动中有丝毫怠慢。在诏令用囚车押回邓艾、命令钟会进军成都的同时，司马昭又派遣贾充率军从斜谷入蜀，并且自己带着魏帝和数万大军到达了长安。

看到司马昭如此兴师动众，身边的邵悌又出来劝阻了："钟会所统率的兵马是邓艾的五六倍，只要让钟会去取代邓艾就可以了，您不需要亲自去。"

这次，司马昭再次为自己这位热心的幕僚释疑解惑："你忘了以前所说的话了，怎么能说不用去呢？"一句话唤起了邵悌的记忆。

"虽然是这样，但我们所说的也不要对外宣扬。我肯定会以信义待人，但他人也不应当辜负我，我岂可先于他人生起疑心呢？"虽然话说得相当含蓄，但很明显，谈话中的那个"人"字，指向的都是钟会。

随后，司马昭又回忆起了不久前与贾充的一段对话。

"近日，护军贾充问我：'您是否是在怀疑钟会？'对此，我回答：'如今我派你入蜀，难道也要再怀疑你吗？'当时，贾充也无法说出什么不同观点来。

等我到了长安，情况自然就明了了。"

如果说司马昭前面的话还有些头绪和态度的话，那再听他与贾充的这段对话，则真的让人摸不着头脑了：司马昭到底是高度信任包括锺会、贾充在内的部属呢，还是极度不信任这些部属呢？说不信任吧，他明确表态"自当以信义待人"；说信任吧，他又亲自奔向了长安。

> 主题：如何防范化解重大风险
> 聊友：司马昭 + 邵悌
> 时间：公元 264 年
> 语录：我要自当以信义待人，但人不当负我耳，我岂可先人生心哉！
> 影响：司马昭对灭蜀后的形势变化做了最充分的准备。
> 启示：信任不能代替监督，防范就是为了防反。
> 出处：《三国志·魏书·锺会传》、《资治通鉴》卷第七十八

其实，绕来绕去，司马昭只是在表达一个意思：卿不负我，我不负卿；卿若负我，我必负卿。换句更浅显的话说，害人之心不可有，防人之心不可无。因此，在邓艾这只螳螂后面，司马昭加上了锺会这只黄雀，在锺会的后面司马昭又加上了贾充这把良弓，而在贾充的后面司马昭又加上了自己。如此看来，行事缜密似乎早已成了司马家族的一贯传统，一旦张开灭蜀这张大网，任谁也无法挣脱。

原文节选：

初，夏侯霸降蜀，姜维问之曰："司马懿既得彼政，当复有征伐之志不？"

霸曰："彼方营立家门，未遑外事。有锺士季者，其人虽少，终为吴、蜀之忧，然非非常之人亦不能用也。"

后十五年而会果灭蜀。

——《三国志·魏书·锺会传》注引《汉晋春秋》

初，文王欲遣会伐蜀，西曹属邵悌求见曰："今遣锺会率十馀万众伐蜀，愚谓会单身无重任，不若使余人行。"

文王笑曰："我宁当复不知此耶？蜀为天下作患，使民不得安息，我今伐之如指掌耳，而众人皆言蜀不可伐。夫人心豫怯则智勇并竭，智勇并竭而强使之，适为敌禽耳。惟锺会与人意同，今遣会伐蜀，必可灭蜀。灭蜀之后，就如卿所虑，当何所能一办耶？凡败军之将不可以语勇，亡国之大夫不可与图存，心胆以破故也。若蜀以破，遗民震恐，不足与图事；中国将士各自思归，不肯与同也。若作恶，秖自灭族耳。卿不须忧此，慎莫使人闻也。"

及会白邓艾不轨，文王将西，悌复曰："锺会所统，五六倍于邓艾，但可敕会取艾，不足自行。"

文王曰："卿忘前时所言邪，而更云可不须行乎？虽尔，此言不可宣也。我要自当以信义待人，但人不当负我，我岂可先人生心哉！近日贾护军问我，言：'颇疑锺会不？'我答言：'如今遣卿行，宁可复疑卿邪？'贾亦无以易我语也。我到长安，则自了矣。"

军至长安，会果已死，咸如所策。

——《三国志·魏书·锺会传》

6.6 功成不必在我——羊祜对话张华

阻碍羊祜实现吞吴抱负的，既有面前的陆抗，也有身后的朝廷。排除前者，需要的是耐心；推动后者，需要的也是耐心。

　　成功灭蜀之后，灭吴似乎成了不言自明的事情。然而，还没等司马昭旌麾南指，死亡之神就在灭蜀的第二年将他召到了"地府"。随之，灭吴的接力棒就交到了司马昭的长子、继任者司马炎的身上。

　　灭吴，对于司马炎来说，也是心心念念的大事情，晋泰始五年（公元269年），也就是司马炎代魏称帝的第五个年头，司马炎启动了伐吴的准备工作。尚书左仆射羊祜镇守襄阳，都督荆州诸军事；征东大将军卫瓘镇守临淄，都督青州诸军事；镇东大将军东莞王司马伷镇守下邳，都督徐州诸军事。从上述这一系列的部署来看，晋国的计划似乎是从长江中游和长江下游同时伐吴。在此之后，长江下游地区的卫瓘和司马伷具体做了什么，史书上没有详细的记载，但对于羊祜紧锣密鼓的一系列准备工作的记述却很详细。

　　羊祜是个背景复杂的非典型官员。

　　先来看羊祜背景的复杂性。羊祜出身官宦世家泰山羊氏，算上羊祜这一代已经连续九代为官，并且官声颇佳，都以品德高洁著称。如此说来，羊祜应该背景纯正才是，一家人数百年从事一个职业，如果这都不纯正还有什么纯正？先别急，接着往下看。首先，羊祜的祖父羊续做过东汉的南阳太守，羊祜的父亲羊衜做过曹魏的上党太守；其次，羊祜的外公是汉代名儒蔡邕，就是说他的父亲羊衜娶了蔡邕的一个女儿；第三，羊祜娶了夏侯霸的女儿为妻，就是说羊祜是夏侯霸的女婿；最后，羊祜的姐姐羊徽瑜成了司马师的第三任妻子，随着司马炎登基称帝，司马师被追谥为景皇帝，次年羊徽瑜被尊奉为景皇后。

　　如此就有些复杂了，撇开这家人与汉朝数百年的紧密关系不说，光看他们家与曹家和司马家的关系就有些纠缠。既然羊祜是夏侯霸的女婿，而夏侯霸又是曹魏政权的核心捍卫者并且叛逃到了蜀汉，那羊祜也应该相应被打入另册。然而，羊祜的姐姐却又是司马师的妻子，羊祜相应地也成了司马政权的外戚，因此又不应该被怀疑。这样看来，你说复杂不复杂，纠结不纠结？

　　事实上，正是这种政治出身和社会关系的复杂性，在某种程度上造就了羊祜的非典型性。据载，羊祜从小就展现出了非同凡人的形象气质，十二岁丧父的他曾经在游历汶水时遇到过一位老翁，一见面，老翁就惊叹："孺子有好相，年未六十，必建大功于天下。"就是说，羊祜相貌非凡，六十岁以前必能建立名扬天下的卓越功勋。少年时有人这样说，青年时羊祜同样受人赏识。"身长七尺三寸，美须眉"的他，不仅"博学能属文"，而且"善谈论"，不久，驻郡的将领夏侯威就看上了他，甚至说服自己的兄长夏侯霸把女儿嫁给了他。此后，羊祜更是好事连连，郡里举荐他为上计吏，州里四次征辟他为从事、秀才，朝廷中的多个官署也都任命他以官职。

然而，对于这些举荐、征辟、任命，羊祜一概拒绝。不仅如此，即使此后的主政者曹爽、司马昭相继对他进行征辟，他也没有应命。后来，直到司马昭以朝廷的名义直接征辟他为中书侍郎，他才从命，而这一年，羊祜已经三十五岁了。

事实上，羊祜不入仕则已，一入仕就平步青云。担任中书侍郎不久，他就升迁为给事中、黄门郎，随侍于皇帝曹髦；陈留王曹奂即位后，羊祜被封为关内侯；不久，在他的主动请求下，又调离宫廷，改任秘书监；魏灭蜀之后，羊祜被任命为相国从事中郎，成了为司马昭掌管机要工作的重要幕僚；司马炎主政后，羊祜被任命为统领御林军的中领军；司马炎受禅称帝后，羊祜又进号为中军将军，加散骑常侍，进爵为郡公。从正元二年（公元255年）入仕到咸熙二年（公元266年）成为郡公，羊祜在十一年的时间里经历了七次职位调整，其官爵之隆重甚至超越了贾充等入仕多年的权臣。对于这一切，羊祜的态度同样十分非典型："固让封不受"，坚决不接受郡公这一加封。对此，晋武帝司马炎倒也不强人所难，随即改封他为侯爵，但赋予他设置郎中令等官署的权力。后来，司马炎还多次想再给羊祜加官，但每每都被婉拒，羊祜的原则就一条，决不能超越贾充那些前朝名望。

如果说，羊祜在朝廷中的非典型行为是为了减少嫌隙、避免树敌的话，那他在都督荆州诸军事时的一些非典型行为就更让人看不太懂了。来到荆州后，羊祜不仅在境内兴办教育、安抚百姓、"绥怀远近"，甚至对于吴国人也"开布大信"，凡是投降的吴人，去留均由他们自己选择。这还不算，羊祜甚至把执行戍边巡逻任务的部队数量也减少了一半，让他们改去屯垦种田。不同于其他将领一身戎装、枕戈待旦的威武形象，羊祜经常"轻裘缓带，身不被甲"，一件轻暖的皮衣，一条宽松的带子，一副闲适的姿态。

这一切，都令手下的将领们颇感纳闷，但对手陆抗却洞若观火。陆抗不仅约束部下不要轻易寻衅，而且派使者与羊祜往来交通，摆出一种君子对君子的姿态。

不仅如此，陆抗甚至还认为"祜之德量，虽乐毅、诸葛孔明不能过也"。出身名门世家、深通文韬武略的陆抗，能够用春秋时的乐毅和近世的诸葛孔明来与羊祜作比，并非空穴来风。乐毅是帮助燕国复兴并几乎灭掉齐国的上将军，诸葛亮是帮助刘备实现建国并矢志北伐的丞相，而观察羊祜与二人的相似之处，其实远不止"德量"。

首先，在多种选择面前，三人都经历了一个审慎择主的过程。乐毅寻觅许久才投奔了燕昭王，诸葛亮遍览天下英雄才选择了刘备，羊祜观察了多年才入了司马家的门。其次，在世事纷纭之中，三人都极具战略眼光。在齐强燕弱的形势下，乐毅敏锐地发现了合纵多国联合攻齐的逆袭之路；在北方大局底定的情况下，诸葛亮天才般地规划了天下三分的鼎立之局；在晋吴长期对峙的局面下，羊祜"开布大信"的举动盯着的也绝不是一城一地的得失。第三，在遭遇强敌、克敌制胜方面，三人都有着异乎寻常的耐心。面对齐国将领田单坚守的莒和即墨这两座最后的城池，乐毅将围而不攻的态势保持了五年；面对不服输的孟获和不出窝的司马懿，诸葛亮也保持了足够的耐心；如今，面对眼前这个难对付的陆抗，羊祜更是不急不慌，摆出了一副天长地久耗下去的架势。

陆抗洞察羊祜的意图，晋武帝司马炎对此更是了然于胸。为了支持羊祜的这一战略，司马炎不仅把江北都督改置为南中郎将，把这一职位所管辖的汉水以东直至江夏一带的区域都划归羊祜统领，而且还加封羊祜为车骑将军，拥有开府的特权，使羊祜宛若一方诸侯般有效调动前方的军力资源。

然而，也许是司马家族与生俱来的谨慎性格发挥了作用，临门一脚的时刻，司马炎却犹豫了。咸宁二年（公元276年），也就是羊祜的老对手陆抗病故后的第二年，羊祜向晋武帝呈报了请求伐吴的奏疏。奏疏中，不仅从"隆先帝之勋，成无为之化"这一光大事业的角度论述了伐吴的必要性，而且从"江淮之难，不过剑阁；山川之险，不过岷汉；孙晧之暴，侈于刘禅；吴人之困，甚于巴蜀"这一吴蜀比较的角度论述了伐吴的可行性，甚至还提出了"引梁益之兵水陆俱下，荆楚之众进临江陵，平南、豫州直指夏口，徐、扬、青、兖并向秣陵"这一四路并进的具体建议。

对于羊祜的请求，司马炎虽然"深纳之"，但却毫无行动。具体分析司马炎按兵不动的原因，似乎也可以理解：其一，当时西北的秦州、凉州正饱受胡人的袭扰，一旦伐吴，有可能顾此失彼；其二，群臣之中主张伐吴的只有度支尚书杜预和中书令张华，与反对伐吴的贾充等人相比，属于绝对的少数，思想不统一，行动起来必然增加失败的风险。于是，伐吴这件事就被搁置了下来，司马炎还要等待更合适的时机。

然而，司马炎能等，羊祜却没法等了。咸宁四年（公元278年）正月，羊祜因病请求入朝，到达后，羊祜当面向司马炎陈述伐吴策略。听了陈述，司马炎不免为之心动，也很想与羊祜进一步商讨伐吴的具体筹划和行动，但鉴于羊祜有病在身，宜静少动，司马炎就派张华到羊祜的住处与其沟通。于是，一次生死相托的聊天发生了。

面对张华，羊祜颇有些急切地说："孙晧的残暴肆虐已经达到了极点，现在正是不战而胜的关键时刻。倘若孙晧不幸死掉了，吴人再立一位贤明的君主，纵然我们有百万雄师，长江也不是我们能够窥伺的了，这样就贻患无穷了。"

对于羊祜的这番论述，张华内心里啧啧称叹，深为认可。就目前的形势而言，的确是千载难逢的好时机，正所谓机不可失，时不再来，可是，又如

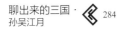
何能够说服当今天子呢？

还没等张华开口，羊祜就又说话了。

"成就我志向的人，就是你！"张华怎么也没想到，羊祜会话锋一转提到了自己，并且把如此重责大任压到了自己头上。

张华没想到，羊祜却很清醒。天子既然能派张华来与自己沟通如此事关机密的大事，那么他就一定能够影响天子的决策，既然能影响天子的决策，那为什么不把压力传导给他呢？

不知道张华回去后是如何向晋武帝汇报的，总之，晋武帝动心了，他准备让羊祜带病出征，躺在车上统领诸将伐吴。

然而，此时羊祜羸弱的身体已经难以撑起他那吞吴的雄心了。无奈之下，羊祜回奏："夺取吴国不一定非我不可，但是等到平吴之后，就要劳累圣上您去治理了！功业和名声，我都不敢贪图。如果了却了平吴这件事，需要选派官员对江东加以镇抚时，请您审慎地选择适宜的人选。"

羊祜的这番话可谓瞻前顾后、尽心竭虑，他不仅谋划着伐吴，而且还想到了灭吴之后的治理问题，不仅提醒司马炎要关心战后的事情，而且建议司马炎要选好治吴的人才。

实际上，羊祜的话句句都有深意。比如，之所以"取吴不必臣行"，是因为灭吴的人才羊祜早就在积蓄了；而灭吴之后之所以"愿审择其人"，是因为治吴的事情已经不是羊祜能看得到和说得上话的了。因此，能说话时一定要说，并且一定要说全。

同年十一月，五十八岁的羊祜病逝于京城洛阳。随之，羊祜推荐的灭吴之才进入了历史的视线。

主题：灭吴

聊友：羊祜 + 张华

时间：公元 278 年

语录：成吾志者，子也。

影响：羊祜把接力棒交到了张华手中。

启示：一定要做好传帮带。

　　　　说服不了老板，就先从老板身边的人入手。

出处：《晋书·羊祜传》、《资治通鉴》卷八十

原文节选：

帝以其病，不宜常入，遣中书令张华问其筹策。

祜曰："今主上有禅代之美，而功德未著。吴人虐政已甚，可不战而克。混一六合，以兴文教，则主齐尧舜，臣同稷契，为百代之盛轨。如舍之，若孙皓不幸而没，吴人更立令主，虽百万之众，长江未可而越也，将为后患乎！"

华深赞成其计。

祜谓华曰："成吾志者，子也。"

帝欲使祜卧护诸将，祜曰："取吴不必须臣自行，但既平之后，当劳圣虑耳。功名之际，臣所不敢居。若事了，当有所付授，愿审择其人。"

——《晋书·羊祜传》

6.7 势如破竹——杜预对话司马炎

一个篱笆，三个桩。羊祜离去了，但他留下的三个桩子足以撑起江山一统这台大戏。

临终前，羊祜举荐小自己一岁的度支尚书杜预作为接替者。于是，羊祜去世不久，杜预被任命为镇南大将军，都督荆州诸军事。

仔细考察杜预的背景和履历，会发现他简直就是羊祜的复刻版。

首先，杜预同样生于官宦世家京兆杜氏。不知道大家是否记得在曹魏创业初期，荀彧曾经向曹操推荐过一个名叫杜畿的人去担任河东郡的太守，后来此人在河东一干就是十六年，政绩考核"常为天下最"。这位杜畿就是杜预的祖父，而杜预的父亲杜恕也当过河东太守，后来还担任过幽州刺史加建威将军，并且还曾持节担任过护乌丸校尉。如果再往前追溯，杜家的先祖则是西汉时的名臣杜周和杜延年父子，他们都是在《史记》和《汉书》中有传的人。出生在这样一个名门世家，既赋予了杜预"博学多通，明于兴废之道"的才智，也让他倍感压力，为此他经常说："德不可以企及，立功立言可庶几也。"就是说，自己在立德方面是无法超越先辈了，但在立功和立言方面还是有可能的。

其次，杜预的政治背景同样复杂。按说杜畿和杜恕父子都是实干派，在注重事功的魏国应该颇受青睐，然而事实却并非如此。杜畿因为与荀彧关系密切，由此并不能得到曹操的完全信任，直到曹丕即位后才得以入朝为官，官至尚书仆射；杜恕则"不结交援，专心向公"，每当"政有得失，常引纲维以正言"，为此得罪了不少臣僚。在杜恕得罪的权臣之中，就有当时的大将军司马懿。魏太和六年（公元232年），司马懿推荐自己的五弟司马通担任了司隶从事。父子、兄弟、亲朋、故旧彼此提携，这在当时原本是件寻常事，没想到杜恕却就此对司马懿提出了弹劾，弄得司马懿很是不快，后来借着其他事由几乎将杜恕置于死地。不过，等到司马昭掌权之后，情况就发生了变化。司马昭不仅将博学多通的杜预延聘到了自己的幕府，甚至还把妹妹嫁给了他。

第三，杜预同样深受司马家信任。与羊祜类似，杜预也是在三十多岁时以幕僚的身份入仕的，并且一入司马昭的霸府就进入了发展的快车道。最初，杜预被征辟为尚书郎；司马昭担任相国之后，杜预成了参相府军事；司马昭决意伐蜀之时，杜预被委任为镇西将军府长史，既给伐蜀统帅锺会当参谋，又起到对锺会的监视作用；最终，杜预凭着自己的智慧在那场灭蜀后的变乱中存活了下来。之后，杜预先后担任了守河南尹、秦州刺史、度支尚书等职且都有不俗的表现。其间，杜预也曾因得罪权臣而被解除职务，但凭着自己的才能以及与司马家的特殊关系，每每都雨过天晴，平安无事。

聊备一览

司马昭的霸府

与曹操相类似，司马氏控制政权的主要载体就是霸府。司马懿依托太尉府、太傅府，司马师依托大将军府，司马昭依托安东将军府、大将军府、相国府，有效地控制着整个朝廷的运转。

相对于父亲和兄长合计六年的执政期，司马昭在十余年的执政生涯中，把霸府的人才吸纳和军政操控作用发挥到了极致。经统计，史书中明确记载曾在司马昭霸府中任职的共有 36 人，这其中既包括参加灭蜀之战的师纂，也包括主导灭吴之战的羊祜、王浑、胡奋，还包括既参加了灭蜀之战又主导了灭吴之战的杜预，并且包括影响未来西晋政局的贾充、荀勖一党，甚至还有"竹林七贤"中的山涛、阮籍。

当然，羊祜之所以推荐杜预接替自己，最关键的还是杜预的立场和才干。从立场上看，杜预是朝廷中为数不多的伐吴派，始终主张把握时机迅速灭吴；从才干上看，杜预不仅富有韬略而且运用自如，出主意、想办法就像从武器库中捡出一件称手的兵器那样信手拈来，似乎没有他解决不了的问题。据说，他担任度支尚书期间，"损益万机，不可胜数，朝野称美"，为此，臣僚们给了他一个"杜武库"的美称。

　　说到这里，讲一个小事例。据载，在度支尚书任上，杜预认为孟津的黄河渡口太过险要，南北两岸往来很不方便，因此应该架设一座连通两岸的桥梁。可是，这一主张却遭到了不少人的反对，其理由也言之凿凿："从殷周时期开始，都城大多建在黄河边上，这期间出现了多少圣贤，他们都没有造桥，一定有不适宜建桥的原因。"不过，就算搬出古圣先贤，也没有挡住杜预造桥的决心。后来，凭借着自己武库般的智慧，克服了建设中的种种技术难题，杜预竟然真的把桥建成了。望着这座跨两岸、划时代的桥梁，晋武帝在落成典礼上当着群臣的面举杯敬杜预，同时赞赏地说道："如果没有你，这桥是建不起来的。"面对皇帝的褒扬，杜预恭谦地回答："如果不是陛下圣明，我也没有机会施展这点小技巧。"有主见、有办法、不争功、合圣意，都是铺设"伐吴之桥"所必须具备的，也许这就是羊祜选中杜预的主要原因。既然杜预能把黄河两岸连成一片，长江一定也不是问题。

　　主题：一座桥
　　聊友：司马炎 + 杜预
　　时间：公元 274 年
　　语录：非陛下之明，臣亦无所施其巧。
　　影响：杜预在晋武帝面前加了分。
　　启示：机会是老板给的，功劳永远是老板的。
　　出处：《晋书·杜预传》、《资治通鉴》卷八十

　　事实证明，羊祜并没有看错人。有了前任打下的良好基础，杜预一上任就露了一小手。没多久，杜预就派出了一支由精壮将士组成的突击队，出其不意地偷袭了孙吴的西大门西陵。虽说这只是一个很小的胜利，但却取得了意想不到的大效果：吴主孙皓竟把西陵督张政给换掉了。

　　事情的经过是这样的：鉴于西陵在晋吴双方攻守态势上的特殊价值，杜预一到荆州就盯上了这个地方，并且意识到西陵督张政很难对付。为此，他

先是以突袭的方式打了张政一个措手不及，然后上表晋武帝请求把抓到的那些俘虏送到了孙吴的都城建业。也许张政并没有觉得这次小失误是件值得汇报的事情，也许张政担心一旦汇报会令孙皓产生疑虑，也许另有他因，总之，张政并没有向孙皓如实报告被偷袭这件事。可是，孙皓却偏偏在建业看到了从那些被俘的西陵吴兵，于是生性多疑的孙皓立刻换掉了张政。

一旦看到孙吴的西大门洞开，杜预便开始上奏司马炎，力陈伐吴之要了。而与此同时，羊祜选中的另一位灭吴之才也把表章递到晋武帝面前。

如果说羊祜推荐的继任者是自己的克隆版，那么他在长江上游布下的那颗棋子则与自己有着天壤之别。

晋泰始五年（公元269年），当征南大将军羊祜吸纳王濬作为自己身边的参军甚至还准备进一步提拔使用时，不仅周围的人感到诧异，就连他的侄子羊暨都忍不住要出来说两句："王濬为人处世虽然志向远大，但喜欢讲排场搞铺张，不能放手任用他，应当有所约束才行。"

羊暨说得没错，太原晋阳（今山西太原市）人王濬虽说也是出身于"家世二千石"的官宦之家，并且博览群书、仪表堂堂，但他那"不修名行"、做事夸张的特点也是满朝皆知。据说，他早年修宅院盖房子的时候，竟然在自家大门前留出了几十步宽的空地。面对左邻右舍不解的神情，他竟颇为自得地说："我是想让它能容得下长戟和幡旗。"这里王濬把想说的话做了简化，完整的意思是说，我留这块空地是想让它容得下手持长戟和幡旗的仪仗队伍，言外之意，自己以后必定大富大贵，极尽荣耀。这下，大家乐了：你有没有机会大富大贵倒在其次，就算以后富贵了到时再扩建门庭也来得及，犯得着提前先把几十年后可能一用的地方留出来吗？这不是好高骛远、铺张浪费吗？毫无无疑，这件事后来成为众人哂笑和诟病的一个例证。

对于羊暨所反映的问题，羊祜自然早有耳闻，不过他的眼光却有所不同："王濬有大才，是个足以实现理想抱负的人，完全可以放手使用。"

的确，如果从"大才"的角度看，在王濬身上似乎也能找到些例证。

首先，王濬知耻后勇。一旦认识到自己"不修名行"这一问题的严重性，王濬立即来了个一百八十度的大转身，迅速变得"疏通亮达，恢廓有大志"起来，虽然这种转变依旧被认为过疏过大，但终究是一次转变。

其次，王濬清名远播。孟子说，先立乎其大者，则其小者不能夺也。不知道从什么时候起，王濬在官场上有了一个清正廉洁、刚正不阿的名声，当他被朝廷征辟为河东郡从事的消息传开，竟然吓得那些不检点的官吏都自行离职而去，想来这威力也是够大的。

最后，王濬意外乘龙。据载，在河东从事的任上，王濬的顶头上司司隶校尉徐邈曾经"大会佐吏"，把整个司隶州有一定级别的官吏都叫去集会。可能大家对这个徐邈已经没多少印象了，笔者曾经介绍过他在曹操和曹丕时代的一些事迹，简单概括就一个词：嗜酒尚奢。

鉴于长官的这一嗜好，如今招呼大家，十有八九又是一场酒局。然而，令人没想到的是，这次，徐邈却醉翁之意不在酒，真正的意图却是为自己贤淑又有才的女儿选一位乘龙快婿。因此，当大家在厅堂之上把酒言欢的时候，帷幕之后却有一双明眸审视着每一位受邀者的举手投足。我们不知道王濬到底在什么地方吸引了这位才女的目光，打动了她的心房，总之，他成了徐家的乘龙快婿。

> 主题：如何看待异类人才
> 聊友：羊祜 + 羊暨
> 时间：公元 269 年
> 语录：濬有大才，必可用也。
> 影响：王濬得到重用。
> 启示：志大不是问题，能否如志才是关键。
> 出处：《晋书·王濬传》、《资治通鉴》卷七十九

不知道羊祜的"大才"一说是不是也是基于以上几点，但这一判断的确

算是独具慧眼，也给王濬的人生带来了巨大的转折。要知道，当时王濬已经是一位六十四岁的老人了，而羊祜只有四十九岁，让一位青年的伯乐去发现一匹风华不再的老千里马，其难度可想而知，因此遭到一些非议也在所难免。但不管怎么样，羊祜随后确实把王濬当作一匹千里马来使用了。

不久，随着羊祜被授予车骑将军，王濬作为心腹幕僚转任车骑从事中郎；没过多久，王濬跨越千里当上了晋吴西部边境上的巴郡太守，成了长江上游对吴作战的一线指挥；又过了一两年，王濬转到蜀中腹地的广汉担任太守；泰始八年（公元 272 年），鉴于益州叛民杀死了州刺史，王濬升迁为益州刺史，成了主导长江上游军政事务的封疆大吏；随后，由于平叛有力，朝廷征拜王濬为右卫将军，同时授予大司农一职，让他到京城就任。

对于王濬的快速升迁，作为伯乐的羊祜自然欣喜；但对于王睿奉调进京的消息，羊祜却十分焦虑。随即，羊祜向晋武帝上了一份密表，表中力陈"伐吴宜藉上流之势"，而"有奇略"的王濬则恰恰是率军顺流而下的最佳统帅。于是，王濬再次被任命为益州刺史，不久又加封他为龙骧将军，监管益州和梁州诸军事，同时诏令他"罢屯田兵，大作舟舰"。看这架势，一场伐吴大戏似乎已经拉开了大幕。

然而，诏令归诏令，真正落实起来却困难多多、矛盾重重。根据诏令的安排，王濬不仅要把原本从事屯田的士兵征调去造舟舰，而且要多多益善地大造舟舰。然而，益州当时的屯田兵却只有五六百人，让这些人去生产足够伐吴灭吴的舟舰，就如同要在螺蛳壳里做道场、在小巷子里摆仪仗一样，简直是天方夜谭。并且，如果真采取那种愚公移山的办法去造船，就算真造出了几艘舟舰，也会出现后面的船还没造好、前面的船却早已朽烂的尴尬局面。

发现诏令中的矛盾后，既有"大才"又"有奇略"的王濬，既没请示也没报告，与部下一合计，就自行从各郡征调了一万多士兵，如火如荼地干了起来。当朝廷得知这一消息时，王濬造出来的船已经一眼望不到边了。

　　既然船已经造好，王濬就不想继续等待了。为此，王濬上疏晋武帝请求伐吴。王濬伐吴的理由有三：其一，正好碰到个烂柿子，换一个新柿子就不好办了，"孙皓荒淫凶逆，若一旦皓死，更立贤主，则强敌也"；其二，人能等，船不能等，"臣作船七年，日有朽败"；其三，你能等，我不能等，"臣年七十，死亡无日"。

　　看到王濬的上疏，晋武帝深以为然，立即准备出兵伐吴。然而，事情往往就是那么寸，就在这个当口，安东将军王浑却报来了孙皓准备发倾国之兵攻打晋国的消息。这下，晋武帝犹豫了，反对的声音也甚嚣尘上，敌人都要打来了，还是先防御吧，进攻的事等明年再说吧。

　　听到这一消息，杜预坐不住了，很快也把请求伐吴的奏疏呈到了皇帝面前。杜预伐吴的理由就一条："贼但敕言，下无兵上"，就是说，敌人在荆州地区只是敕令严加防守，并没有下游地区的吴兵上来增援和进攻我国的动向，我们现在进攻正是好时候。杜预的理由简单明了，但为了完整地阐发这一理由，以此增强晋武帝的信心与决心，却用了不少笔墨，什么"若或有成，则开太平之基；不成，不过费损日月之间"，什么"有万安之举，无倾败之虑"，以今天的视角来看，这更像是一次成本收益分析，结论就是，成了一本万利，不成也就耗点时间、费点体力。不过，即使这样，晋武帝依旧不置可否。

　　等了一个月不见动静，杜预再次上表。这次，杜预除了继续陈述伐吴"此举十有八九利，其一二止于无功"这样的收益和风险比较，重点把矛头指向了朝廷中那些反对伐吴的人。杜预说，如果让那些反对的人说出伐吴的弊端，他们也是说不出什么的，只不过"计不出己，功不在身，各耻其前言，故守之也"。计策不是他们提出来的，功劳也不会算到他们身上，就算觉得以前说错了，现在也要硬顶死扛。一句话，这些人根本不是真正为江山社稷着想，而是各自打着自己的小算盘。

　　事情往往就是那么巧，杜预的奏疏送到时，晋武帝正与张华下着围棋。

看着杜预与群臣撕破脸的无私无畏，看着晋武帝仍然如对弈般举棋不定，张华鼓足勇气，推开棋盘，拱手启奏："陛下圣明神武，我大晋国富民强；吴主荒淫残虐，诛杀贤能。现在去征讨东吴，可以不劳而定，希望陛下千万不要迟疑！"一句话，战局如棋局，机不可失，时不再来！

乍一听，张华的这些话似乎是临场发挥，细琢磨，张华"吴主淫虐""可不劳而定"的表述，恰与羊祜当初在聊天中与他所说的"孙皓暴虐已甚，于今可不战而克"如出一辙。可见，羊祜当年的重托已经深深地在张华的心中扎下了根。既然要说服当家人，就要拿两国的当家人比较和说事，这样的对比才鲜明，这样的激励才有效。就这样脱口而出的一句话，不知道已经在张华的嗓子眼里盘桓了多久。

主题：灭吴
聊友：司马炎＋张华
时间：公元279年
成语：围棋定策
语录：当今讨之，可不劳而定，愿勿以为疑！
影响：晋武帝下定了伐吴的决心。
启示：机会属于有准备的人。
出处：《晋书·杜预传》、《资治通鉴》卷八十

读着杜预的奏疏，听着张华的切谏，看着眼前的棋局，晋武帝司马炎终于下定了即刻伐吴的决心。咸宁五年（公元279年）十一月，镇军将军、琅琊王司马伷从涂中（今安徽滁州城区附近）出兵，安东将军王浑从江西出兵，建威将军王戎出武昌，平南将军胡奋进攻夏口，镇南大将军杜预夺取江陵，龙骧将军王濬从益州出兵，东西合计超过二十万人马从六个方向涌向了吴国的边境。仔细分析，此次六路并进的伐吴军事部署，与羊祜当年四路并进的建议大致相同，只不过在羊祜所说的夏口和建业方向上各把一路攻击变成了

两路合击。

军事部署上与羊祜的建议异曲同工，战役效果上也与羊祜的预期如出一辙。随着王濬顺江而下成功拿下西陵，杜预也攻下了江陵，胡奋则占据了夏口，"一隅之吴"顷刻间"上下震荡"。

当然，进攻也并非全然无阻。在一次军事会议上，杜预手下的一些将领就打了退堂鼓："百年的贼寇，不可能一下完全搞定，现在正值雨水连绵、疫病将起之际，军队难以长久在外作战，不如等到冬季时再大举进攻。"

面对这种拿眼前困难说事的论调，杜预的回答斩钉截铁："从前，乐毅凭借济西一役而一举吞并强大的齐国。如今，我军兵威已振，正需要一鼓作气。"

除了举例子，杜预还打比方："打仗就好比劈竹子，只要劈开上面几节，下面的就迎刃而解了，不会再有吃力的地方了。"

杜预的这段话，不仅打消了将领们的顾虑，而且贡献了两个成语：势如破竹、迎刃而解。

主题：势如破竹
聊友：杜预+众将领
时间：公元 280 年
成语：势如破竹、迎刃而解
语录：今兵威已振，譬如破竹，数节之后，皆迎刃而解。
影响：晋军明白了伐吴态势，坚定了灭吴信心。
启示：硬道理也要讲得通俗易懂。
出处：《晋书·杜预传》、《资治通鉴》卷八十一

杜预这套"破竹理论"，不仅口头上讲，而且身体力行。按照晋武帝的部署，王濬一旦攻克西陵，就要接受杜预的节制调遣，不得随意行动。然而，就在王濬刚刚拿下西陵的时候，杜预的书信就到达了。杜预的书信很简短：

"足下既摧其西藩，便当径取建业，讨累世之逋寇，释吴人于涂炭，振旅还
都，亦旷世一事也。"就是说，既然你已经开启了破竹般的态势，那就赶快去
实现迎刃而解的效果吧，这是前所未有的伟业！

看过书信，王濬立刻顺江而下，越过江陵，攻下武昌，一口气杀到了建
业。兵锋之下，孙皓无可奈何地投降了。

"牛斗三分国，龙骧一统年。"（唐·张说）

"我见楼船壮心目，颇似龙骧下三蜀。"（唐·李白）

"虎旗龙舰顺长风，坐引全吴入掌中。"（唐·吕温）

"君不见红旗一卷无奔北，龙骧将军初下蜀。"（宋·米芾）

后世盛赞龙骧将军王濬在这场灭吴之战中的功勋，但对成全这一丰功的
杜预却鲜有提及。相比之下，同样成就这一伟绩的羊祜就略微幸运了点。

消息传来，群臣纷纷向晋武帝道贺。此时，司马炎一边手持酒爵，一边
流着泪说："这是太傅羊祜的功劳啊。"

正如太傅这个头衔是羊祜故后追赠的那样，灭吴这一盛举也是在羊祜故
后实现的，但正如羊祜当初所说，"取吴不必须臣自行，……功名之际，臣所
不敢居"，他并不是一个汲汲于功名的人。不过，在普天同庆的时刻，晋武帝
司马炎仍能够记起他，记起他的功劳，这份付出也算值了。

原文节选：

预又以孟津渡险，有覆没之患，请建河桥于富平津。议者以为
殷周所都，历圣贤而不作者，必不可立故也。

预曰："'造舟为梁'，则河桥之谓也。"

及桥成，帝从百僚临会，举觞属预曰："非君，此桥不立也。"

对曰："非陛下之明，臣亦不得施其微巧。"

——《晋书·杜预传》

后参征南军事，羊祜深知待之。

祜兄子暨白祜："濬为人志太，奢侈不节，不可专任，宜有以裁之。"

祜曰："濬有大才，将欲济其所欲，必可用也。"

转车骑从事中郎，识者谓祜可谓能举善焉。

——《晋书·王濬传》

时帝与中书令张华围棋，而预表适至。

华推枰敛手曰："陛下圣明神武，朝野清晏，国富兵强，号令如一，吴主荒淫骄虐，诛杀贤能，当今讨之，可不劳而定。"

帝乃许之。

——《晋书·杜预传》

时众军会议，或曰："百年之寇，未可尽克。今向暑，水潦方降，疾疫将起，宜俟来冬，更为大举。"

预曰："昔乐毅藉济西一战以并强齐，今兵威已振，譬如破竹，数节之后，皆迎刃而解，无复著手处也。"

遂指授群帅，径造秣陵。所过城邑，莫不束手。议者乃以书谢之。

——《晋书·杜预传》

6.8 嫁女儿是个好办法——贾充对话荀勖

三人成虎。裴楷等人通过聊天，几乎扳倒了权倾朝野的权臣贾充；而荀勖等人同样通过聊天，既让贾充留在了京城，又把他的女儿送入了皇宫。

灭吴，自然是件普天同庆的大喜事，可对晋武帝司马炎来说，灭吴之后的论功行赏却是件似乎比摆平吴国更难的事情。

　　争执主要发生在王濬和王浑身上。按照事前的部署，随着王濬从长江上游顺流而下，到了中游他要接受镇南大将军杜预的调遣，到了下游他要接受安东将军王浑的调遣。杜预放弃对王濬的指挥权，鼓励他大胆东进，自不必说。当王濬大军到达秣陵、扬帆直逼建业时，却传来了王浑让他停止前进、到江北商议军情的命令。此时的王濬，一门心思要干成那件"旷世一事"，哪有心思停留耽搁？于是，他回复王浑："风利，不得泊也。"就是说，战船正顺风顺水，根本停不下来！于是，一股脑杀进了石头城，接受了孙晧的投降。

　　这下，王浑不干了，立即向晋武帝打小报告，不仅指责王濬不服从调度，而且捏造了不少王濬的罪状，摆出一副要置王濬于死地的架势。王浑之所以如此妄为，主要基于以下三点原因：其一，理由足。既然王濬违抗命令、自行其是，自己当然要维护制度和规矩，勇于检举揭发。其二，资历老。作为后汉代郡太守王泽之孙、曹魏司空王昶之子，王浑早年在曹魏时代就历任县令、参军、散骑侍郎等职并袭封京陵县侯。晋代魏后，他历任扬烈将军、东中郎将、征虏将军、豫州刺史等职。别看王浑比王濬年龄小十七岁，但相比之下，王浑在朝廷中不仅官位高而且势力大。其三，关系硬。王浑最倚仗的就是与司马炎的姻亲关系——自己的儿子王济娶了晋武帝的女儿常山公主，这一点王濬肯定是比不了的。看到王浑使出如此招数，王濬自然不甘示弱，二人你来我往就打起了笔墨官司。

　　争执的结果，王浑被封为公爵，而王濬只被封为侯爵，很明显，王浑占了上风。此后，王濬每次觐见晋武帝，都要摆一摆自己在伐吴之战中的功劳以及自己被冤枉的情况，有时候说得"不胜忿愤"，竟然不辞而别，弄得晋武帝也很尴尬。

　　要说王濬吃了大亏，王浑赚了便宜，这肯定没错。不过，如果与贾充赚得便宜比起来，那王浑赚的这点便宜就不算什么了。

　　在伐吴这个问题上，贾充显然是个反对派，并且是反对派的领袖。但是，在决定大举伐吴之时，晋武帝却把平吴主帅这个重任压到了贾充身上。后来，尽管贾充在战役期间提出过"召诸军还，以为后图"这样撤火的建议，但晋武帝依旧在平吴后为贾充增加封邑八千户。一句话，甭管贾充什么态度，晋武帝对贾充始终如一地宠信。

身居侍中、尚书令、车骑将军的高位，身旁有侍中兼中书监荀勖、越骑将军冯䊮等一干党羽围绕，贾充俨然已经成为实际上的宰相了，但如果就此认为贾充可以只手遮天、翻云覆雨，倒也未必。实际上，侍中裴楷、侍中任恺、河南尹庾纯这些同样依傍在皇帝身边的一帮忠直之士，早就对贾充无法容忍了。

有一次，晋武帝司马炎与裴楷聊起了当下朝政的得失，并就此征询裴楷的意见。看到这难得的进言机会，裴楷毫无顾虑地说出了自己的想法："陛下受命于天，四海承受教化，之所以在德惠上还不能与尧舜比肩，就是因为朝廷中还有像贾充这样的人。我认为，应当召引天下德才兼备的贤者一起弘扬为政之道，不应该让天下人认为您偏信偏爱。"

裴楷的话，晋武帝当然听明白了，也知道其具体指向，但毫无动作。

一次聊天不起作用，那就再来一次。当时，西北的雍州一带经常被鲜卑族部落首领秃发树机能所侵犯、袭扰，最凶悍时不仅杀掉了颇有才能的秦州刺史胡烈，甚至吓退了扶风郡王司马亮从长安派去的援军，一时间搞得晋武帝忧心如焚。看到皇帝如此忧愁，任恺便借题发挥，提出了自己的建议："应当派一名既有威望又有智慧和谋略的朝廷重臣前去督抚镇压。"

听到这话，晋武帝来了兴趣，随即问："谁可以担当此任？"

"车骑将军贾充！"任恺不仅毫不犹豫地作答，而且阐述了理由。

旁边的庾纯见机也极力推举贾充，似乎贾充一到，西北立宁。

晋武帝是个耳根子比较软的人，听了二人的力荐，想到西北的危急形势和贾充在朝中的不佳声名，索性下诏由贾充都督秦凉二州诸军事，同时保留侍中、车骑将军的职务。

主题：赶走贾充

聊友：司马炎 + 裴楷 + 任恺 + 庾纯

时间：公元 271 年

语录：宜引天下贤人，与弘政道，不宜示人以私。

影响：贾充失势，即将离京。

启示：一个人正着说不行，那就换个人反着说。

　　　同心之言，其臭如兰。

出处：《晋书·裴楷传》、《资治通鉴》卷七十九

　　快要离京的时候，平日与贾充走得比较近的一些公卿大臣在夕阳亭为他饯行。夕阳亭，夕阳亭，莫非自己的人生仕途就如同夕阳一般要停在这里了吗？一想到这里，贾充的心中就平添了几分怅然和落寞。

　　不过，贾充毕竟是一个经历了数度风雨的人，虽怅然而并不怅惘，虽落寞而并不落拓，自己解决不了的问题，说不定别人能帮忙解决。茫然之际，贾充向前来送别的荀勖求计问策，毕竟出身颍川荀氏的荀勖是个足智多谋之人。

　　面对求助，荀勖缓缓地道出了一个柳暗花明的路径："您身为宰辅，却被一个人制住了，岂不是让人小瞧吗？但是，这次离京外任，的确难以推辞，只有与太子结亲，才能够不用推辞就自然而然地留下来。"

　　与皇家联姻的确是柳暗花明的一招！听了这话，贾充眼睛不由为之一亮。然而，转瞬之间，贾充眼中的光芒又黯淡了下来，快快地说："那么，谁可以去替我表达意愿呢？"办法好是好，但缺个想办这事、能办这事的人。

　　"那就让我去帮您说吧。"荀勖立刻回应道。

　　要的就是这句话！贾充的双眼立刻又亮了起来。

　　揽下这事之后，荀勖就开始了积极串联。他找到冯纨说："贾公一旦远离京城，我们这些人就靠边站了。如今太子的婚事还没有定下来，何不劝说武

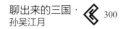
帝为太子纳娶贾公的女儿呢！”

听了这话，冯纨也积极行动了起来。很快，贾充的妻子郭槐也出来做工作，她通过贿赂搞定了皇后杨艳身边的人，让杨皇后也加入到了劝说晋武帝司马炎的行列。

原本，司马炎属意的太子妃是卫瓘的女儿。之前，司马炎曾经对卫、贾两家女儿进行过详细的调查研究并且得出结论："卫公的女儿有五可，贾公的女儿有五不可：卫氏家风优良而且人丁兴旺，人长得模样漂亮而且身材修长、皮肤白皙；贾氏天生嫉妒而且人丁稀少，人长得相貌丑陋而且身材短小、皮肤黝黑。"

但是，司马炎一个人架不住从皇后到近臣的轮番劝说，这些人众口一词地认为贾充的女儿"绝美，且有才德"，搞得司马炎都怀疑自己的调研结论甚至审美标准了。最终，贾充的女儿成为太子妃，而贾充则顺理成章地留在了京城。

顺道说一句，贾充的这个女儿叫贾南风。二十年后，这位丑短黑的女子将在京城导演一幕史称"八王之乱"的闹剧。

主题：留在京城

聊友：贾充＋荀勖，荀勖＋冯纨

时间：公元 271 年

语录：独有结婚太子，可不辞而自留矣。

影响：贾充翻盘，因祸得福。

启示：一个恶汉三个帮。

　　　　舍不得女儿，套不住皇帝。

出处：《晋书·贾充传》、《资治通鉴》卷七十九

原文节选：

与山涛、和峤并以盛德居位，帝尝问曰："朕应天顺时，海内更

始，天下风声，何得何失？"

楷对曰："陛下受命，四海承风，所以未比德于尧舜者，但以贾充之徒尚在朝耳。方宜引天下贤人，与弘正道，不宜示人以私。"

时任恺、庾纯亦以充为言，帝乃出充为关中都督。充纳女于太子，乃止。

——《晋书·裴楷传》

会秦、雍寇扰，天子以为忧。

恺因曰："秦、凉覆败，关右骚动，此诚国家之所深虑。宜速镇抚，使人心有庇。自非威望重臣有计略者，无以康西土也。"

帝曰："谁可任者？"

恺曰："贾充其人也。"

中书令庾纯亦言之，于是诏充西镇长安。

——《晋书·任恺传》

充既外出，自以为失职，深衔任恺，计无所从。将之镇，百僚饯于夕阳亭，荀勖私焉。

充以忧告，勖曰："公，国之宰辅，而为一夫所制，不亦鄙乎！然是行也，辞之实难，独有结婚太子，不顿驾而自留矣。"

充曰："然。孰可寄怀？"

对曰："勖请行之。"

俄而侍宴，论太子婚姻事，勖因言充女才质令淑，宜配储宫。而杨皇后及荀颛亦并称之。帝纳其言。

——《晋书·贾充传》

6.9 可惜了这个宝座——司马炎对话卫瓘

司马炎之所以要构建那套铁桶般缜密的制度，只是为了护住其中最短的那块板。

　　如果说贾充嫁出的是一个丑短黑的女儿的话，那他攀上的则是一个"纯质"的女婿。作为太子，司马衷在大臣们的眼中是一个十分"纯质"的人。所谓"纯质"，就是纯真质朴的意思，而这个词之所以用在司马衷身上，是因为大家没有办法直接用另一个词——弱智——来形容他。

　　关于司马衷的"纯质"，流传着这样两个故事。

　　有一天，司马衷在皇家园林游玩，忽然听到池塘里的蛤蟆在叫。司马衷便问随行的侍者："这个呱呱叫唤的东西，是官家的，还是私人的？"

　　对于这一让人摸不着头脑的提问，侍者挠挠头，顺着司马衷的思路回答："在官家里叫的，就是官家的；在私家里叫的，就是私人的。"

　　后来，听到天下发生了大灾荒，一时间哀鸿遍野，饿殍满地。听到这种情况，司马衷又发问了："虽说百姓没有饭吃，但为什么不喝点肉粥过活呢？"

　　对于司马炎要把江山社稷交给这样一位太子，群臣虽然忧心忡忡，但却没一个人敢挺身而出，仗义直谏。所以，事情就一直这样"纯质"下去。

　　作为重臣，卫瓘不仅与其他大臣持有相同的观点，甚至怀有建议晋武帝废掉太子的想法和冲动。可是，每每话到嘴边，又都咽了回去，始终处于想说又不敢说的状态。

　　后来，司马炎在陵云台大宴群臣，君臣都喝得酣畅淋漓，甚至忘却了尊卑和礼仪。见到这种情景，卫瓘佯装喝醉，踉跄着走到了晋武帝的龙榻前，跪在榻前徐徐地说："微臣有事启奏。"

　　"卫公有什么要说？"看得出来，此时的晋武帝对此既未在意，也并不介意。

　　此时的卫瓘，张开嘴又闭上，抬起头又垂下，一副欲言又止的神情。如此这般重复了好几次，弄得晋武帝司马炎都有些焦躁和诧异了。

　　最后，卫瓘终于不再重复那副怪神情了，而是做出了一个更令人意想不到的动作：将手伸向了龙榻。

只见，卫瓘一边摸着龙榻，一边喃喃自语："这个坐榻可惜了！"

这下，晋武帝明白了，原来你是借酒进言、借榻说事啊！

可是，既然你卫瓘没说破，我又怎能说破呢？因此，晋武帝也借酒说事，假装糊涂地说："看来您是真的醉了啊！"

这下，卫瓘也明白了。于是，聊天到此为止。在这件事上，卫瓘从此"不复有言"。

主题：龙榻
聊友：司马炎 + 卫瓘
时间：公元 278 年
成语：卫瓘抚床
语录：此座可惜！
影响：一个低能儿扰动了一群高智商。
启示：为何啥事儿都要扯上座位呢？
出处：《晋书·卫瓘传》、《资治通鉴》卷八十

虽然卫瓘不再有话说了，但晋武帝司马炎心中的纠结却一刻也没有停止。"太子不慧""不堪为嗣"恐怕是人所共知的事情，但是除了太子司马衷，还能让谁继位？有没有更好的解决办法？

这些问题，司马炎不能拿出来与臣子们商议，只能常常私下里与皇后杨艳沟通。对于丈夫司马炎的征询，皇后杨艳只有一个意见："确立继承人以长幼为标准而不以贤德为标准，不能随意变动！"

事实上，即使在自己病危的时候，杨皇后也没有忘记捍卫司马衷的太子地位。为了防止自己死后因另立新后而对太子造成威胁，杨艳在去世前施加了最后的影响。只见，她头枕在司马炎的膝上，眼睛里饱含着泪水，动情地请求："叔父杨骏的女儿杨芷，既有德，又有貌，希望陛下选她入宫。"司马炎明白她的心思，在她死后，一切照办。

实际上，对于"以长不以贤"这一观点，司马炎是有着深切体会的。当年，父亲司马昭对弟弟司马攸颇为喜爱，常常借着司马攸过继给司马师这件事对人说："天下本来是我哥哥司马师的，我不过是代理了宰辅之位而已，我死之后，大业应该归司马攸。"据说，司马昭每当见到司马攸，总是一边抚摸着坐榻，一边叫着司马攸的小名说："这是桃符的座位！"

表面看，司马昭是准备谦逊地把天下传给司马师的后代，实质上，传给的还是自己的血脉，而且是自己更满意的那个。后来，要不是司马炎取得了贾充、山涛、何曾、裴秀等一干重臣的极力拥戴，说不定早就出局了。如今，自己坐在这龙榻上，怎么忍心让自己的长子不在这个座位上呢？

再说了，如果真让"纯质"的司马衷继位，就真得如卫瓘所说可惜了这个座位了吗？司马炎认为，未必！

首先，司马炎并不认为自己的儿子真傻。一次，司马炎把朝廷官员们难以决定的几件事密封起来，派人送给太子让他拿出处理意见。结果，太子提出的处理意见相当务实可行，大喜过望的晋武帝竟忍不住拿给卫瓘去看。望着卫瓘那局促不安的神情，晋武帝不免有几分得意。

晋武帝高兴了，司马衷的位置就坐稳了；司马衷坐稳了，贾家就放心了。事实上，为了应对皇帝老子的这次突然袭击，贾家没少费功夫。一拿到考题，太子妃贾南风就找来了一帮文士，之乎者也地答起题来。望着那些旁征博引、富有文采的回答，贾南风十分满意。

可就在这时，旁边一位叫张泓的侍者却出来提醒："太子学问不好是陛下所了解的，但答题却洋洋洒洒、引经据典，这必然会引起陛下的怀疑，我看倒不如就事论事，直接作答。"

听了这句话，贾南风恍然大悟，立即高兴地对张泓说："就按你的意见办，你帮我好好作答，以后的富贵也有你一份。"

就这样，晋武帝拿到了一份平实质朴的答卷。

经过这件事，贾家还有一个意外收获，那就是找出了那个向晋武帝谏言换掉太子的人。事后,贾充秘密派人给贾南风带话:"卫瓘这个老奴才,差点坏了你家的好事。"

其实,贾充的担心纯属多余。即使司马衷最后交上的是一份破绽百出或者不堪入目的答卷,恐怕晋武帝司马炎也会把帝位传给他。因为,围绕巩固司马家的江山社稷,司马炎已经构建了一套密不透风的制度体系。

吸取曹魏宗室寥落、毫无屏藩的教训,早在即位之初,晋武帝司马炎就一次性把宗室中二十七位叔侄弟兄分封为王,后来又陆续增封,前后加起来一共分封了五十七个王,这些宗王可以自己任命封国内的官吏,有几位宗王还统领重兵,镇守在许昌、邺城、长安等战略要地。咸宁三年(公元277年),晋武帝又在卫将军杨珧的建议下,将这一举措精细化、制度化。按照食邑的多少,王国被分为了三等,食邑两万户的为大国,设置上、中、下三军,兵力总数五千人;食邑一万户的为次国,设置上、下两军,兵力总数三千人;食邑五千户的为小国,只设置一军,兵力总数一千五百人。同时规定,各宗王不得留在京师,必须居住在自己封国。

望着这一星罗棋布、众星拱月的制度安排,司马炎坚信,就算是一只猪待在龙榻上,也没有人能够撼动大晋的江山。

原文节选:

惠帝之为太子也,朝臣咸谓纯质,不能亲政事。瓘每欲陈启废之,而未敢发。

后会宴陵云台,瓘托醉,因跪帝床前曰:"臣欲有所启。"

帝曰:"公所言何耶?"

瓘欲言而止者三,因以手抚床曰:"此座可惜!"

帝意乃悟,因谬曰:"公真大醉耶?"

瓘于此不复有言。贾后由是怨瓘。

——《晋书·卫瓘传》

6.10 能用不用，能除不除——司马炎谈刘渊

司马炎关闭了大门，刘渊却破窗而入。

摆平了臣属矛盾，搞定了立嗣问题，一个叫刘渊的人又给司马炎带来了些许烦恼。

刘渊，字元海。虽然姓刘，但他却是个地地道道的匈奴人，只不过因为他的远祖冒顿单于娶了汉高祖刘邦的宗女为妻，并且与刘邦约为兄弟，冒顿的子孙才以刘氏作为汉姓。虽然是匈奴人，刘渊却一直生活在中原，他的祖父是南迁匈奴的首领於扶罗，他的叔父是南匈奴的单于呼厨泉，曹操执政时将南匈奴分成了左右南北中五部，刘渊的父亲刘豹是五部中的左部帅，而左部又是五部中最大的一部。

说完刘渊的身世，再说刘渊的相貌。据载，刘渊不仅"姿仪魁伟"，而且具有不少奇特之处，比如，"身长八尺四寸"，也就是说他身高超过两米，是一个小巨人；再比如，"须长三尺余，当心有赤毫毛三根，长三尺六寸"，胡须半米多长也就罢了，结果还长了三根长长的红色胸毛，看来刘渊还真是一个没进化完全的猛男。

如果说身世不凡、长相奇特都是爹娘给的，那刘渊的文武才能却着实是他后天努力得来的。很小的时候，刘渊就师从上党郡的名儒学习了《诗》《书》《易》《春秋》，还有《孙子兵法》和《史记》、《汉书》、诸子百家，可以说"无不综览"；稍大之后，他又开始学武，结果"妙绝于众，猿臂善射，膂力过人"。有了这些非同凡人的本领，原本就人高马大的刘渊就更加引人瞩目了，同为并州人的王浑当时就对刘渊十分器重，不仅自己"虚襟友之"，而且让儿

子王济也拜见结交。

魏咸熙年间（公元 264~265 年），刘渊作为任子居住在京城洛阳，得到了晋王司马昭的厚待。晋朝建立后，王浑更是多次向晋武帝司马炎举荐刘渊。终于有一天，晋武帝召见了刘渊，与他进行了一场聊天。

这次面聊给司马炎留下了很深的印象，事后他颇为兴奋地对王济说："刘渊的气质仪表和见识判断，就算是春秋时的由余、汉朝时的金日磾也不过如此。"

看到晋武帝如此赏识刘渊，王济不失时机地进言："刘渊的形象气质，的确就如陛下所说。然而，他的文武才干却远远超过由余和金日磾。陛下如果能将东南的事情委任于他，平定吴国这样的事情都不够他施展的。"王济明白，赏识是一回事，重用是另外一回事，以此为契机把赏识变成重用才是最实在的。

如果这场聊天只有晋武帝和王济两人，重用刘渊这事应该没有任何意外。然而，此时站在一旁的孔恂、杨珧却出来插话了："依臣等观察，刘渊的才干在当今的确无人可比，但如果陛下不对他委以重任，他仍旧成不了事；一旦陛下赋予他权力和威望，等他平定吴国之后，恐怕就不会渡江北归了。刘渊非我族类，必然与我们不是一条心。委任他管理本部事务，我们都为陛下担心，如果将具有天然阻碍的地方交给他，那岂不是更不行了。"

如果说王济看到的是收益，孔恂、杨珧看到的却是风险，获取收益、承担风险，还是放弃收益、规避风险，成了司马炎需要选择的事情。这下，司马炎沉默了。

主题：该不该重用刘渊

聊友：司马炎 + 王济 +（孔恂 + 杨珧）

时间：公元 279 年

语录：非我族类，其心必异。

影响：刘渊仕途受阻。

启示：挡在前面的往往不是看得见的门，而是看不见的槛。

出处：《晋书·卷一百一·载记第一》、《资治通鉴》卷八十

不知道是因为刘渊的确才华出众还是人缘实在太好，不久，机会又一次降临到了刘渊头上。

虽然消灭了蜀国，但是晋朝的西部边境依旧烽火不断，有一次，河西鲜卑的首领秃发树机能竟然攻陷了凉州，不仅朝廷上下为之震动，搞得晋武帝司马炎也忧虑万分，忙不迭地向曾经担任过凉州刺史的尚书仆射李憙征询平定凉州叛乱的合适人选。

这次，李憙推荐的人选也是刘渊："陛下如果能把匈奴五部的力量都发动起来，给刘渊一个将军的名号，让他率领匈奴人一路向西进发，那么，秦州、凉州就指日可定了。"

与王济仅仅推荐刘渊个人相比，李憙的推荐范围无疑扩大了不少。他不仅推荐了刘渊，而且把刘渊所依托的匈奴五部都纳入了视野，言下之意，让异族的匈奴去打异族的鲜卑，而晋朝则鹬蚌相争，渔翁得利，而刘渊则顶多算是鹬头或者蚌珠而已。如此看来，李憙真可谓用心良苦。

然而，孔恂的一句话，就把李憙的苦心变成了驴肝肺："李公的话，恐怕不是完全消除隐患的办法。"

这下，李憙被惹恼了："凭借匈奴人的强劲和彪悍，加上刘渊的军事能力，让他们奉命去宣明圣上的威严，有什么不完全的？"

看到李憙一脸严肃，孔恂不慌不忙地回答："刘渊如果能够平定凉州，斩杀树机能，恐怕凉州的灾难才刚刚开始。蛟龙如果得到云雨，那就不再是池塘中的安于现状的小家伙了。"千万别让他站在风口，千万别给他平台，否则，他就能随风起舞，翻云覆雨了。

这次，晋武帝又沉默了。

主题：该不该重用刘渊

聊友：司马炎＋李憙＋孔恂

时间：公元279年

语录：蛟龙得云雨，非复池中物也。

影响：刘渊仕途再次受阻。

启示：挡不住的推荐，绕不开的孔恂。

出处：《晋书·卷一百一·载记第一》、《资治通鉴》卷八十

俗话说，事不过三。总是进入组织视野，甚至一度进入面试考察程序，结果却两次失之交臂，刘渊彻底失望了。不久，好友王弥即将从京师洛阳返回故乡东莱（今山东烟台、威海一带），刘渊在洛阳城边的九曲河滨为他饯行。壮志难酬，盛筵难再，原本高大威猛的刘渊此时却泪如雨下，哽咽着对王弥说："王浑、李憙因为是老乡的缘故对我有所了解，经常在圣上面前称赞并推荐我，但是也有些人总是在中间进谗言，这些都不是我希望的，但却对我造成了很大的危害。我本来没有投身宦海的想法，这一点只有您知道。看来我是走不出洛阳这个地方了，只有与您永远诀别了。"

说到这里，刘渊更加抑制不住自己的情绪，"因慷慨歔欷，纵酒长啸，声调亮然"，在座的人也都跟着流下了眼泪。

事情如果到此结束，只能算刘渊报国无门的一种宣泄。然而，可能是因为九曲这个地方的景色过于优美或者特别适合朋友聚会，齐王司马攸当时也恰在那儿。听到这"声调亮然"的长啸，司马攸忍不住派人寻声前去一探究竟。

知道事情的大致缘由之后，司马攸立刻认识到了事情的严重性。于是，他很快来到了皇兄司马炎的跟前："陛下如果不除掉刘渊，微臣恐怕并州就不能够长久安宁下去了。"

如果这场聊天只有司马炎和司马攸两人，除掉刘渊这事应该就如快刀斩乱麻一般了。然而，此时站在一旁的王浑却出来插话了："刘渊是长者，我王浑愿意替君王担保并澄清这件事情，他绝对没有反心。况且我大晋如今正要

以信义来安抚异族，用德政来怀柔远方，怎么能因为连萌芽状态都没有的嫌疑来杀掉别人送来的质子呢，这不是显示我大晋的恩德气度不够宏广吗！"

听了这番话，司马炎沉默了片刻，最终裁定："王浑说得对。"

> 主题：该不该杀掉刘渊
> 聊友：司马炎＋司马攸＋王浑
> 时间：公元279年
> 语录：如之何以无萌之疑杀人侍子。
> 影响：刘渊得以活命。
> 启示：不能成为朋友，也不要变成对手。
> 出处：《晋书·卷一百一·载记第一》、《资治通鉴》卷八十

经过君臣之间的三场对话，围绕刘渊的争论以搁置争议而告终，什么似乎都没有发生过，刘渊还是刘渊，大晋还是大晋。然而，关于刘渊的"仪容机鉴"和潜在能量的评论却传播开来，他是能够影响东吴治乱的人，他是能够影响秦、凉安稳的人，他是能够决定并州未来的人。从良将到反贼，从南方到北方，从东部到西部，从现在到未来，一句话，刘渊是一个能够影响晋朝的人。

咸宁五年（公元279年），刘豹去世，刘渊回到并州，成为匈奴左部帅。

永兴元年（公元304年），刘渊以复汉为名，自称汉王，建立汉国，走上了与晋王朝分庭抗礼的道路。此后，鲜卑、羯、氐、羌等少数民族纷纷建立政权，历史由此进入了一个被称为"五胡十六国"的纷乱时代。

原文节选：

咸熙中，为任子在洛阳，文帝深待之。泰始之后，浑又屡言之于武帝。

帝召与语，大悦之，谓王济曰："刘元海容仪机鉴，虽由余、日

碑无以加也。"

济对曰："元海仪容机鉴，实如圣旨，然其文武才干贤于二子远矣。陛下若任之以东南之事，吴会不足平也。"帝称善。

孔恂、杨珧进曰："臣观元海之才，当今惧无其比，陛下若轻其众，不足以成事；若假之威权，平吴之后，恐其不复北渡也。非我族类，其心必异。任之以本部，臣窃为陛下寒心。若举天阻之固以资之，无乃不可乎！"

帝默然。

——《晋书·卷一百一·载记第一》

后秦凉覆没，帝畴咨将帅，上党李憙曰："陛下诚能发匈奴五部之众，假元海一将军之号，鼓行而西，可指期而定。"

孔恂曰："李公之言，未尽殄患之理也。"

憙勃然曰："以匈奴之劲悍，元海之晓兵，奉宣圣威，何不尽之有！"

恂曰："元海若能平凉州，斩树机能，恐凉州方有难耳。蛟龙得云雨，非复池中物也。"

帝乃止。

——《晋书·卷一百一·载记第一》

后王弥从洛阳东归，元海饯弥于九曲之滨。泣谓弥曰："王浑、李憙以乡曲见知，每相称达，谗间因之而进，深非吾愿，适足为害。吾本无宦情，惟足下明之。恐死洛阳，永与子别。"因慷慨歔欷，纵酒长啸，声调亮然，坐者为之流涕。

齐王攸时在九曲，比闻而驰遣视之，见元海在焉，言于帝曰："陛下不除刘元海，臣恐并州不得久宁。"

王浑进曰："元海长者，浑为君王保明之。且大晋方表信殊俗，怀远以德，如之何以无萌之疑杀人侍子，以示晋德不弘。"

帝曰："浑言是也。"

——《晋书·卷一百一·载记第一》

　　据载，当晋国都督荆州诸军事、车骑将军羊祜的伐吴动议遭到晋国君臣的反对时，他感慨地说了句："天下不如意，恒十居七八，故有当断不断。"后来，这句话经过辛弃疾等人的转引，变成了我们耳熟能详的"人生不如意之事十有八九"。从"七八"到"八九"，辛弃疾的怅然和失落无形之中比羊祜又多了一二分。

　　在本书的写作过程中，我也遇到了一件没能如意的事。按照之前的规划，与这次写作相伴随的应该有一次古荆州之旅，既然汉末三国的是非成败大多在荆州转头空，为什么不去那里看看白发渔樵和秋月春风呢？至于具体地点嘛，我也早就想好了。长坂、赤壁、江陵、公安、武昌、夏口，自然都在计划之列。但最少不了的，却是襄阳。毕竟天下三分的局面于此开启，毕竟天下一统的理想于此成就，并且二者的时间间隔恰好是半个世纪。

　　与诸葛亮曾经在隆中俯首躬耕脚下的三分地不同，有志于一统的羊祜更喜欢登临高山，俯瞰天下。据说，每当风和日丽之时，羊祜都要邀上三五友朋到襄阳城南的岘山去"置酒言咏"，甚至"终日不倦"。按理说，这样的好日子，加上这样的好兴致，既然如此乐在其中、乐而忘返，应该是乐以忘忧、

乐天知命的，可有一次，羊祜却乐极生悲地对身边的从事中郎邹湛说了这样
一段话：

> "自有宇宙，便有此山。由来贤达胜士，登此远望，如我与卿者多矣！皆
> 湮灭无闻，使人悲伤。如百岁后有知，魂魄犹应登此也。"

这是怎样的失落与怅惘啊！山还是那座山，人却不是那拨人了。正如
五百年后一位叫杜甫的襄阳人所说，"尔曹身与名俱灭，不废江河万古流"，
可能你认为自己拥有了山川江河，可实际上你只是为山川江河作了注脚和点
缀，并且就算是些许点缀也是如此脆弱和短暂。豪情易逝，宏愿难酬，羊祜
心中的落寞可想而知，即使邹湛随后用"德冠四海，道嗣前哲"来赞颂他，
用"令闻令望，必与此山俱传"安慰他，也难以让他再翩翩自乐了。

不过，山川无言，百姓有心。几年后，当羊祜去世时，襄阳百姓在岘山
脚下为他建碑立庙，一年四季定期进行祭祀。后来，但凡路过这座碑的人，
"莫不流涕"，于是羊祜的继任者杜预将这座碑命名为"堕泪碑"。

羊祜不愿后世"湮灭无闻"，他的继任者杜预同样"好为后世名"。为了
流芳百世，杜预把自己的功勋业绩刻在了两块一模一样的碑上，一块立在了
岘山山顶，另一块则沉入了岘山脚下的汉江。对此，杜预还专门做出了解释：
"焉知此后不为陵谷乎！"就是说，谁知道今后江河不会变成山陵、高山不会
变成河谷呢？如此备份，也是让人醉了。

在群星闪耀的三国天空，羊祜、杜预只能算是天际两颗并不那么耀眼的
星，然而，他们那超越时空的功名意识却是三国英雄们集体性格的反映，曹
操将屈居人下视为"丈夫之至辱"，刘备因髀里肉生而"慨然流涕"，孙权宁
可玉石俱焚也不愿"受制于人"，关羽甘冒被杀的风险也要"立效以报曹公乃
去"，支撑他们的是"周公吐哺，天下归心"，是"信大义于天下"，是"建
号帝王以图天下"，是"誓以共死，不可背之"，……他们不愿做流年中的野
马和尘埃，而要做宇宙中的日月星辰，所以才如此地纵横挣命，如此地汪洋
恣肆。

正如诸葛亮有武侯祠、关羽有关帝庙一般，羊祜的功德名望有堕泪碑为证，而杜预苦心留下的两块碑却并没有寻见踪影。不过，他沉碑这件事却令后世人念念不忘。唐代李商隐有诗云："延陵留表墓，岘首送沈碑。"宋代曾巩有诗云："解佩盖已迷，沉碑终自伐。"欧阳修有诗云："沉碑身后念陵谷，把酒泣下悲山川。"在众多关于杜预沉碑的诗作中，有两位姓杜的诗人对杜预尤为推崇。一位是杜甫，他曾言"吾家碑不昧，王氏井依然"；一位是杜牧，他曾有诗作："极浦沈碑会，秋花落帽筵"，"遥仰沈碑会，鸳鸯玉佩敲"。

一个说是"吾家"，一个说在"遥仰"，莫非他们与杜预有什么关系？没错，他们都是杜预的后代。杜甫是杜预第四个儿子杜耽的后代，是杜预的十三世孙；杜牧是杜预的小儿子杜尹的后代，是杜预的十六世孙。据载，杜预的墓在洛阳城东的首阳山南，为此杜甫还一度在首阳山下筑室而居，以示"不敢忘本，不敢违仁"，同时希望自己能像这位先祖一样建功立业，流芳百世。

念念不忘，必有回响。羊祜做到了，杜预做到了，三国的那些人都做到了，虽然有波折，虽然有不如意，但他们还是披荆斩棘、势不可当地做到了。

同理，虽然琐事不断，荆州，我们终将相会。

2021 年 7 月 21 日初稿
2022 年 1 月 2 日修订

参考文献

古籍类:

[晋] 陈寿撰，[宋] 裴松之注：《三国志》，中华书局，2012 年。

[南朝·宋] 范晔撰：《后汉书》，中华书局，1999 年。

[南朝·宋] 刘义庆著，朱碧莲，沈海波译：《世说新语》，中华书局，2014 年。

[南朝·梁] 萧统编，[唐] 李善注：《文选》，中华书局，1977 年。

[唐] 房玄龄等撰：《晋书》中华书局，1974 年。

[唐] 许嵩著，张忱石点校：《建康实录》，中华书局，1986 年。

[宋] 李昉等撰：《太平御览》，中华书局，1998 年。

[宋] 司马光编撰，胡三省音注：《资治通鉴》，中华书局，2011 年。

[清] 顾祖禹著，舒士彦点校：《读史方舆纪要》，中华书局，2013 年。

[清] 王夫之著，舒士彦点校：《读通鉴论》，中华书局，2013 年。

[清] 赵翼著：《廿二史札记》，凤凰出版社，2008 年。

译著类：

[英]崔瑞德，鲁惟一编，杨品泉等译：《剑桥中国秦汉史》，中国社会科学出版社，1992年。

[日]金京文著，何晓毅，梁蕾译：《三国志的世界：后汉三国时代》（讲谈社·中国的历史04），广西师范大学出版社，2014年。

[美]陆威仪著：《早期中华帝国：秦与汉》（哈佛中国史01），中信出版集团，2016年。

著作类：

白寿彝总主编，何兹全主编：《中国通史（第二版）》（第四卷、第五卷），上海人民出版社、江西教育出版社，2013年第2版。

柏杨著：《中国人史纲》，人民文学出版社，2011年。

陈寅恪著：《陈寅恪：魏晋南北朝史讲演录》，天津人民出版社，2018年。

戴燕著：《〈三国志〉讲义》，三联书店，2017年。

方诗铭著：《论三国人物》，北京出版集团公司北京出版社，2015年。

范文澜著：《中国通史》（第二册），人民出版社，2008年。

何兹全著：《三国史》，人民出版社，2011年。

何兹全著：《魏晋南北朝史略》，北京出版社，2018年。

何兹全，张国安著：《魏晋南北朝史》，人民出版社，2013年。

黄仁宇著：《中国大历史》，三联书店，1997年。

吕思勉著：《三国史话》，中华书局，2009年。

吕思勉著：《秦汉史》，商务印书馆，2010年。

马植杰著：《三国史》，人民出版社，1993年。

钱穆著：《国史大纲》，商务印书馆，1996年第3版。

仇鹿鸣著：《魏晋之际的政治权力与家族网络（修订本）》，上海古籍出版，2020 年。

宋杰著：《三国并争要地与攻守战略研究》，中华书局，2019 年。

台湾三军大学编著：《中国历代战争史》（第 4 册：三国），中信出版社，2013 年。

唐长孺著：《魏晋南北朝史论丛》，商务印书馆，2010 年。

田余庆著：《秦汉史》，中国大百科全书出版社，2011 年。

田余庆著：《秦汉魏晋史探微（重订本）》，中华书局，1993 年。

谭其骧主编：《中国历史地图集》（第二册、第三册），中国地图出版社，1982 年。

饶胜文著：《大汉帝国在巴蜀：蜀汉天命的振扬与沉坠》，中国文史出版社，2016 年。

阎步克著：《波峰与波谷：秦汉魏晋南北朝的政治文明（第二版）》，北京大学出版社，2017 年。

易中天著：《品三国》，上海文艺出版社，2006 年。

易中天著：《三国纪》，浙江出版联合集团浙江文艺出版社，2014 年。

张大可著：《三国史研究》，商务印书馆，2013 年。

张帆著：《中国古代简史》，北京大学出版社，2001 年。

张国刚著：《资治通鉴与家国兴衰》，中华书局，2016 年。

张作耀著：《孙权传》，人民出版社，2007 年。

周一良著：《魏晋南北朝史论集》，商务印书馆，2020 年。

周一良著：《魏晋南北朝史札记》（补订本），中华书局，2015 年第 3 版。